RESEARCH ON THE FUNDAMENTAL PRINCIPLES AND
CIVIL LAW ISSUES OF TELEMEDICINE

远程医疗的
基本原理与民法问题研究

刘炫麟 著

法律出版社 LAW PRESS | 北京

图书在版编目（CIP）数据

远程医疗的基本原理与民法问题研究 / 刘炫麟著.
北京：法律出版社，2025. -- ISBN 978 -7 -5244 -0185 -8

Ⅰ. D922.164

中国国家版本馆 CIP 数据核字第 2025GV5710 号

远程医疗的基本原理与民法问题研究
YUANCHENG YILIAO DE JIBEN YUANLI YU MINFA WENTI YANJIU

刘炫麟 著

责任编辑 陶玉霞
装帧设计 贾丹丹

出版发行 法律出版社
编辑统筹 法规出版分社
责任校对 冯高琼
责任印制 耿润瑜
经　　销 新华书店

开本 710 毫米×1000 毫米　1/16
印张 16.5　　**字数** 258 千
版本 2025 年 6 月第 1 版
印次 2025 年 6 月第 1 次印刷
印刷 北京新生代彩印制版有限公司

地址：北京市丰台区莲花池西里 7 号(100073)
网址：www.lawpress.com.cn
投稿邮箱：info@lawpress.com.cn
举报盗版邮箱：jbwq@lawpress.com.cn
销售电话：010 - 83938349
客服电话：010 - 83938350
咨询电话：010 - 63939796

书号：ISBN 978 -7 -5244 -0185 -8　　**定价**：66.00 元

凡购买本社图书，如有印装错误，我社负责退换。电话：010 - 83938349

前　言

在科学技术发展日新月异的今天，医疗领域与信息技术的深度融合，正以前所未有的速度改变着我们的健康守护方式。作为新质生产力代表之一的远程医疗，超越了时空的限制，犹如一条无形的纽带，迸发出巨大的动能，将医者仁心与患者渴望紧密相连，记录了一段段救死扶伤的就医故事，描摹出一幅幅温暖人心的生命画卷。然而，远程医疗的背后蕴含着复杂多元的民事法律关系，它们如同纵横交错的经纬线，编织出远程医疗领域的民法图景。本书立足于此，在厘清远程医疗基本原理的前提下，探寻远程医疗的法理基础，以“主体—行为—责任—损害分担”为逻辑主线，力图拨开迷雾，探寻远程医疗法治化的应然路径和实然选择。

主体之光：远程科技下的医疗新生态

远程医疗是信息技术在医疗领域的璀璨绽放，它借助互联网、大数据、云计算等现代信息技术手段，实现了医疗资源的优化配置和高效利用。在当代中国这片充满生机活力的特定时空下，医疗机构、医务人员与患者之间的距离被无限拉近，医疗服务的可及性、便捷性和可负担性得到显著改善，有效解决了患者尤其是老年人、残疾人、儿童等特定群体的急难愁盼问题，在一定程度上弥补了我国分级诊疗体系尚不健全的短板，增进了人民福祉。然而，正如每一场技术革命都伴随着争议或挑战一样，远程医疗的兴起同样引发了人们对医疗安全、患者权益保护、民事责任边界等问题的关注与担忧。

在这场医疗模式的深刻变革中，法律如同一位智慧的守护者，以其独有的严谨与公正，为远程医疗的健康可持续发展保驾护航，发挥着引导和规制的双重功用。本书深入剖析了远程医疗民事法律关系主体，主要涉及邀请方医疗机构、受邀方医疗机构、患者、第三方平台、设备提供商等，每一个主体都承载着特定的权利与义务，共同构建了远程医疗的法律关系框架。这些主体在虚拟与现实相互交织的空间中，如何界定身份、行使权利、履行义务、承担责任等，成为本书探讨的重点内容。

行为之界：远程医疗中的法律边界与规范

远程医疗改变了传统“面对面”的就医模式，使得诊断、治疗、咨询等诊疗服务得以在虚拟空间中实现。然而，也恰恰是这种虚拟“面对面”的医疗行为，不仅对医学伦理提出新要求，亦对法律供给提出新挑战。马克思曾强调：“社会不是以法律为基础的，那是法学家的幻想。相反地，法律应该以社会为基础。”基于此，本书立足现实，深入行业，在充分阐释远程医疗产生的社会背景的基础上，对远程医疗行为进行了深入剖析和类型整理，旨在进一步明确其行为特征、法律性质及行为规范。

在远程医疗的广阔舞台上，每一次启动、每一次传输、每一次咨询和每一次诊疗，都可能成为法律意义上的医疗行为。本书通过细致入微的分析，揭示了远程医疗行为在诊断、治疗、咨询等各个环节中的法律边界，尤其是这些行为在合法性、合规性与合理性方面的具体要求。同时，本书还特别关注远程医疗中患者自主权、知情同意权、隐私权、个人信息保护等核心权益的保护问题，以及医疗机构和医务人员在远程医疗行为中的权利、义务和责任，为远程医疗行为的规范化提供了有力支撑。

责任之辨：远程医疗中的法律责任与归责

在远程医疗实践中，法律责任的归属与承担，是关乎医疗安全、患者权益保护、医疗机构和医务人员行动自由边界的重要问题，重在实现各主体之间的利益平衡。关于这一点，世界上许多发达国家同样存在共识，即科技应当给人类带来便捷和福祉，而非损害人类利益。本书对远程医疗中的合同责任、侵权责任与缔约过失责任等民事责任进行了系统探讨，旨在明确各方主体在远程医疗中民事责任的归责原则与具体分配，同时指出在全面推进“健康中国”和“法治中国”建设的进程中，我国存在立法供给不足的问题，亟需进一步完善。

在远程医疗的民事责任体系中，医疗机构作为医疗服务的提供者，医务人员作为医疗服务的具体实施者，常面临医疗风险引发的法律风险。本书通过分析远程医疗中的主体过错、医疗损害等法律问题，通过构成要件与认定标准的分析，进一步明确了医疗机构和医务人员在远程医疗中的法律责任边界。同时，本书还关注了患者作为医疗服务的接受者，在远程医疗中的义务与责任。此外，信息技术服务商作为远程医疗的技术支撑者，在保障远程医疗安全、稳定、高效运行方面发挥着重要作用，本书通过分析信息技术服务商在远程医疗中的法律地位、权利义务和法律责任，为其规范经营和风险防范提供法律指导。

损害之疏：健全远程医疗损害的分解机制

医疗行为在具有典型伦理性的基础上，充满了未知性、风险性和不确定性，患者损害赔偿现象往往不可避免。问题在于，如何公平、合理地分解医疗损害赔偿责任？这一问题的妥适解决，不仅关乎患者的合法权益保护，而且关乎医疗机构和医务人员的职业尊严，不可偏废。本书对远程医疗民事损害的分解机制进行了详细探讨，旨在构建一种公平、合理、高效的损害分解机制（体系），为远程医疗事业的平稳发展提供坚强后盾。

在远程医疗的损害分解机制中，保险制度和赔偿基金发挥着重要作用。本书通过分析远程医疗责任保险、医师责任保险、患者意外伤害保险、赔偿基金的特点与功能，探讨了其在远程医疗损害分解中的具体应用与效果，尤其在医疗风险防控、医疗纠纷化解等方面的积极作用，实现了预防前置和医疗纠纷从“院内”引向“院外”的重要转变，对医疗机构的医疗秩序和医务人员的人身安全提供了重要保障。

远程医疗作为医疗领域的一场深刻变革，正以其独特的魅力和无限的潜力引领着医疗服务的未来发展方向。在这场变革中，法律的力量不可或缺。未来，我们期待远程医疗能够在法律的护航之下，不断突破技术瓶颈，优化服务模式，提升服务质量，为更多患者带来便捷和健康，真正实现从“管理为中心”向“患者为中心”转变，让科技不仅高效，而且更显温情。同时，我们期待国家法律能够与时俱进，通过不断调适和完善，以适应远程医疗发展的新要求、新期待与新挑战！

本书是我主持的国家社会科学基金一般项目——“远程医疗的民法问题研究”（18BFX152）的最终研究成果。经过全国五位专家的匿名评审，于2024年5月获得“良好”结项。近一年来，我结合专家意见建议和远程医疗最新发展动态，对文稿进行数次修改，并不断充实完善。北周时期文学家庾信在《郊庙歌辞·徵调曲》中曾言：“落其实者思其树，饮其流者怀其源。”首先，感谢匿名评审专家的肯定和建议，不仅提振了我创作的信心，而且促使我对远程医疗进行更加全面而深入的思考。其次，感谢法律出版社陶玉霞编辑等编审团队，没有他们的辛勤付出和高效审校，本书不会这么快与读者见面。再次，感谢王晨光、申卫星、解志勇、王岳4位教授的联袂推荐，他们的溢美之词，令我有些惶恐，却也激励我对这一领域持续关注，不断探索。最后，感谢导师姚辉教授、付翠英教授，是他们引领我真正走入民法的世界，并一直鼓励我从事交叉学科研究。20余年来，作为恩师教育教学的受益者和见证者，我深深感受到他们以身作则激励学生、引导学生和感化学生的力量。每每想来，内心深处都多出一份坚毅、一份勇敢和一份美好。2025年迎来恩师付翠英教授的花甲之年，同时是她从教35周年，借书一隅，向她表示祝贺，表达祝福。愿本书能作为一件小礼物献给她，既感谢恩师多年的教育指导，也提醒自己谨记师训，继续前行。

学术研究是于浩渺书海中溯源寻真知，在漫漫科研征途里披荆探真理，于悠悠岁月长河间笃行求真谛。我希望我们年轻时可以像动物，去探索，去发现；中年时可以像植物，去扎根，去生长；老年时可以像矿物，去提炼，去沉淀。囿于学识和视野所及，书中错讹在所难免，祈请广大读者不吝赐教，我们将在未来的学术研究中一并修正和完善。

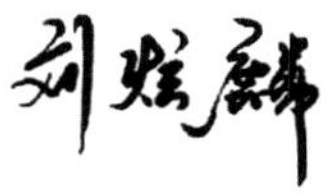

2025 年 6 月

目 录

第三章 我国远程医疗的政策、立法与应用

第四章 远程医疗的法理基础

第六章

远程医疗中的民事责任

第七章

远程医疗损害的分解机制

第一章
问题的提出

健康是人类的永恒追求，也是社会全面发展的基础，属于一种重要的"生产力"，这是被过去长期忽视的论断。可以说，个人健康是立身之本，人民健康是立国之基。[1] 健康权是一项包容广泛的基本人权，是人类有尊严地生活的基本保证。2024 年 6 月 1 日闭幕的第 77 届世界卫生大会将"一切为了健康，人人享有健康"作为大会主题，同年 6 月 18 日举行的联合国人权理事会第 56 届会议将健康权作为一个独立的互动议题，进一步凸显了健康权的话语中心地位和重要程度。《世界人权宣言》《经济、社会及文化权利国际公约》《儿童权利公约》《残疾人权利公约》等国际人权核心公约对健康权进行了规定。《世界卫生组织组织法》不仅对健康进行了权威界定，而且明确提出"享受可能获得的最高健康标准是每个人的基本权利之一"，凸显了健康权作为基本人权的属性与定位。《国际卫生条例》强调在联合国和《世界卫生组织组织法》的指导之下执行，同样重视对人的健康权保障。世界卫生组织拥有 194 个会员国，是国际上最大的政府间卫生组织，其宗旨是使全世界人民获得尽可能高水平的健康，其目标是为世界各地的人们创造一个更美好、更健康的未来。

党的十八大以来，以习近平同志为核心的党中央始终坚持人民至上、生命至上，把保障人民健康放在优先发展的战略位置，坚持中国特色卫生与健康发展道路，确立新时代卫生与健康工作方针，全面推进健康中国建设，深化医药卫生体制改革，建成世界上规模最大的医疗卫生体系，健全遍及城乡的公共卫生服务体系，我国人民健康水平显著提高。2021 年 3 月

---

〔1〕 参见《个人健康是立身之本　人民健康是立国之基》，载《人民政协报》2024 年 11 月 14 日，第 6 版。

23 日上午，正在福建考察调研的习近平总书记来到三明市沙县总医院实地了解医改惠民情况。他指出，“人民至上、生命至上。人民的幸福生活，一个最重要的指标就是健康。健康是 1，其它的都是后边的 0，1 没有了什么都没有了”。2015 年党的十八届五中全会首次提出的“推进健康中国建设”的新目标，在 2017 年党的十九大报告、2022 年党的二十大报告中均得以延续。2024 年 7 月 18 日，中国共产党第二十届中央委员会第三次全体会议通过了《中共中央关于进一步全面深化改革 推进中国式现代化的决定》，其中更是明确提出，要“促进优质医疗资源扩容下沉和区域均衡布局，加快建设分级诊疗体系，推进紧密型医联体建设，强化基层医疗卫生服务”，目的就是保障公民的健康权。

从权利产生的历史可以发现，健康权要晚于生命权，主要诞生于第二次世界大战之后。当前，健康权已不仅是一种民事权利，而是发展成为一项基本人权，[1] 具有较高的法律地位，被一些重要的国际公约或者本国宪法所规定，具有积极权利和消极权利两个面向。世界上最早规定健康权的宪法是 1925 年智利宪法[2]。第二次世界大战以后，健康权进入国际人权法领域，并逐渐得到更多国家宪法的保障。根据埃莉诺·金尼（Eleanor D. Kinney）和布莱恩·亚历山大·克拉克（Brain Alexander Clark）教授 2004 年对第二次世界大战后世界各国宪法的统计分析，目前世界上有超过 2/3 的国家宪法规定了健康权条款。[3] 我国现行《宪法》虽然没有明确提出健康权这一概念，但通过其第 21 条、第 26 条、第 36 条、第 45 条等相关规定，可体系解释为规定了健康权。作为民事权利的健康权，在本质上

---

〔1〕 2023 年是 1948 年《世界人权宣言》发表 75 周年。该宣言第 25 条第 1 款规定：“人人有权享受为维持他本人和家属的健康和福利所需的生活水准，包括食物、衣着、住房、医疗和必要的社会服务；在遭到失业、疾病、残废、守寡、衰老或在其他不能控制的情况下丧失谋生能力时，有权享受保障。”虽然《世界人权宣言》没有将健康权作为一种独立的人权提出，但是已经规定了健康权的大部分内容。1966 年《经济、社会及文化权利国际公约》在第 12 条规定了健康权。

〔2〕 事实上，早在 1919 年德国魏玛宪法确立了健康保险制度，对所有德国公民的健康进行保护，健康权正式成为一项受宪法保护的权益。1925 年，智利宪法第一次将健康权保护确定为国家义务，更为明确地提出健康权保障。

〔3〕 See Eleanor D. Kinney & Brain Alexander Clark, *Provisions for Health and Health Care in the Constitutions of the Countries of the World*, 37 Cornell Int’l L. J (2004).

是一种消极权利，主要是指在民事法律上确认这一权利，同时当其他主体侵害这一权利时，为被侵权人提供必要的民事救济，使其尽量恢复至没有受到侵害之前的状态。从这个意义上说，私法上的健康权，其外延要远小于宪法上甚至社会法上的健康权，因为后者除了上述消极权利的维度，还包括积极权利的维度，[1] 即一国领域内的政府向自然人主动提供不同层次的健康服务，强调供给义务，而这些多已超出私法的范畴，并非本书讨论的范畴。

毫无疑问，科学进步和技术发展推动着人类社会不断前行，使真实世界中作为主体存在的自然人，其获得感和幸福感不断充实，更可持续。作为科学、技术、医学高度融合的远程医疗亦是如此，它在超越时空限制的场景下，为化解异地就医困难、医疗费用高昂、难以寻求权威医学意见等问题提供助力。更为重要的是，远程医疗为患者提供了一种选择，一种可以通过优质医疗资源下沉至基层享受更优质就诊服务的选择，作为数字信息时代的产物，这是在原始时代、农耕时代、工业时代难以想象的。不过，我们亦需看到，远程医疗作为一项科学技术，其同样具有两面性：一方面，远程医疗契合了当前我国所处的“老年型人口社会”和“网络信息时代”的背景，在一定程度上缓解了我国医疗资源尤其是优质人力资源分布不均衡的现实问题，为患者带来了福祉；另一方面，由于法律与政策具有一定的滞后性，远程医疗的深度开发和广泛应用产生了一些法律问题，最为突出的就是包括违约、侵权等在内的民法问题，有的关系到民事主体之间的诚信，有的影响到民事主体之间的合作，有的则关系到患者及其近亲属的权利行使、权利受损和权利救济。

从我国当前的学术研究现状考察，尽管对远程医疗民法问题的局部研究已经产生了一些成果，但是在体系化、系统化研究方面尚存在明显欠缺，其最大的“痛点”或者局限在于不能以一条清晰的逻辑主线系统考虑这一问题，容易得出偏颇的结论。因此，对远程医疗的民法问题开展体系化、系统化研究，不仅在理论上非常亟须，而且在实践中十分必要。

---

[1] 参见陈云良：《健康权的规范构造》，载《中国法学》2019 年第 5 期。

第一节 远程医疗的时代背景

一、老龄化社会的到来

（一）老年型人口的划分标准

早在1956年，联合国《人口老龄化及其社会经济后果》就曾提出，如果一个国家或者地区65岁以上的人口超过人口总数的7%时，就可将其定义为老年型人口。时至1982年，联合国修正了上述标准，即如果一个国家或者地区60岁以上的人口超过人口总数的10%时，则可被定义为老年型人口。尽管学术界对这一划分标准曾提出一定的异议，但其仍具有重要的参考价值。[1]

（二）中国的人口年龄构成

2021年5月11日，国家统计局和国务院第七次全国人口普查领导小组办公室联合发布了《第七次全国人口普查公报》，其在第二号——“全国人口情况”中指出，我国总人口为1443497378人，其中，普查登记的大陆31个省、自治区、直辖市和现役军人的人口共1411778724人；其在第五号——“人口年龄构成情况”中指出，我国大陆60岁及以上人口为264018766人，占18.70%，其中65岁及以上人口为190635280人，占13.50%，与2010年第六次全国人口普查相比，60岁及以上人口的比重上升5.44个百分点，65岁及以上人口的比重上升4.63个百分点。[2] 2022

〔1〕参见王俊：《老龄化的标准研究》，载《人口与发展》2014年第3期。

〔2〕按照国际通行标准，当60岁及以上人口比重在20%—30%或者65岁及以上人口比重在14%—20%，就意味着该地区进入中度老龄化社会，超过上述比例，则意味着该地区进入深度老龄化社会。《2023年北京市老龄事业发展报告》数据显示，2023年，北京市60岁及以上常住人口为494.8万人，占总人口的22.6%，高出全国平均水平1.5个百分点，增速创近8年新高。《上海市老年人口和老龄事业监测统计报表制度》数据显示，2023年年末，上海市户籍人口为1519.47万人。其中，60岁及以上老年人口568.05万人，占总人口的37.4%，65岁及以上老年人口437.92万人，占总人口的28.8%。根据重庆市统计局的数据统计，2023年年末，重庆市60岁及以上老年人口数为765.94万人，占比24.00%，65岁及以上老年人口数为603.50万人，占比18.91%。天津市民政局出台的《关于加强养老服务人才队伍建设的实施意见》数据显示，截至2023年年底，天津市60岁及以上人口为340万人，占比24.93%。由此可见，在中国四大直辖市中，北京、天津、重庆已经进入中度老龄化社会，上海市则进入深度老龄化社会。

年年底，国家统计局数据系统显示，我国总人口 141175 万人，其中 65 岁以上的老年人达到 20978 万人，占比 14.9%；2023 年年底，国家统计局数据系统显示，我国总人口为 140967 万人，其中 65 岁以上的老年人达到 21676 万人，占比 15.4%，与 2021 年、2022 年相比，65 岁以上的老年人占比不断攀升，形势十分严峻。根据国际上老年型人口的划分标准，我国属于老年型人口结构，已经进入老龄化社会。

（三）老龄化社会产生更多的医疗服务需求

我国进入老龄化社会具有两个典型的特点：一是老龄化速度快，二是未富先老。由于我国人口基数较大，如果老龄化速度较快，就会产生较为庞大的老年型人口数量。由于老年人身体健康水平下降，且伴有较多的基础疾病，尤其是糖尿病、高血压、心脑血管疾病等慢性病，其对医疗服务的需求通常高于一般类型的患者。而且，这些老年人无论是选择个人养老、家庭养老还是养老机构养老，受制于个人的行动状况（如行走障碍）、子女的精力（如无暇顾及）或者医疗条件（如乡镇卫生院、村卫生室），其都迫切希望能“足不出户”或者尽可能短距离地实现自身的服务需求，最大限度地摆脱时空限制，实现精准化、高质量对接。此外，对于一些老年患者而言，由于其经济状况一般，甚至在现实中出现了“因病致贫”“因病返贫”的现象，于是医疗费用是老年患者考量的一个重要因素。如果能够在享受优质医疗服务的同时，又与线下就诊相比支付更少的医疗费用，无疑会增加人民群众的获得感和满意度，不仅有助于公民健康权的保障和实现，而且能够有效结余医保基金，进一步增强全社会互助共济的功能。因此，老龄化社会的到来，在客观上呼吁远程医疗的介入与发展。

二、网络信息时代的加持

（一）远程医疗最初源自科学技术发展

20 世纪 50 年代末，美国学者 Wittson 首先将双向电视系统用于医疗。同年，Jutra 等人创立了远程放射医学。此后，美国不断有人利用通信和电子技术进行医学活动，并出现了“telemedicine”一词，现在国内专家将其译为“远程医疗（或远程医学）”。[1] 远程医疗作为一项科学技术，与科学发展和技术革新密切相关，这亦是早期远程医疗应用广度和深度较为受限的重要原因之一。

（二）远程医疗需要持续的科技革新与坚实的用户基础

尽管早在1969年就诞生了互联网，但是我国建立互联网则始于1994年。进入21世纪之后，尤其是随着5G、大数据、人工智能等尖端技术的支持，我国的互联网发展和信息化建设得以提速，远程医疗迎来了新的发展机遇，并随着科技的不断革新，持续优化远程医疗服务，实现高质量发展。与此同时，无论是城市还是乡村，在上网设备呈现多元化的同时，尤其是智能手机的普及，网民上网时长稳步增长，对网络信息环境的接受程度越来越高，线上看病的底层基础和现代逻辑逐渐形成，并趋于完善。

2024年8月29日，中国互联网络信息中心（CNNIC）在2024中国国际大数据产业博览会“智能经济创新发展”交流活动上发布第54次《中国互联网络发展状况统计报告》。数据显示，截至2024年6月，我国网民规模近11亿人（10.9967亿人），较2023年12月增长742万人，互联网普及率达78.0%。该报告同时显示，2024年上半年我国数字信息基础设施持续稳固，数字惠民利民服务广泛开展，有力推动网民规模增长。其中，青少年和“银发族”是新增网民的重要来源。随着数字适老化服务的不断完善和网络应用的加速普及，多措并举推动更多人民不断“触网”。数据显示，我国新增网民742万人，以10—19岁青少年和“银发族”为主。其中，青少年占新增网民的49.0%，50—59岁、60岁及以上群体分别占新增网民的15.2%和20.8%，进一步夯实了互联网的用户基础。

一言以蔽之，网络信息时代的到来，推动了科学技术和医疗健康领域的深度融合，人民对网络使用的高度普及和网络环境的普遍接受在较大程度上助力了远程医疗的发展。

---

〔1〕 参见孟群主编：《“互联网+”医疗健康的应用与发展研究》，人民卫生出版社2015年版，第7页。

三、均衡医疗资源分布的内需

（一）医药卫生体制改革的目标

自2009年3月17日《中共中央 国务院关于深化医药卫生体制改革的意见》公布以来，我国的医药卫生体制改革不断深化，医疗卫生事业取得重要进展，无论是价值理念上的公益性回归，还是分级诊疗体系的建立健全，抑或是医师多点执业的不断发展，其核心要旨就是促进医疗资源的均衡化分布，实现有序、和谐的就医秩序，保障人民健康，实现公平可及。此外，从国家层面而言，尤其是2018年组建的国家医保局，合理控费是其追求的目标之一，远程医疗在一定程度上降低了患者的医疗花费，契合了国家医保合理控费的目标。2024年《中共中央关于进一步全面深化改革 推进中国式现代化的决定》指出，要“促进医疗、医保、医药协同发展和治理。促进优质医疗资源扩容下沉和区域均衡布局，加快建设分级诊疗体系，推进紧密型医联体建设，强化基层医疗卫生服务”。远程医疗恰好可以利用科技优势促进医疗资源尤其是优质人力资源下沉，在一定程度上弥补我国分级诊疗体系的不完善，助力基层医疗卫生服务的高质量供给，达到均质化，保障所有居民的健康权益。

（二）医疗资源分布的不均衡样态

1. 城乡之间的医疗资源分布不均衡

近年来，中央和地方在缩小城乡之间医疗资源分布不均衡的问题上始终高度重视，也出台了诸多实质性举措，但依然没有完全解决。《2023年我国卫生健康事业发展统计公报》数据显示，2023年年末，我国共有医院38355个，基层医疗卫生机构1016238个，基层医疗卫生机构在数量上占据绝对优势。但若从床位资源分布考察，存在严重的“倒挂”现象。2023年年末，全国医疗卫生机构床位1017.4万张，其中医院800.5万张，占78.7%，基层医疗卫生机构182.0万张，仅占17.9%，专业公共卫生机构32.5万张，约占3.2%。与之相比，更为不平衡的是优质人力资源和先进仪器设备的分布问题，大部分高水平的医务人员分布在城市医院，并且使用的是中国乃至世界范围内最为先进的仪器设备，而许多基层医疗机构的医务人员则存在职称低、经验少、医技能力不足等突出问题，不仅一些先进的仪器设备没有配备，而且即使配备了相关设备，仍有可能因为医疗经验欠缺或者技术能力不足而无法充分使用，进而造成设备闲置和资源浪费，无法真正满足居民的就诊需求，这亦是分级诊疗制度发展受阻的一个原因。

2. 公立医院和民营医院之间的医疗资源不均衡

《2023 年我国卫生健康事业发展统计公报》数据显示，2023 年年末，我国共有医院 38355 个，其中公立医院 11772 个，约占 30.69%；民营医院 26583 个，约占 69.31%。尽管民营医院在数量上已是公立医院的 2 倍有余，但从卫生技术人员数量与诊疗人次考察，医院共有卫生技术人员 772.3 万人，公立医院共有 593.5 万卫生技术人员，提供了 35.6 亿人次的医疗服务，人均提供 600 人次的医疗服务。相比之下，民营医院有 178.8 万卫生技术人员，提供了 7.0 亿人次的医疗服务，人均提供 391.5 人次的医疗服务。此外，2023 年，公立医院入院人次 20006.7 万（占医院总入院人次的 81.7%），民营医院入院人次 4493.4 万（占医院总入院人次的 18.3%）。由此可见，公立医院和民营医院并不平衡。更为棘手的是，由于民营医院多属于营利性医疗机构，出于逐利性考虑，其大部分倾向于分布在城市或者城郊，通常在县级以上（含县级）区域，这进一步扩大了城乡医疗资源的不均衡。

3. 各省、自治区、直辖市之间的医疗资源不均衡

由于中国各省、自治区和直辖市之间的经济发展程度不一（如东西部之间的差异和南北方之间的差异），且城镇化进程不一，因而不同程度地影响到医疗资源的集聚或者分散，即便是在同一城市或者同一基层区域，医疗资源也呈现出不均衡的局面。例如，三级医院代表着一定区域的最高水平，按照《中国卫生健康统计年鉴（2023 年）》的统计数据显示，就全国 31 个省级层面而言，排名第一的是四川省，全省拥有三级医院共 317 所；排名第二的是广东省，全省拥有的三级医院共 270 所；排名倒数第一的是西藏自治区，全区拥有三级医院仅 18 所；排名倒数第二的是宁夏回族自治区，全区拥有三级医院 20 所。需要注意的是，城镇化的发展在一定程度上反映出交通的便捷程度，二者总体上呈现正相关关系。交通是否

便捷，又在很大程度上影响着患者的就医选择。具体而言，对于基层患者，如果其行动方便，自然可以利用便捷的交通享受优质的医疗服务，从县级逐级向上，直至满足自身的就诊需求为止，但是对于行动不便或者交通不便的基层患者，其在寻求优质医疗服务的过程中往往面临重重困难，甚至无法实现就医需求。这些问题的存在，既源于医疗资源的分布不均衡，也与科学技术的缺位有关，远程医疗的出现与发展，恰好为解决这一问题提供了绝佳的选择，同时也为新时代的医疗发展带来了机遇，成为弱势群体的一大福音。

第二节 远程医疗纠纷的典型案例

在远程医疗中，由于至少涉及邀请方医疗机构（Hospital 1，简称 H_1）、受邀方医疗机构（Hospital 2，简称 H_2）、患者（Patient，简称 P）、平台建设运营方（Platform，简称 P_1）等主体，这些主体均为民事主体，其行为多属民事法律行为，因而会产生多重民事法律关系，各主体若违反约定义务或者法定义务，往往就会产生相应的民事责任。当然，这只是远程医疗内部的民事法律关系。事实上，远程医疗之外的第三方主体亦可能与远程医疗内部法律关系的主体之间发生民事法律关系。因此，远程医疗的纠纷既涉及第三方主体与远程医疗内部法律关系主体之间的纠纷，亦涉及远程医疗内部法律关系主体之间的纠纷，实践中已涌现出类似的典型案例。

一、鄂尔多斯某医院与全科联盟某公司服务合同纠纷案〔1〕

（一）基本案情

2018 年 1 月 22 日，甲方鄂尔多斯某医院与乙方全科联盟某公司签订了一份《PCIC 名医名院联诊中心——“线上加盟”服务协议书》，双方在服务协议书中约定：主要服务模式为线上加盟、线下运营、深度共建，其中线上加盟包括全科平台远程接入；名医名院定点授牌；AI－VIP 室（标

〔1〕 案件详情参见北京市海淀区人民法院（2020）京 0108 民初 29343 号民事判决书。

识)；专家团队远程会诊 100 次；合作期限为 1 年；甲方需支付服务费每年 10 万元，合同总额共计 10 万元。附件关于线上加盟服务的内容有：乙方提供一套全科协作平台——互联网医院系统，甲方可以通过该系统接入全科医学协作云平台，乙方向甲方授权提供 100 人次的专家远程会诊服务。2018 年 2 月 3 日，鄂尔多斯某医院向全科联盟某公司支付了服务费 10 万元。

上述合同签订后，鄂尔多斯某医院主张其通过电话、微信、邮件多种方式向全科联盟某公司提出了远程会诊的申请，并提交了通话录音、微信记录、邮件送达通知等证据，证据显示全科联盟某公司与鄂尔多斯某医院沟通的联系人为李某 1、李某 2、张某 1。全科联盟某公司否认张某 1 系该公司职员，亦否认收到过鄂尔多斯某医院提出的远程会诊申请，认为鄂尔多斯某医院与李某 1、李某 2 的沟通不能代表鄂尔多斯某医院提出了远程会诊申请。对此，鄂尔多斯某医院提供了李某 1、李某 2 的名片，以及全科联盟某公司的营业执照复印件。通话录音中显示，鄂尔多斯某医院在与李某 1、李某 2 的通话中均表示申请远程专家会诊。

此外，鄂尔多斯某医院还提交了 2018 年 9 月 13 日其向全科联盟某公司送达的《远程会诊申请书》，申请书内容为："我院和贵公司签约合作协议已半年多近一年，期间曾多次联系贵公司李某 1 经理，要求开通我院和贵公司远程会议系统并开展正常远程会诊服务，期间也给贵公司发过书面申请，并按贵公司要求购买了远程会议设备。但时至今日不知为何仍不能开通和使用。因我院现在有几位患者急需进行和贵公司签约医院——解放军总医院、北京协和医院、北京中日友好医院的皮肤病专家进行远程会诊。今我院正式再次向贵公司发出书面申请，并直接送达贵公司。要求贵公司尽快安排在二零一八年十月一日前，为我院患者进行远程会诊。希望贵公司尽快联系以上三家医院皮肤科专家，给我院患者进行远程会诊，不要延误为盼。"同时，鄂尔多斯某医院提交了申请书送达通知，证明远程会诊申请书经由鄂尔多斯某医院职工武某亲自前往全科联盟某公司送达，签收人为张某 1，时间为 2018 年 9 月 13 日。

（二）法院判决

法院认为，依法成立的合同，自成立时生效。当事人应当依照约定全面履行自己的义务。在本案中，鄂尔多斯某医院与全科联盟某公司签订服务协议书，系双方真实意思表示，双方均应依约定履行各自合同义务。全科联盟某公司以10万元是平台线上加盟服务费、服务加盟已经完成为由抗辩，该主张与合同约定内容不符，法院不予采纳。现鄂尔多斯某医院已举证多次向全科联盟某公司提出远程服务申请，但全科联盟某公司未能提供相应服务内容，属根本违约，故法院认为鄂尔多斯某医院要求全科联盟某公司退还加盟费10万元，理由充分，法院予以支持。鄂尔多斯某医院未能就违约事项造成的损失、差旅费损失举证，故法院对其以上损失主张不予支持。判决如下：（1）全科联盟某公司于判决生效后7日内退还鄂尔多斯某医院加盟服务费10万元；（2）驳回鄂尔多斯某医院的其他诉讼请求。[1]

二、齐齐哈尔市某医院、孟某医疗损害责任纠纷案[2]

（一）基本案情

2016年11月9日，孟某因蛛网膜下腔出血入齐齐哈尔市某医院住院治疗。2016年11月17日，医院为孟某行右侧大脑动脉瘤包裹术，术后孟某出现脑干出血、低蛋白血症、颅内感染、菌血症、贫血、头皮切口感染、蛋白质营养不良、离子紊乱等相关并发症，后经齐齐哈尔市某医院相关科室及远程会诊，北京某医院专家远程会诊建议，如有骨瓣坏死，手术将骨瓣取出，清除局部炎症组织，待创口愈合后，可行高压氧治疗。孟某家属拒绝清创及去除骨瓣手术，孟某于2017年1月18日出院，出院记录记载："患者家属今日要求出院，向患者家属交待病情，建议住院治疗，告知出院后可能出现的意外及风险，患者家属表示已知情，仍拒绝继续住院治疗。"2016年11月9日入院至2017年1月18日出院期间，孟某实际住院70天，住院总费用155623.80元。

2017年1月18日，孟某前往哈尔滨某医院诊治。2017年4月17日，

---

〔1〕与之相似的案件还有东大某公司、东信某公司、绍驰某公司诉某大学附属医院合同纠纷案，案件详情参见辽宁省沈阳市中级人民法院（2023）辽01民终2118号民事判决书。

〔2〕案件详情参见黑龙江省齐齐哈尔市中级人民法院（2020）黑02民终1721号民事判决书。

医院对孟某行头皮清创术、颅骨去除术，其于2017年5月2日出院，实际住院104天，住院费用84411.83元。孟某入院诊断为：动脉瘤夹闭术后刀口不愈合、脑干出血后遗症期。出院诊断为：双眼眼肌麻痹、动脉瘤包裹术后刀口不愈合、脑干出血后遗症期。出院医嘱为：（1）注意休息；（2）定期复查；（3）不适随诊。

2017年3月16日，齐齐哈尔市医疗纠纷人民调解委员会委托哈尔滨某司法鉴定中心鉴定，该鉴定中心作出了司法鉴定意见书，认定：（1）医方（齐齐哈尔市某医院）的诊疗行为与被鉴定人孟某的目前状况存在因果关系；（2）医方（齐齐哈尔市某医院）过错的法医学参与度为50%；（3）被鉴定人孟某在行右侧大脑前动脉动脉瘤包裹术后，偏瘫肌力≤2级，评定为二级伤残；（4）支持本次鉴定日（2017年3月22日）行医疗终结；（5）支持完全护理依赖；（6）支持终生护理。

2017年5月8日，孟某到莫旗某医院住院诊治，并于2017年12月16日出院，实际住院222天，住院总花费54654.82元。孟某的入（出）院诊断均为：中风病－气虚血淤症、脑出血后遗症期、动脉瘤术后、腰椎间盘突出症、低钙血症、脑供血不足。出院医嘱为：（1）继续口服通便、补钙药物；（2）继续坚持康复锻炼；（3）不适随诊。

2017年5月8日、2018年1月2日、2018年3月5日、2018年10月9日，孟某先后四次前往莫旗某医院住院治疗，实际共住院536天，住院总花费123557.36元。

2019年3月21日，孟某到哈尔滨某医院住院治疗，2019年4月26日出院，实际住院26天，住院花费74889.84元。孟某的入院诊断为：额部颅骨缺损，出院诊断为：额部颅骨缺损，大脑前动脉动脉瘤术后，双额及右侧基底节区软化灶，多发腔隙性脑梗死，左侧椎动脉起始处中度狭窄，左侧大脑前动脉A2段动脉瘤，左侧大脑中动脉M1分叉处动脉瘤。出院医嘱为：（1）继续口服抗癫痫药物；（2）定期复查；（3）随诊。

2019年10月30日，孟某再次到莫旗某医院住院治疗，2019年12月2日出院，实际住院33天，住院花费4784.87元。孟某的出院诊断为：中风病－气虚血瘀症、腔隙性脑梗死、脑出血后遗症、低钾血症、低钙血症、高脂血症。出院后治疗意见：（1）低盐低脂饮食；（2）畅情志；（3）加强功能锻炼；（4）不适随诊。

一审过程中，齐齐哈尔市某医院在诉讼过程中要求追加哈尔滨某医院、莫旗某医院为被告，法院予以准许。

（二）法院判决

1. 一审判决

一审法院认为，本案当事人孟某充分举证其在齐齐哈尔市某医院诊疗活动中受到损害，对损害结果的发生，该医院及其医务人员具有一定程度的过错，因此齐齐哈尔市某医院应承担赔偿责任。齐齐哈尔市某医院在诉讼过程中要求追加哈尔滨某医院、莫旗某医院为本案被告，但并未提供证据证明上述医疗机构与孟某受到的损害具有因果联系及诊疗行为存在过错，因而哈尔滨某医院、莫旗某医院不应承担赔偿责任。经哈尔滨某司法鉴定中心鉴定，齐齐哈尔市某医院的诊疗行为与孟某的身体状况存在因果关系，其过错的法医学参与度为50%，故而对孟某的合理损失，应当由齐齐哈尔市某医院负担50%的赔偿责任。判决如下：（1）被告齐齐哈尔市某医院本判决发生法律效力之日起10日内赔付原告孟某医疗损害赔偿款1005161.59元；（2）驳回原告孟某的其他诉讼请求。案件受理费25055.00元，由被告齐齐哈尔市某医院负担11037.00元，由原告孟某负担14018.00元。

2. 二审判决

二审法院认为，孟某因蛛网膜下腔出血入齐齐哈尔市某医院住院治疗，双方形成了医疗服务合同关系。齐齐哈尔市某医院为孟某行右侧大脑动脉瘤包裹术，术后孟某出现脑干出血等相关并发症，孟某认为齐齐哈尔市某医院在手术过程中存在过失，双方产生纠纷。经齐齐哈尔市医疗纠纷人民调解委员会委托哈尔滨某司法鉴定中心鉴定，结论为齐齐哈尔市某医院的诊疗行为与被鉴定人孟某的目前状况存在因果关系，齐齐哈尔市某医院过错的法医学参与度为50%，故齐齐哈尔市某医院对孟某的医疗损害事实存在。遂判决：驳回上诉，维持原判。二审案件受理费13486.00元，由齐齐哈尔市某医院负担。

第三节 启迪与反思

远程医疗作为一项科学技术，原初是中立的，但是在具体应用的过程中，既涉及多主体之间的合作约定，如鄂尔多斯某医院与全科联盟某公司服务合同纠纷案即为适例，会产生相应的违约行为，又可能因为侵害患者的健康权等具有绝对权属性的人格权而产生医疗损害责任，如齐齐哈尔市某医院、孟某医疗损害责任纠纷案即为典型。远程医疗过程中，除违约责任和侵权责任外，还有可能产生缔约过失责任，但从重要性而言，违约责任和侵权责任不仅更为重要，而且更为常见，因此本书将其作为重点加以详论，对于缔约过失责任，予以略述。

我国《民法典》第577条规定："当事人一方不履行合同义务或者履行合同义务不符合约定的，应当承担继续履行、采取补救措施或者赔偿损失等违约责任。"这说明，无论是远程医疗内部各主体之间的合同法律关系，还是第三方主体与远程医疗内部各主体之间的合同法律关系，就违约行为而言，常常表现为一方不履行合同义务或者履行合同义务不符合约定。这包括履行不能、履行迟延和不完全履行等。在鄂尔多斯某医院与全科联盟某公司服务合同纠纷案中，全科联盟某公司就构成了履行迟延。违约责任就是因为违约行为所承担的民事责任，其首要构成要件是需要存在真实有效的合同义务，如果不以合同义务的存在为前提所产生的民事责任，不是违约责任。这使违约责任与侵权责任、缔约过失责任区分开，后两者都不以合同义务的存在为前提。[1]

我国《民法典》第186条规定："因当事人一方的违约行为，损害对方人身权益、财产权益的，受损害方有权选择请求其承担违约责任或者侵权责任。"该条规定了违约责任和侵权责任的竞合，且两种请求权只能择一行使。理由是，在特定情况下，当事人一方的违约行为既违反了当事人之间的合同义务，又违反了保护他人生命权、健康权、身体权等具有绝对权性质的人格权的法定义务，因而构成同一行为同时违反两种性质的法律

---

[1] 参见王利明主编：《民法》(第8版)，中国人民大学出版社2020年版，第185页。

义务，在均符合违约责任和侵权责任构成要件的情况下，对守约方或者受害人而言，就产生了违约请求权和侵权请求权的并存问题。法律上之所以要求守约方只能择一行使，是考虑到违约方或者侵权行为人虽然同时触犯《民法典》合同编或者《民法典》侵权责任编的相关法律规定，但其在本质上仍是一个行为，守约方或者受害人亦只有一次受害。如果允许守约方或者受害人行使双重请求权，无异于过分苛责违约方或者侵权行为人，同时致使守约方或者受害人获得双重赔偿，不仅有违公平原则指导下的完全赔偿原则，而且容易刺激守约方或者受害人产生侥幸心理，引发道德风险，不仅不利于双方通力合作，而且难以实现订立合同的初衷。在远程医疗纠纷中，由于医疗服务合同的一方当事人是患者，另一方是提供远程医疗服务的医疗机构，双方之间首先存在医疗服务合同法律关系，同时在法律上负有不得侵犯患者人身权的法定义务，如果作为医疗服务合同一方的医疗机构因为医疗过失侵犯了患者的人身权，并产生了损害结果，那么不仅在侵权法上构成侵权行为，而且构成违约行为。在齐齐哈尔市某医院、孟某医疗损害责任纠纷案中，齐齐哈尔市某医院作为提供远程医疗服务的合同一方当事人，在其存在医疗过失造成孟某人身损害的情况下，不仅因侵害孟某的人身权利而构成侵权责任，还因为合同义务没有履行或者不适当履行而产生违约责任，只不过作为受害者或者守约方的孟某，最终选择了侵权请求权进行救济。

远程医疗作为医疗的种概念，具有医疗的一般属性，但是除此之外，其是否具有其他特殊性？如果没有，即现行的合同（责任）制度和侵权（责任）制度能够完全解决，此时再讨论远程医疗的民法问题，则主要侧重梳理；如果具有，那么这种特殊性表现在哪？这是研究远程医疗的民法问题的开端，也是证成自身重要性的支点。笔者认为，这是一个较为复杂而难以回答的问题。笔者的基本观点是，尽管我国现行的民事法律体系尤其是《民法典》实施以来，我国的合同（责任）制度和侵权（责任）制度能够基本解决远程医疗的民法问题，但仍有继续探讨的必要和空间，主要是基于以下三个特殊性进行考虑：

第一，就诊模式的显著变化。数千年来，医患之间采取的是“面对面”的诊疗方式，在远程医疗的情况下，尽管患者仍身处医疗机构——邀请方医疗机构（H_1）之中，但是由于受邀方医疗机构（H_2）的加入，使得其在接受线下“面对面”诊疗的基础上，增加了“隔空虚拟”的诊疗场景。这种诊疗模式的变化，会对患者的人身自由和人格尊严产生重要影响。与线下就诊相比，其具有一定的特殊性。就人身自由而言，突出表现为是否需要征得患者或者其监护人的知情同意。由于医疗具有较强的专业壁垒，因此医患之间信息不对称是常态，患者通常处于弱势一方，远程医疗的加入，进一步加剧了这一信息不对称现象，如何消弭数字鸿沟保护患者知情同意权不受侵害，成为实践中必须考虑的重要问题。就人格尊严而言，一部分患者是否会因为自身经济状况或者医保政策的缺位而难以选择远程医疗，或者医疗机构是否会因为患者的经济状况或者医保政策的缺位而选择不告知患者远程医疗的选择，进而对一部分患者产生一定的歧视，这不仅涉及法律问题，而且涉及伦理问题。

第二，远程医疗的主体更加多元，民事法律关系更为复杂。前文已述，在远程医疗中，由于至少涉及邀请方医疗机构（H_1）、受邀方医疗机构（H_2）、患者（P）、平台建设运营方（P_1）等主体，尽管有的平台建设运营方是邀请方医疗机构，即二者的主体合一，但是与普通的线下“面对面”诊疗所建立的“医方—患方”二元结构相比，远程医疗的主体更加多元，各主体之间所建立的民事法律关系亦更为繁杂。如果涉及互联网医院，还涉及其背后的实体医院或者投建主体等考量因素。患者生命安全和身体健康始终是医疗工作的重心之一，因此患者权益保护亦应成为远程医疗的重点内容。作为科技和医疗结合体的远程医疗，由于当前的法律法规体系尚不完善（后文将对此详加论述），其能否妥善完成这一目标，实际上存在一定的疑问。

第三，患者隐私和个人信息被大规模侵害的风险增加。与传统的“医方—患方”二元结构相比，远程医疗由于增加了平台建设运营方（P_1）这一主体，使通过远程医疗接触患者隐私和个人信息的主体增多，且由于网络具有一定的开放性，强调连接和共享，远程医疗的实现又离不开网络，因此无形中增加了泄露患者隐私和个人信息的风险。关于这一点，无论是《基本医疗卫生与健康促进法》《医师法》等卫生健康专门法律，还是《民法典》《个人信息保护法》《网络安全法》等综合性法律，对此均非常重视，给予了较高强度的保护。由于患者众多，且具有不特定的特点，现实中一旦产生损害，就是大规模损害（mass damage），[1] 社会影响较大。全球网络安全公司卡巴斯基研究显示，30% 的医疗保健提供商都遇到过员工在远程咨询期间泄露客户个人信息的情况。除此之外，几乎一半的供应商认为，他们的临床医生并不清楚如何保护病人的数据。研究显示，只有 17% 的医疗服务提供者确信他们进行远程会诊的大多数临床医生清楚地了解如何保护患者的数据。[2] 这说明，患者隐私和个人信息的保护问题不仅重要，而且十分突出。

综上所述，对远程医疗的民法问题有必要进行系统研究，在全面推进"法治中国"和"健康中国"建设的背景下，不断优化医疗资源配置，进一步促进优质医疗资源下沉，助力我国分级诊疗体系的完善，共享均等化、普惠化、便捷化的医疗卫生服务，保障和实现公民的健康权，满足人民日益增长的健康服务需求，不断增强人民群众的获得感、幸福感、安全感。

---

〔1〕 参见刘炫麟：《大规模侵权研究》，中国政法大学出版社 2018 年版，第 23－24 页。

〔2〕 参见《近三分之一的临床医生在进行远程医疗会诊时会造成患者数据泄露》，载搜狐网 2022 年 1 月 28 日，https：//www. sohu. com/a/519584933_ 121011905。

第二章
远程医疗概述

第一节　远程医疗的概念界定

一、国外对远程医疗的概念界定

世界卫生组织（WHO）认为，远程医疗就是运用信息与通信技术进行诊疗信息交换，来进行医疗诊断、治疗、预防疾病、研究评估，以及对卫生保健提供者继续医学教育等内容。[1] 美国远程医疗学会（American Telemedicine Association，ATA）和美国国防部卫生事务处（U. S. Department of Defense Office of Health Services）认为远程医疗是指以计算机技术，卫星通信技术，遥感、遥测和遥控技术，全息摄影技术，电子技术等高新技术为依托，充分发挥大医院或专科医疗中心的医疗技术和设备优势，对医疗条件较差的边远地区，海岛或舰船上的伤病员进行远距离诊断、治疗或医疗咨询。[2] 出于报销的目的，美国医疗保险和医疗补助服务中心（Centers for Medicare and Medicaid Services，CMS）将远程医疗定义为“一种通过允许远程患者和医生进行双向、实时互动交流来改善患者健康的服务”。[3] 在英国，远程医疗是指任何信息和通信技术的应用，可以消除或减轻距离对医疗保健的影响。它是医疗保健服务递送方式的一种，允

---

〔1〕参见刘炫麟主编：《互联网医药法律问题研究》，中国政法大学出版社 2017 年版，第 96 页。

〔2〕参见张成、王共先、习海波：《国内外远程医疗的发展与现状》，载《中华医学杂志》2010 年第 24 期。

〔3〕Chaet, D. , Clearfield, R. , Sabin, J. E. , et al. , *Ethical practice in Telehealth and Telemedicine*. Journal of General Internal Medicine, Vol. 32: 10, p. 1136 – 1140 (2017) .

许其从集中式服务转变为以患者为中心、资源高效利用的服务模式，并在患者所在地层级上做出决策。[1] 在欧洲，有的学者将远程医疗描述为通过促进卫生专业人员与患者之间互动的技术确保远程医疗服务，并提供专家之间跨学科咨询的可能性，以便获得诊断和治疗计划。它涉及通过文本、声音、图像或患者预防、诊断、治疗和随访所需的其他形式安全传输医疗数据和信息。在远程医疗的帮助下，农村地区难以获得初级保健的人和行动不便的人可以从医疗服务中受益。[2] 在日本，其对远程医疗的界定比较简单，是指利用支持医疗的电信设备和/或通过使用电信设备，为患者提供第二意见（Second Opinion）、远程会诊（Teleconsultation）、直接患者照护（Direct Patient Care）、远程家庭照护（Telehomecare）、远程药理学服务（Telepharmacies）等。其中，“第二意见”属于广义上的咨询，是指医生通过电信设备向专科医生寻求建议和咨询。[3]

二、国内对远程医疗的概念界定

（一）理论界对远程医疗的概念界定

有的学者认为，远程医疗是采用现代通信技术、现代电子技术和计算机技术，实现各种医学信息的远程采集、传输、处理、存储和查询，从而实现对远地对象的检测、监护、诊断、教育、信息传递和管理等。狭义上的远程医疗是专业医疗人员与患者的互动，广义上的远程医疗则涵盖了所有与医学服务相关的活动。[4] 有的学者认为，远程医疗是运用计算机、通信、医疗技术与设备，通过对数据、语音、图像和视频等资料进行综合

---

〔1〕 See Debnath D., *Activity analysis of telemedicine in the UK*, Postgrad Med J., Vol. 80:944, p. 335 – 338 (2014).

〔2〕 See AM Cioti, AMA Stnescu, IV Grjdeanu, et al., *Telemedicine in Europe – Current Status and Future Perspectives*, Modern Medicine, Vol. 26:4, p. 165 – 168 (2019).

〔3〕 See Isao Nakajima, Hiroshi Juzoji, Futoshi Ohyama, et al., *Inclined Trends in the Telemedicine Policies of Japan*, http://kosmi.snubi.org/2003_fall/APAMI_CJKMI/O7 – 7 – 047 – Nakajima – 0731.pdf.

〔4〕 参见翟运开、赵杰、蔡雁岭：《“互联网+”时代的远程医疗服务运营关键问题研究》，科学出版社2015年版，第34页。

传输，提供医生与病人、医务人员之间“面对面”沟通的新型医疗服务。[1] 有的学者认为，远程医疗是指利用远程通讯技术、多媒体技术、电子技术等现代技术手段，进行远距离音视频传输、存储、查询和显示，为异地患者或者医务人员等提供医疗服务或者医学信息的行为，其包括远程会诊、远程护理、远程教育、远程诊断、远程手术以及提供远程医学信息服务等。[2] 有的学者认为，远程医疗是以网络通信和计算机科学为基础，利用现代远程通讯技术、计算机多媒体技术以及移动互联网技术来实现的异地医疗服务的系统平台，并通过信息化手段实现患者与医务人员、医疗机构、医疗设备之间互动的医疗行为。[3] 有的学者认为，远程医疗是指依托通讯、计算机及网络技术，跨越空间障碍，提供非现场的医学信息与服务。[4]

（二）国家政策文件对远程医疗的概念界定

1999年1月4日，《卫生部关于加强远程医疗会诊管理的通知》（卫办发〔1999〕第2号）发布，尽管该文件目前已经失效，但是作为规制远程医疗的第一个全国层面的政策文件，其对远程医疗之一的远程会诊进行了界定，即“远程医疗会诊是应用计算机及网络、通讯技术进行异地医疗咨询活动，属于医疗行为，必须在取得《医疗机构执业许可证》的医疗机构内进行”。对远程医疗作出详细而明确规定的政策文件始于2014年8月21日国家卫生计生委发布的《关于推进医疗机构远程医疗服务的意见》（国卫医发〔2014〕51号），其明确规定，远程医疗服务是一方医疗机构邀请其他医疗机构，运用通讯、计算机及网络技术，为本医疗机构诊疗患者提供技术支持的医疗活动。医疗机构运用信息化技术，向医疗机构外的患者直接提供的诊疗服务，属于远程医疗服务。远程医疗服务项目包括：远程病理诊断、远程医学影像（含影像、超声、核医学、心电图、肌电图、脑电图等）诊断、远程监护、远程会诊、远程门诊、远程病例讨论及省级以上卫生健康行政部门规定的其他项目。

---

〔1〕参见谢玉茹：《远程医疗的法律关系与民事责任研究——以“B－B端、B－C端、B－B－C端”服务方式为例》，载《医学与法学》2017年第4期。

〔2〕参见司婷、赵敏：《我国远程医疗规制研究概述》，载《医学与法学》2017年第3期。

〔3〕参见张静、黄涛：《我国远程医疗法律问题初探》，载《医学与哲学》2019年第6期。

〔4〕参见牟岚、金新政：《远程医疗发展现状综述》，载《卫生软科学》2012年第6期。

三、我国对远程医疗概念界定的考虑与不足

从国外对远程医疗的概念界定考察，其主要强调三个核心要点：一是利用信息通讯等科学技术；二是为异地提供服务；三是诊断、治疗、咨询、照护为其核心内容。国内理论界对远程医疗的界定并不存在实质性差异，仍是围绕上述三个核心要点进行阐述。我国政策文件对远程医疗的概念界定虽然包含了上述三个核心要点，但是与国外、国内理论界的概念界定不同，其将远程医疗限定在医疗机构之间。换言之，我国官方所承认的远程医疗范围较窄，其中一个很重要的考虑就是患者安全。但是从未来的发展趋势考察，远程医疗不应仅局限于医疗机构之间，还应当包括医疗机构直接针对患者的情形。理由是：一方面，现有的远程医疗无法解决院外急救的问题；另一方面，作为与远程医疗相近而又不同概念的互联网医疗，亦无法覆盖，进而在远程医疗和互联网医疗中间存在一个独特的“空白”地带。

（一）远程医疗对院外急救的困境

实践中，有的患者突发疾病需要紧急救治，如果患者能够自行或者在他人的陪同下前往医疗机构（包括被他人及时送往医疗机构的情况），在医疗机构征得患者或者其近亲属同意，或者因为情况紧急需要抢救生命垂危的患者，且不能取得患者或者其近亲属意见的，经医疗机构负责人或者授权的负责人批准，可以立即实施相应的医疗措施。此处“相应的医疗措施”理应包含通过远程医疗向其他医疗机构的专家寻求专业上的意见和建议。在上述场景下，远程医疗具有适用的空间。但是有些情况下，因为患者病情危急需要立即采取措施，例如，在海滩游玩的过程中突发疾病，此时不具备送往医疗机构的条件，如果不允许通过远程方式进行相应的医疗指导，而当地海滩上的医务人员或救生员又无力施救，就会产生一种“远水解不了近渴”的困境，患者的生命权、健康权等处于巨大威胁之中。

（二）远程医疗与互联网医疗的界分与互动

远程医疗和互联网医疗是一组既有密切联系又存在区别的概念。无论

是理论界的学者，还是实务界的专家，有时并不注意区分二者，导致概念混用和范畴错位的现象时有发生。就前者而言，他们常不加区分地在不同的应用场景随意切换这两个概念，进而导致混用；就后者而言，则是主张远程医疗包含互联网医疗或者互联网医疗包含远程医疗，无论是哪一种，在当前的法律与政策体系下，均是不妥当的。

1. 远程医疗与互联网医疗的界分

首先，从远程医疗的起源考察（后文将详加论述），远程医疗可以通过电视电话等多种形式实现，并非仅仅借助互联网这一手段或技术，只不过当今互联网发展十分迅速，远程医疗才借助互联网的“翅膀”实现了跃升，显得更为突出罢了。其次，远程医疗在我国当前的政策规定下，仍局限于医疗机构之间的行为。换言之，远程医疗的重心是“H－H”（Hospital to Hospital），但是对于互联网医疗而言，其是指把互联网作为技术手段和平台，为用户提供医疗咨询、疾病风险评估、在线疾病咨询、健康指标监测、健康教育、电子健康档案、远程诊断治疗、电子处方和远程康复指导等形式多样的健康管理服务。[1] 换言之，尽管互联网医疗也可以实现“H－H”的服务，但其重心是“H－P”（Hospital to Patient）的服务。最后，根据《互联网诊疗管理办法（试行）》的规定，互联网诊疗是指医疗机构利用在本机构注册的医师，通过互联网等信息技术开展部分常见病、慢性病复诊和“互联网＋”家庭医生签约服务。由此可见，互联网医疗除“互联网＋”家庭医生签约服务外，针对的都是复诊患者，而远程医疗由于仍以线下实体医院作为依托，并不强调是复诊患者，亦可为初诊患者。但是无论如何，对于前文所述的因为突发疾病躺在海滩上而急需救治的患者而言，亦很有可能因为其不是复诊患者而无法实施互联网医疗。于是，就在远程医疗和互联网医疗之间形成一个独特的“空白”地带。

2. 远程医疗与互联网医疗的互动

随着互联网的飞速发展，无论是远程医疗，还是互联网医疗，其实际上都获得了质的提高，当前正从高数量向高质量转型发展。在远程医疗中，其不再局限于局域专网的应用，而是注重互联网的链接，获得了一个

---

[1] 参见文丹枫、韦绍锋：《互联网＋医疗：移动互联网时代的医疗健康革命》，中国经济出版社2015年版，第3页。

更为开放、共享的应用空间。而且，在远程医疗中，若邀请方医疗机构通过信息平台直接邀请医务人员提供在线医疗服务，其还必须申请设置互联网医院，按照《互联网医院管理办法（试行）》的相关规定进行管理，进一步密切了远程医疗和互联网之间的关系。远程医疗在借助互联网的情况下，与互联网医疗在“B－B”模式下会产生一定的交集（如医疗业务培训等）。此外，在面对复诊患者的情况下，二者亦会存在一定的交集。如果跳出远程医疗和互联网医疗的制度本身进行考察，二者均通过通讯等技术手段实现医疗资源的合理配置，提升医疗服务的效能，促进医疗卫生服务的公平可及，体现国家对公民健康权保障的积极供给义务，旨在不断增进人民福祉。

第二节 远程医疗的历史发展

一、国际远程医疗的历史发展

远程医疗的起源最早可以追溯到使用古代象形文字和卷轴来共享疾病暴发或流行病等健康相关事件的信息。此外，一些人们会使用烟雾信号来警示附近的城市有疾病。[1] 近现代以来，信息技术的创新不断地重塑医生和患者分享健康信息的方式。

有的学者认为，国际远程医疗的发展大致经历了三个时期：第一个时期为20世纪60年代初至80年代中期，由于这一时期信息技术欠发达，信息高速公路正处于新生阶段，信息传送量极为有限，远程医疗受到通信条件的制约。因此，整体而言，这一阶段远程医疗的发展较为缓慢。第二个时期为20世纪80年代末至21世纪前十年，这一时期的显著特征是现代通讯技术水平不断提高，一大批有价值的项目相继启动，其声势和影响远超于远程医疗的第一个时期。第三个时期则为2010年至今，这一时期的远程医疗开始逐步走进社区、走向家庭，更多地面向个人，提供定向、个性的服务。随着物联网技术的发展和智能手机的普及，远程医疗开始与云计

---

〔1〕 See Hurst E. J. , *Evolutions in Telemedicine*: *From Smoke Signals to Mobile Health Solutions*, Journal of Hospital Librarianship, Vol. 16:2, p. 176 (2016).

算、云服务结合起来，众多的智能健康医疗产品开始面世，远程血压仪、远程心电仪，甚至远程胎心仪的出现，给广大的普通用户提供了更方便、更贴心的日常医疗预防、医疗监控服务。远程医疗也从疾病救治发展到疾病预防的阶段。[1]

有学者主张，以技术特征对国际远程医疗发展阶段进行划分，主要分为以下四个阶段：一是萌芽阶段（20 世纪 60 年代以前），这个时期形成了远程医疗的雏形。例如，早在 1844 年，就已经有人利用摩尔电码为商船上的伤病员提供远程医疗咨询。1924 年，美国《无线电新闻杂志》（Radio News）预测了通过“交互式视频系统”开展远程医疗的可行性。二是模拟化阶段（20 世纪 60—70 年代），这个时期基本采用模拟技术完成远程医疗信息的采集、传输和重现，信息传输通路包括闭路电视、微波、电话线、卫星等。由于数据传输慢并且昂贵，所以主要用于科研和军事等领域，最有代表性的是美国航空航天局（NASA）建立的宇航员生命体征远程监测系统。这个时期产生了远程医学（telemedicine）的概念。三是准数字化阶段（20 世纪 80—90 年代），远程医疗原始信息仍然还是模拟信号，但可以通过胶片扫描仪、视频捕捉卡等方式将模拟信号转换成数字信号并进行压缩，以数字信号在网络上传输。这个时期的另一个特点是因特网和个人计算机得到普及应用，远程医学逐渐民用化、普及化。其中比较有代表性的应用包括美国退伍军人远程医学网络、挪威的远程放射学网络等。这个时期还产生了远程医学学术刊物，包括美国创办的《远程医学杂志》（Journal of Telemedicine）、英国皇家医学会创办的《远程医疗与远程护理杂志》（Telemedicine and Telecare）等。四是数字化阶段（21 世纪初至今），由于医院信息化的发展，融合了医院信息系统（HIS）、影像归档和通信系统（PACS）、放射科信息系统（RIS）、实验室信息管理系统（LIS）的电子病历系统（EMR）得到推广应用，远程医疗信息从源头上已经完全数字化。另外，数字宽带技术的发展，使医学和音视频信息传输的质量和速度得以大幅提高，成本大幅降低。互联网技术、移动网络技术的发展，使远程医学服务更加便捷化。这个时期产生了网络医疗（e -

---

[1] 参见孟群主编：《“互联网 +”医疗健康的应用与发展研究》，人民卫生出版社 2015 年版，第 8 页。

Heath）、连接医疗（Connect Health）的概念。[1]

有的学者提出不同意见，认为远程医疗模式最早出现在 20 世纪中叶的美国，在放射学研究中应用双向电视系统之后，美国的远程医疗技术不断发展，医疗过程中通信及电子技术应用越来越多。到 20 世纪 60 年代，利用双向视听设备在波士顿综合医院和洛根机场医疗站之间开展一系列远程医疗活动，实现了乘客和医护人员之间的视频交互、心电图、血压等医疗数据的传输。1961 年，塞西尔 · 维特索（Cecil Wittson）博士在内布拉斯加大学奥马哈分校（University of Nebraska Omaha）发起了精神病学远程项目。人们普遍认为，他是世界范围内提供全面远程医疗服务的第一人。[2] 20 世纪 70 年代的美国远程医疗主要在精神病诊治、基础医疗服务等方面，为农村及偏远地区提供医疗资源。20 世纪末，随着通信设备费用下降及信息技术的发展，出现了家庭医疗监护系统、会诊车、电子病历等新型远程医疗服务手段。为了解决在远程医疗服务实施过程中出现的问题，美国成立了远程医疗学会并很快得到政府及社会各界的认可。该学会促使美国远程医疗取得了发展进步。远程医疗除了服务于普通民众，也对军队医疗建设起到了很大作用。进入 21 世纪以来，美国政府更加意识到远程医疗具有传统医疗所不具有的便利性，以及解决医疗资源分布不均的重要性。布什政府在 2004 年提出美国医疗信息技术发展的十年计划，此后奥巴马提出平价医疗法案（Affordable Care Act，ACA），目的是提升医保覆盖率，降低医疗费用。这一法案的提出进一步推动了远程医疗事业在美国的进步。[3] 有研究数据显示，从 2010 年到 2017 年，美国医院通过使用视频和其他技术与患者联系的比例从 35% 增加到 76%。[4]

---

〔1〕 参见鲍玉荣、姜琳琳：《我国远程医疗发展的回顾与展望》，载《中国数字医学》2019 年第 5 期。

〔2〕 See Allen A.，Wheeler T.，*Telepsychiatry background and activity survey*：*The development of telepsychiatry*，6 Telemedicine Today，34（1998）.

〔3〕 参见周杰、王申、田敏：《国外远程医疗发展及其对中国的启示》，载《科技与创新》2019 年第 20 期。

〔4〕 See Kichloo A，Albosta M，Dettloff K，et al.，*Telemedicine*，*the current COVID – 19 pandemic and the future*：*a narrative review and perspectives moving forward in the USA*，Family medicine and community health，Vol. 8:3，e 000530（2020）.

二、国内远程医疗的历史发展

整体而言，我国远程医疗伴随着我国医疗机构信息化进程而不断发展起来，与国际远程医疗相比，我国远程医疗起步较晚。归纳起来，我国远程医疗共经历了探索、试点发展和逐步完善三个阶段。

（一）探索阶段

这一阶段主要是20世纪80年代至90年代。1986年，广州远洋航运公司对远洋货轮上急症患者进行电报跨海会诊，这是我国早期开展的远程医学活动之一。[1] 1988年，中国人民解放军总医院通过卫星与德国医院举行了电话会议对神经外科病例进行讨论。1994年，上海医学院通过电话实现了上海华山医院和上海交通大学之间的远程会诊。[2] 1995年，上海教育科研网、上海医大远程会诊项目启动，并成立了远程医疗会诊研究室。1996年，上海华山医院开通了卫星远程会诊。1997年，中国金卫医疗网络即卫生部卫生卫星专网正式开通。同年，中国人民解放军总医院通过电子邮件与济南军区的医院进行远程会诊，成立远程医疗中心。同年，上海医科大学儿童医院利用综合业务数字网（Integrated Services Digital Network，ISDN）与香港大学玛丽医院进行疑难病例讨论。1998年，中日友好医院成为第一家远程医疗试点医院。

早期远程医疗的应用，更多的是个案实践，鉴于远程医疗处于发展初期，各种样态和问题的呈现并不充分，因此我国在政策和法律上一直处于观望状态（后文将加以详述），无论是1994年颁布的《医疗机构管理条例》及其实施细则，还是1998年出台的《执业医师法》（现已废止，被2021年颁布的《医师法》取代），均没有对远程医疗作出回应。直到1999年，我国卫生部才出台了第一个关于远程医疗的政策文件，即《卫生部关于加强远程医疗会诊管理的通知》（卫办发〔1999〕第2号），尽管该文

---

〔1〕参见鲍玉荣、姜琳琳：《我国远程医疗发展的回顾与展望》，载《中国数字医学》2019年第5期。

〔2〕See Zhao J，Zhang Z，Guo H，et al.，*Development and recent achievements of telemedicine in china*，16 Telemedicine journal and e－health，634（2010）.

件现已失效，但其是卫生行政部门在当时的历史背景下立足远程医疗处于初级发展阶段且发展迅速的趋势下所作的要求和规制，目的就是规范远程医疗尤其是远程会诊行为，维护患者安全，并在此过程中不断优化资源配置和利用，保证正常的医疗秩序。

（二）试点发展阶段

进入21世纪之后，我国远程医疗迎来新的生机与发展，这一方面得益于中国金卫医疗专网、解放军远程医疗系统等一批远程医疗系统所完成的基础信息构架；另一方面得益于互联网等通讯信息技术的发展。远程医疗稳步发展的阶段，又可以分为试点阶段和推进阶段。需要注意的是，试点阶段和推进阶段并不能截然分开，而是保持着一种交叉融合、良性互动的关系。一方面，从国家整体的战略布局上看，尤其是2009年《中共中央 国务院关于深化医药卫生体制改革的意见》、《医药卫生体制改革近期重点实施方案（2009—2011年）》（2015年已废止）等新医改文件发布以来，我国倡导“积极发展面向农村及边远地区的远程医疗”。这就决定了其不同于第一阶段的个案探索，需要批量进行，但又不宜全面推进，因此采用批量试点的方式进行。远程医疗批量试点，推进了远程医疗的发展。另一方面，在远程医疗推进的过程中不断总结经验，优化结构，提升质量，并积极作用于下一批远程医疗的批量试点。

2014年国家卫生和计划生育委员会在解读《关于推进医疗机构远程医疗服务的意见》时曾指出，2010年至2014年，中央财政投入了8428万元，支持22个中西部省份和新疆生产建设兵团建立了基层远程医疗系统，并安排12所原卫生部部属（管）医院与12个西部省份建立高端远程会诊系统，共纳入12所原部属（管）医院、98所三级医院、3所二级医院和726所县级医院，有力推动了远程医疗的发展。

2014年3月11日，国家发展和改革委员会、国家卫生和计划生育委员会联合发布了《关于组织开展省院合作远程医疗政策试点工作的通知》（发改高技〔2014〕410号），要求中国人民解放军总医院与宁夏、贵州、西藏等省区开展远程医疗试点，北京协和医院与内蒙古、广西等省区开展远程医疗试点，北京大学人民医院与新疆、青海等省区开展远程医疗试点，中日友好医院与云南、甘肃等省区开展远程医疗试点。同年8月21日，国家卫生计生委发布了《关于推进医疗机构远程医疗服务的意见》（国卫医发〔2014〕51号），进一步支持、鼓励和规范远程医疗的发展。

2015年1月15日，国家发展改革委办公厅、国家卫生计生委办公厅联合发布了《关于同意在宁夏、云南等5省区开展远程医疗政策试点工作的通知》（发改办高技〔2015〕84号），该通知实际上是《关于组织开展省院合作远程医疗政策试点工作的通知》的细化，同时明确指出，中国人民解放军总医院与宁夏回族自治区、贵州省、西藏自治区开展远程医疗试点，北京协和医院与内蒙古自治区开展远程医疗试点，中日友好医院与云南省开展远程医疗试点。这些试点不仅强调在京的3所高水平医院与各自对口的所有省级医院开展远程医疗，还要覆盖一定的地市级医院，并建立了以远程视频会诊、病理诊断、影像诊断、远程监护、临床教学和继续教育、健康教育等服务为重点的业务指导模式。

国家在这一时期开始关注并试图解决远程医疗发展中的一些痛点，既有管理运营层面上的问题，也有标准制定层面上的问题；不仅有激励报销层面上的问题，而且有责任认定层面上的问题。但可惜的是，这一阶段并未在法律和政策上取得突破性进展。

（三）逐步完善阶段

远程医疗经过试点和推进，既取得了显著的成绩，也遇到了前文所言的核心问题，如果这些核心问题不解决，就会制约远程医疗的发展。因此，尽管从业态和技术的角度考察，远程医疗是不断发展的，但是从核心问题的解决上，其相对滞后，遭遇了一些“瓶颈”，而走向逐步完善的开端就是2018年7月17日《远程医疗服务管理规范（试行）》《互联网诊疗管理办法（试行）》《互联网医院管理办法（试行）》的集中出台，随后《网络安全法》《基本医疗卫生与健康促进法》《民法典》《数据安全法》《个人信息保护法》等法律陆续出台，有效回应了远程医疗中的一些基础法律问题，如患者隐私和个人信息保护等。在国家法律和部门规章的统一规定之下，北京、上海、贵州、四川、宁夏等省、自治区、直辖市亦出台了地方性立法。这些法律法规的出台，是远程医疗逐步走向成熟和完善的一个标志。

在逐步完善阶段，远程医疗不仅覆盖面更宽，而且业务更加多元，还与药品、医保进行衔接。与药品衔接是因为我国2019年修订的《药品管理法》第61条“解冻”了处方药的网络销售（特殊药品除外），而且在新冠疫情期间，为了减少聚集和避免交叉感染，也为了给患者尤其是广大慢性病患者提供及时优质的医疗服务，国家医保局、国家卫生健康委于2020年2月28日联合发布了《关于推进新冠肺炎疫情防控期间开展“互联网+”医保服务的指导意见》，其明确指出，经卫生健康行政部门批准设置互联网医院或批准开展互联网诊疗活动的医疗保障定点医疗机构，按照自愿原则，与统筹地区医保经办机构签订补充协议后，其为参保人员提供的常见病、慢性病“互联网+”复诊服务可纳入医保基金支付范围。定点非公立医疗机构提供的“互联网+”复诊服务，参照定点公立医疗机构的价格和支付政策进行结算。应当说，《药品管理法》的修订和互联网医疗、远程医疗医保的衔接和深入，使“医疗、医药和医保”实现了远程上的“三医联动”，基本实现了闭环，这是远程医疗发展逐步完善的另一个标志。

近年来，我国二级以上公立医疗机构开展远程医疗的占比逐年上升（如表2-1所示），这说明远程医疗的应用范围在逐步扩宽，人民群众尤其是基层人民群众的受益面在不断扩大。人工智能和互联网医院的参与，提升了远程医疗的技术水平和服务质量，截至2024年2月，我国已有2700余家互联网医院获得审批，[1] 初步形成了线上和线下一体化医疗服务模式，远程医疗迎来新的发展机遇。根据国家卫健委2024年6月18日新闻发布会消息，目前远程医疗服务网络已经覆盖了所有市县，并向社区和乡村基层延伸覆盖，监测显示全国70%的卫生院已经和上级医院建立了远程医疗协作关系。[2]

---

[1] 参见《国家卫生健康委员会2024年2月28日新闻发布会文字实录》，载国家卫生健康委员会网，http://www.nhc.gov.cn/xcs/s3574/202402/3d2d2cd7720541c0b7ce712f1a06db27.shtml。

[2] 参见白剑峰：《远程医疗服务网络覆盖所有市县　七成卫生院与上级医院建立远程医疗协作关系》，载《人民日报》2024年6月19日，第13版。

表 2-1 2017—2023 年我国二级以上公立医疗机构开展远程医疗占比情况

2017 年	2018 年	2019 年	2020 年	2021 年	2022 年	2023 年
43.3%	52.9%	59.1%	63.2%	64.6%	65.8%	67.6%

数据来源：卫生健康事业发展统计公报。

三、远程医疗的未来展望

（一）远程医疗与线下诊疗的关系：主流、平行还是补充

远程医疗作为一种“虚拟面对面”的诊疗，其与传统线下“面对面”诊疗未来会存在何种关系？概括起来，主要存在以下三种可能：第一，与传统的线下诊疗不同，远程医疗会成为一种主流。换言之，线下诊疗将成为远程医疗的补充。第二，远程医疗将与线下诊疗平分秋色，无所谓孰主孰次，共同形成一种线上线下一体化的诊疗服务模式，二者属于平行关系。第三，尽管从国际国内的发展历程考察，远程医疗都是不断发展进步的，但是基于医疗行为的本质属性、医患信任和人文关怀而言，远程医疗仅仅是传统线下诊疗的补充，既不会成为主流，亦不会与传统线下诊疗平行。

从远程医疗的现状和发展趋势观察，虽然当前的远程医疗仍作为传统线下诊疗的补充，但是对于基层尤其是偏远地区或者行动不便的患者而言，通过技术实现健康公平，至少是在不断缩小地区发展不平衡所带来的医疗资源的差异与失调。但是问题在于，远程医疗在未来是否会成为与传统线下诊疗相并列甚至超越传统线下诊疗的一种诊疗方式？笔者认为，由于我国远程医疗在法律上的界定较窄，如果未来不通过立法或者修法进行解锁、拓展和赋能，尤其是随着互联网诊疗的发展，远程医疗更适合作为传统线下诊疗的一种补充，而不宜与传统的线下诊疗平行，甚至发展成为一种主流的患者就诊模式。

（二）远程医疗与互联网医疗：差异变大还是变小

从远程医疗的发展历程观察，远程医疗可以借助电话、电报、电视、网络等多种通讯技术手段实现对患者的诊疗，而对于互联网医疗而言，其天生就借助或者拥抱互联网。随着网络技术的发展，远程医疗借助网络实

现诊疗等目的已经非常普遍，而且拥有一定的用户基础，这意味着，未来远程医疗将主要通过网络加以实现。这将进一步缩小远程医疗和互联网医疗的差异性。从患者端考察，互联网医疗目前主要针对的是复诊患者和家庭医生签约服务，在现有的规则下借助网络实现远程医疗，似乎较好地解决了这一问题，因为患者都是前往邀请方医疗机构就诊，其存在一个线下的诊疗场景，而非互联网医疗完全线上的诊疗场景。前文已述，当前远程医疗的概念界定较窄，未来应当拓展至医疗机构对患者个人提供远程医疗服务，若是处于这样一个阶段，远程医疗和互联网医疗之间的功能将进一步趋同，二者之间的差异不是在扩大，而是在不断缩小，甚至不排除在某一个特定的历史阶段，二者实现高度的融合统一。

（三）远程医疗未来是否仍会局限于医疗机构之间

前文已述，尤其是结合国家卫生计生委于 2014 年 8 月 21 日发布的《关于推进医疗机构远程医疗服务的意见》（国卫医发〔2014〕51 号）对远程医疗的界定，远程医疗被限定为邀请方医疗机构（H_1）和受邀方医疗机构（H_2）之间进行的医疗活动。在世界立法体例上，这一概念界定是比较狭窄的。那么，未来随着社会的发展，远程医疗会有所突破吗？换言之，其会拓展至医疗机构直接服务患者（P）个人吗？笔者认为，从当前侧重保障医疗安全、维护患者生命健康以及从严监管等角度综合考量，其对远程医疗界定较窄具有一定的合理性，但是从未来尤其是世界远程医疗的发展趋势观察，远程医疗需要也应当进行扩展，尤其是要突破必须在医疗机构之间进行诊疗活动的限定，以释放更大的活力和能量，不仅要和国际接轨，更为重要的是回归远程医疗的本体。基于这一判断，笔者之后的讨论，并不打算拘泥于现有的规定，而是试图将远程医疗恢复至其广义的原貌。

第三节 远程医疗的主要类型

根据日本远程医疗与远程诊疗协会（Japanese Telemedicine and Telecare Association）2013 年发布的报告，远程医疗从广义上可以分为两种类型：医患间远程医疗和医生间远程医疗（如图2－1所示）。前者是指主治医为患者提供医疗服务，患者居家通过视频电话系统与使用远程医疗设施的主治医进行互动。同时，主治医根据传输的信息，确定患者身体和健康状况，并为患者提供医疗帮助。这种类型的远程医疗有时也被称为“远程诊疗”。“远程护理”就是其中一种，护士为居家患者提供照护，扮演关键角色。后者主要发生于主治医和专门医之间，是狭义上的远程医疗。主治医参考专门医的专业经验，进而做出高度专业化的诊断，并向其咨询治疗计划等内容。典型的例子包括远程CT、核磁图像的识别、远程放射学、来自患者组织或细胞的病理学诊断、远程病理学等。此外，该类远程医疗还包括高度专业性知识的学习和电话会议，从专业角度出发讨论相关案例经验。[1]

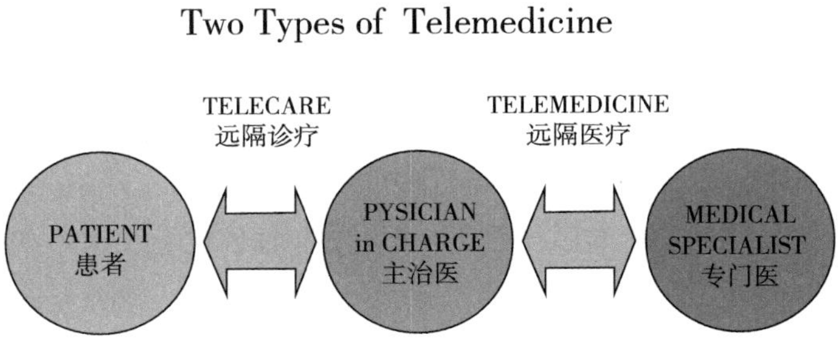

图2－1 日本远程医疗的两种类型

在我国，尽管相关法律法规和部门规章对远程会诊、远程医疗均作出了相关规定，但仅有2018年7月17日出台的《远程医疗服务管理规范（试行）》对远程医疗的类型作出了规定。前文已述，受制于顶层设计上将远程医疗作为一种医疗机构的医疗活动，因此该规范对远程医疗类型的界定亦存在局限。本部分的讨论既立足于现有的规定，又超越现有的规定，对远程医疗的类型进行全面探讨。

---

〔1〕 See Japanese Telemedicine and Telecare Association. Telemedicine in Japan 2013, http://jtta.umin.jp/pdf/telemedicine/telemedicine_in_japan_20131015-2_en.pdf.

一、“$P-H_1-H_2$”模式

《远程医疗服务管理规范（试行）》规定的第一种远程医疗服务类型为“$P-H_1-H_2$”模式，即邀请方医疗机构（H_1）直接向受邀方医疗机构（H_2）发出邀请，受邀方医疗机构（H_2）运用通讯、计算机及网络技术等信息化技术，为邀请方医疗机构（H_1）对患者（P）的诊疗提供技术支持的医疗活动，双方通过协议明确责权利（如图2－2所示）。在这种模式下，强调的是“点对点”的远程医疗合作，二者之间要么存在远程医疗合作协议，要么存在医联体、医共体、区域专科联盟等关系。因此，这种模式相对简单，其可通过远程医疗专网的形式实现，并非必须通过开放共享的网络予以实现。

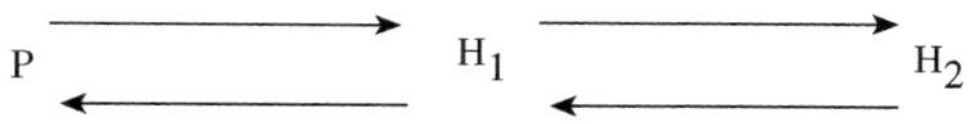

图2－2　“$P-H_1-H_2$”模式示意图

二、“$P-H_1-P_1-H_2$”模式

《远程医疗服务管理规范（试行）》规定的第二种远程医疗服务类型为“$P-H_1-P_1-H_2$”模式，受邀方医疗机构（H_2）以机构身份在平台（P_1）上进行注册，邀请方医疗机构（H_1）通过该平台发布需求，由平台（P_1）匹配受邀方医疗机构（H_2）或其他医疗机构主动对需求做出应答，运用通讯、计算机及网络技术等信息化技术，为邀请方医疗机构（H_1）的患者（P）诊疗提供技术支持的医疗活动。邀请方医疗机构（H_1）、平台（P_1）、受邀方医疗机构（H_2）通过协议明确责权利（如图2－3所示）。

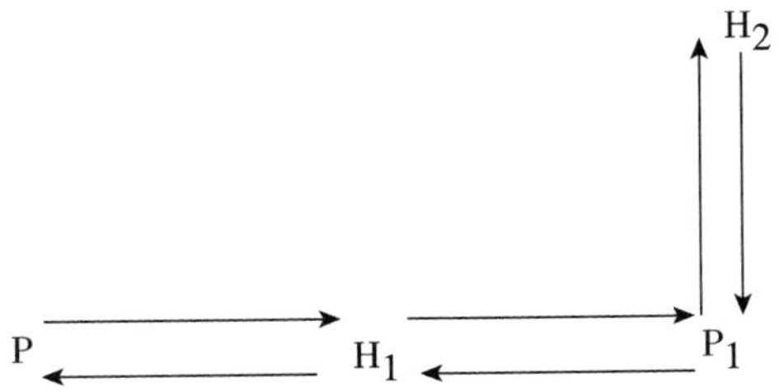

图 2－3 “P－H_1－P_1－H_2”模式示意图

三、“P－H_1－P_1－D”模式

《远程医疗服务管理规范（试行）》规定的第三种远程医疗服务类型为“P－H_1－P_1－D”模式（如图 2－4 所示），即邀请方医疗机构（H_1）通过平台（P_1）直接邀请医务人员（doctor，D）为邀请方医疗机构（H_1）的患者提供在线医疗服务的，邀请方医疗机构（H_1）必须申请设置互联网医院，具体按照《互联网医院管理办法（试行）》管理。

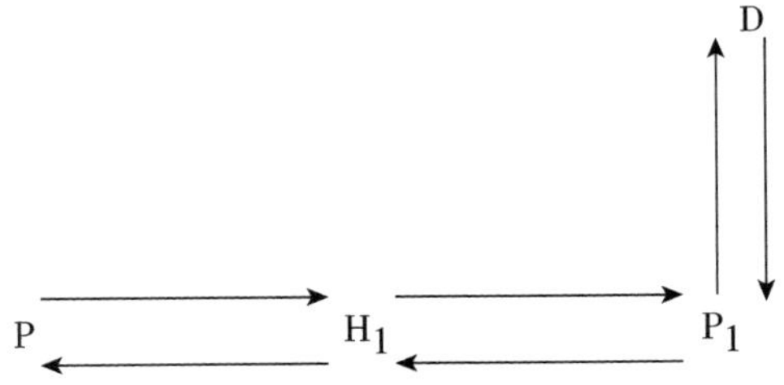

图 2－4 “P－H_1－P_1－D”模式示意图

四、“P－H_1”模式

邀请方医疗机构（H_1）运用通讯、计算机及网络等信息化技术，直接为患者（P）提供远程医疗服务（如图 2－5 所示），这与线下诊疗的结构是一致的，其核心区别在于：远程医疗模式下的“P－H_1”模式属于隔空虚拟“面对面”诊疗，而传统线下诊疗模式下的“P－H_1”模式属于时空同步“面对面”诊疗，且系当前患者就诊的主流模式。“P－H_1”模式能否被当前的互联网诊疗所涵括？答案是否定的。2018 年 7 月 17 日，国家卫生健康委员会和国家中医药管理局联合发布了《互联网诊疗管理办法

(试行)》，该办法第2条明文规定，“本办法所称互联网诊疗是指医疗机构利用在本机构注册的医师，通过互联网等信息技术开展部分常见病、慢性病复诊和‘互联网+’家庭医生签约服务”。换言之，除“互联网+”家庭医生签约服务外，互联网诊疗面向的是复诊患者，对于初诊患者是不适用的，2022年2月8日发布的《互联网诊疗监管细则（试行)》，进一步强化了这一点。[1] 而在“P－H_1”模式下，患者（P）既可能是复诊患者，亦可为初诊患者。

图2－5 “P－H_1”模式示意图

〔1〕《互联网诊疗监管细则（试行)》第18条规定：“患者就诊时应当提供具有明确诊断的病历资料，如门诊病历、住院病历、出院小结、诊断证明等，由接诊医师留存相关资料，并判断是否符合复诊条件。医疗机构应当明确互联网诊疗的终止条件。当患者病情出现变化、本次就诊经医师判断为首诊或存在其他不适宜互联网诊疗的情况时，接诊医师应当立即终止互联网诊疗活动，并引导患者到实体医疗机构就诊。”

第三章
我国远程医疗的政策、立法与应用

第一节　远程医疗的政策推动

远程医疗的发展，既是社会公众内需的外在表达，也是政策推动的内在逻辑。尽管政策推动对远程医疗不能起到决定性作用，但却是其加速推进的重要缘由。按照颁布主体和适用范围的不同，可以分为国家层面的政策推动和地方层面的政策推动，经过20余年的发展，既取得了一些显著的成绩，也存在一定的不足，亟须进行更加全面和更深层次的变革。

一、国家层面的政策推动

对于远程医疗，国家在政策层面一直非常重视，既有国家宏观政策中对远程医疗的局部“关照”，亦有专门针对远程医疗的整体推动。

（一）国家宏观政策“关照”

国家先后出台了多个宏观的综合性政策文件（如表3－1所示），其内容均涉及远程医疗。不过，除《国务院办公厅关于推进医疗联合体建设和发展的指导意见》《国务院办公厅关于促进“互联网＋医疗健康”发展的意见》外，[1]《中共中央 国务院关于深化医药卫生体制改革的意见》《国务院关于加快发展养老服务业的若干意见》《国务院关于积极推进“互联网＋”行动的指导意见》《国务院办公厅关于推进分级诊疗制度建设的指导意见》《国务院办公厅关于促进和规范健康医疗大数据应用发展的指导意见》《“健康中国2030”规划纲要》《“十四五”全民医疗保障规划》《“十四五”数字经济发展规划》《“十四五”中医药发展规划》《“十四五”国民健康规划》《关于进一步深化改革促进乡村医疗卫生体系健康发展的意见》《关于进一步完善医疗卫生服务体系的意见》这些文件对远程医疗的规定极为简单，均仅简要提及。

具体而言，《中共中央 国务院关于深化医药卫生体制改革的意见》指出，要“积极发展面向农村及边远地区的远程医疗”。《国务院关于加快发展养老服务业的若干意见》指出，要“加快推进面向养老机构的远程医疗服务试点”。《国务院关于积极推进“互联网＋”行动的指导意见》指出，要“引导医疗机构面向中小城市和农村地区开展基层检查、上级诊断等远程医疗服务”。《国务院办公厅关于推进分级诊疗制度建设的指导意见》指出，“提升远程医疗服务能力，利用信息化手段促进医疗资源纵向流动，提高优质医疗资源可及性和医疗服务整体效率，鼓励二、三级医院

[1]《国务院办公厅关于推进医疗联合体建设和发展的指导意见》中多次提及远程医疗，例如，“在边远贫困地区发展远程医疗协作网。大力发展面向基层、边远和欠发达地区的远程医疗协作网，鼓励公立医院向基层医疗卫生机构提供远程医疗、远程教学、远程培训等服务，利用信息化手段促进资源纵向流动，提高优质医疗资源可及性和医疗服务整体效率”；“发挥远程医疗作用，促进医疗资源贴近城乡基层，探索实行远程医疗收费和支付政策，促进远程医疗服务可持续发展”；“加大中央基建投资支持力度，加快补齐医联体发展短板，提高区域内疑难重病诊疗能力、县级医院综合能力以及远程医疗协作水平，推动医联体更好在基层发挥作用”，等等。《国务院办公厅关于促进“互联网＋医疗健康”发展的意见》中亦多次提及远程医疗，例如，“支持医疗卫生机构、符合条件的第三方机构搭建互联网信息平台，开展远程医疗、健康咨询、健康管理服务，促进医院、医务人员、患者之间的有效沟通”；“医疗联合体要积极运用互联网技术，加快实现医疗资源上下贯通、信息互通共享、业务高效协同，便捷开展预约诊疗、双向转诊、远程医疗等服务，推进‘基层检查、上级诊断’，推动构建有序的分级诊疗格局”；“推进远程医疗服务覆盖全国所有医疗联合体和县级医院，并逐步向社区卫生服务机构、乡镇卫生院和村卫生室延伸，提升基层医疗服务能力和效率”；“面向远程医疗、医疗信息共享等需求，鼓励电信企业向医疗机构提供优质互联网专线、虚拟专用网（VPN）等网络接入服务，推进远程医疗专网建设，保障医疗相关数据传输服务质量。支持各医疗机构选择使用高速率高可靠的网络接入服务”。

向基层医疗卫生机构提供远程会诊、远程病理诊断、远程影像诊断、远程心电图诊断、远程培训等服务，鼓励有条件的地方探索‘基层检查、上级诊断’的有效模式”。《国务院办公厅关于促进和规范健康医疗大数据应用发展的指导意见》指出，要“规范和推动‘互联网+健康医疗’服务”，“全面建立远程医疗应用体系”。《“健康中国2030”规划纲要》指出，要“建立人口健康信息化标准体系和安全保护机制。做好公民入伍前与退伍后个人电子健康档案军地之间接续共享。到2030年，实现国家省市县四级人口健康信息平台互通共享、规范应用，人人拥有规范化的电子健康档案和功能完备的健康卡，远程医疗覆盖省市县乡四级医疗卫生机构，全面实现人口健康信息规范管理和使用，满足个性化服务和精准化医疗的需求”。《“十四五”全民医疗保障规划》指出，要“支持远程医疗服务、互联网诊疗服务、互联网药品配送、上门护理服务等医疗卫生服务新模式新业态有序发展”。《“十四五”数字经济发展规划》指出，要“加快发展数字健康服务……推进医疗机构数字化、智能化转型，加快建设智慧医院，推广远程医疗”。《“十四五”中医药发展规划》指出，要“优化中医医疗服务模式……建设中医互联网医院，发展远程医疗和互联网诊疗”。《“十四五”国民健康规划》有三处提到远程医疗：一是“远程医疗服务覆盖全部脱贫县并向乡镇卫生院延伸”；二是“加快建设分级诊疗体系……加快推动县域综合医改，推进紧密型县域医共体建设，推进专科联盟和远程医疗协作网发展”；三是“促进全民健康信息联通应用……支持医疗联合体运用互联网技术便捷开展预约诊疗、双向转诊、远程医疗等服务”。《关于进一步深化改革促进乡村医疗卫生体系健康发展的意见》指出，要“加快推进县域内医疗卫生服务信息化……大力推进‘互联网+医疗健康’，构建乡村远程医疗服务体系，推广远程会诊、预约转诊、互联网复诊、远程检查，加快推动人工智能辅助诊断在乡村医疗卫生机构的配置应用”。《关于进一步完善医疗卫生服务体系的意见》指出，要“提升服务便捷性……逐步拓展日间医疗服务，扩大远程医疗覆盖范围”。这些规定远程医疗的宏观的综合性政策文件，在顶层设计上确立了远程医疗的地位、价值和发展方向，同时也在路径、方法、模式等方面“留白”，需要一些专门规定远程医疗的国家政策文件和地方政策进行“补白”或细化。

表 3-1　远程医疗的宏观政策列表

政策文件名称	颁发时间	颁发主体	效力情况
《中共中央　国务院关于深化医药卫生体制改革的意见》	2009 年 3 月 17 日	中共中央、国务院	有效
《国务院关于加快发展养老服务业的若干意见》	2013 年 9 月 6 日	国务院	有效
《国务院关于积极推进“互联网 +”行动的指导意见》	2015 年 7 月 1 日	国务院	有效
《国务院办公厅关于推进分级诊疗制度建设的指导意见》	2015 年 9 月 8 日	国务院办公厅	有效
《国务院办公厅关于促进和规范健康医疗大数据应用发展的指导意见》	2016 年 6 月 21 日	国务院办公厅	有效
《“健康中国 2030”规划纲要》	2016 年 10 月 25 日	中共中央、国务院	有效
《国务院办公厅关于推进医疗联合体建设和发展的指导意见》	2017 年 4 月 23 日	国务院办公厅	有效
《国务院办公厅关于促进“互联网 + 医疗健康”发展的意见》	2018 年 4 月 25 日	国务院办公厅	有效
《“十四五”全民医疗保障规划》	2021 年 9 月 23 日	国务院办公厅	有效
《“十四五”数字经济发展规划》	2021 年 12 月 12 日	国务院	有效
《“十四五”中医药发展规划》	2022 年 3 月 3 日	国务院办公厅	有效
《“十四五”国民健康规划》	2022 年 4 月 27 日	国务院办公厅	有效
《关于进一步深化改革促进乡村医疗卫生体系健康发展的意见》	2023 年 2 月 23 日	中共中央办公厅、国务院办公厅	有效
《关于进一步完善医疗卫生服务体系的意见》	2023 年 3 月 23 日	中共中央办公厅、国务院办公厅	有效

（二）国家专项政策的整体推动

正如前文所述，为了进一步贯彻国家宏观政策关于远程医疗的规定，国务院各组成部门单独或者联合发布了一系列有关远程医疗的专项政策文件（如表3-2所示）。《卫生部关于加强远程医疗会诊管理的通知》《国家发展和改革委员会、国家卫生和计划生育委员会关于组织开展省院合作远程医疗政策试点工作的通知》《国家发展改革委、民政部、国家卫生计生委关于组织开展面向养老机构的远程医疗政策试点工作的通知》《国家卫生和计划生育委员会关于推进医疗机构远程医疗服务的意见》《国家发展改革委办公厅、国家卫生计生委办公厅关于同意在宁夏、云南等5省区开展远程医疗政策试点工作的通知》等政策文件的出台，大大促进了远程医疗的向下落地。除《卫生部关于加强远程医疗会诊管理的通知》外，其他政策文件的出台时期恰处于我国远程医疗试点发展与逐步完善阶段，这些政策十分注重经验的积累和总结，并在远程医疗的标准化建设方面实现新突破。

表3-2　远程医疗的专项政策列表

政策文件名称	颁发时间	颁发主体	效力情况
《卫生部关于加强远程医疗会诊管理的通知》	1999年1月4日	卫生部	失效[1]
《国家发展和改革委员会、国家卫生和计划生育委员会关于组织开展省院合作远程医疗政策试点工作的通知》	2014年3月11日	国家发展改革委、国家卫生计生委	有效
《国家发展改革委、民政部、国家卫生计生委关于组织开展面向养老机构的远程医疗政策试点工作的通知》	2014年6月16日	国家发展改革委、民政部、国家卫生计生委	有效
《国家卫生和计划生育委员会关于推进医疗机构远程医疗服务的意见》	2014年8月21日	国家卫生计生委	有效

续表

政策文件名称	颁发时间	颁发主体	效力情况
《国家卫生和计划生育委员会办公厅关于印发远程医疗信息系统建设技术指南的通知》	2014年12月10日	国家卫生计生委	有效
《国家发展改革委办公厅、国家卫生计生委办公厅关于同意在宁夏、云南等5省区开展远程医疗政策试点工作的通知》	2015年1月15日	国家发展改革委办公厅、国家卫生计生委办公厅	有效
《国家卫生计生委关于发布〈远程医疗信息系统基本功能规范〉等7项卫生行业标准的通告》	2016年12月13日	国家卫生计生委	有效
《国家中医药管理局规划财务司关于开展三级医院对口帮扶贫困县中医医院远程医疗开展有关情况调查的通知》	2018年8月14日	国家中医药管理局规划财务司	有效
《国家卫生健康委办公厅关于在国家远程医疗与互联网医学中心开展新冠肺炎重症危重症患者国家级远程会诊工作的通知》	2020年2月21日	国家卫生健康委办公厅	有效
《工业和信息化部办公厅、国家卫生健康委办公厅关于进一步加强远程医疗网络能力建设的通知》	2020年10月22日	工业和信息化部办公厅、国家卫生健康委办公厅	有效

注：[1] 2020年12月18日发布的《国家卫生健康委关于宣布失效第四批委文件的决定》在其第27项中明确废止了《关于加强远程医疗会诊管理的通知》（卫办发〔1999〕第2号），这意味着实施长达20余年的第一部有关远程医疗的国家政策完成了自身的历史使命，取而代之的是《远程医疗服务管理规范（试行）》等法律与政策文件。

二、地方层面的政策细化

在规定远程医疗的国家宏观政策和专项政策出台的过程中，有些省、自治区、直辖市已经结合当地的实际情况出台了相关政策，这些政策大致也分为两个层面：一是涉及远程医疗的地方宏观政策，二是规定远程医疗的地方专项政策。由于各省、自治区、直辖市的情况不同，规定远程医疗的宏观政策与专项政策，也呈现出不同的特点，但从整体上说，宏观政策居多，专项政策较少甚至缺失，呈现出不均衡的局面。

（一）上海市

2015 年 4 月 3 日，上海市卫生和计划生育委员会、上海市卫生系统精神文明建设委员会联合发布了《上海市进一步改善医疗服务行动计划实施方案》，明确指出要“利用远程医疗手段为基层医疗机构和就诊患者提供检查检验服务”。同时，为了贯彻落实国家卫生计生委《关于推进医疗机构远程医疗服务意见的通知》，鼓励二三级医院通过影像、心电、检验等平台为基层医疗机构提供技术支撑服务，促进优质医疗资源共享利用。

2017 年 5 月 31 日，上海市卫生和计划生育委员会、上海市发展和改革委员会、上海市财政局、上海市人力资源和社会保障局、上海市医疗保险办公室、上海市机构编制委员会办公室、上海市民政局 7 部门联合发布了《上海市医疗机构设置“十三五”规划》。该规划指出，要引导医疗机构运用信息化、智能化技术装备，加强远程会诊、远程病理诊断、远程影像诊断、远程监护、远程门诊、远程病例讨论和手术指导等远程医疗服务。

2018 年 4 月 24 日，上海市卫生和计划生育委员会和上海市卫生计生系统精神文明建设委员会联合发布了《上海市进一步改善医疗服务行动计划实施方案（2018—2020 年）》，其明确提出要重点建立健全远程医疗制度。具体而言，就是以医联体为重要抓手，在保障医疗安全的前提下，进一步扩展远程医疗的覆盖范围和服务范围。医联体牵头医院向医联体内医疗机构提供远程会诊、远程影像、远程超声、远程心电、远程病理、远程查房、远程监护、远程培训等服务，基层医疗卫生机构可以探索为患者提供适宜的远程医疗、远程健康监测、远程健康教育等服务，逐步扩大远程医疗服务范围。同年 5 月 10 日，上海市人民政府办公厅转发市卫生计生委、市中医药发展办公室制订的《上海市进一步加快中医药事业发展三年行动计划（2018 年—2020 年）》，提出要逐步实现中医远程医疗。

2020年4月8日，上海市卫生健康委员会发布了《中共上海市委、上海市人民政府关于完善重大疫情防控体制机制健全公共卫生应急管理体系的若干意见》，其提出“开展跨区域远程诊治合作”。同日，上海市人民政府办公厅发布《上海市促进在线新经济发展行动方案（2020—2022年）》，其是一项宏观的综合性政策，其中涉及借助人工智能、5G、互联网、大数据、区块链等智能交互技术与健康领域的结合，其中之一就表现在远程医疗，尤其是要积极推广基于5G技术的远程会诊、远程手术、远程超声、远程监护、远程流行病学调查等远程医疗应用。

2021年6月3日，上海市人民政府办公厅印发了《上海市老龄事业发展“十四五”规划》，该规划将社区嵌入式养老服务“1+8”体系健全项目纳入重点项目。所谓“1+8”体系，“1”是指每个服务圈内至少建有1家集多种养老服务功能于一体的社区综合为老服务中心，“8”是指围绕每个服务圈应具备8项标配功能。其中第5项为智能服务类，即依托智能终端设备、智慧养老平台等，为老年人提供急救援助、安全防护、远程照护服务。同年7月5日，上海市人民政府印发了《上海市卫生健康发展“十四五”规划》，该规划明确提出要完善远程医疗体系，支持远程指导急救转运和应急救治，在社区引入远程会诊网络系统，构建跨国医学远程交流合作平台，同时汇聚长三角优势专科专家资源，开展远程医疗咨询等。

2022年9月22日，上海市发展和改革委员会、上海市卫生健康委员会、上海市老龄工作委员会办公室等19个部门联合发布了《上海市健康老龄化行动方案（2022—2025年）》，该方案指出要推进智慧健康为老服务，探索开展远程实时健康监测等信息化服务，为做好老年健康服务提供信息支持。

2023年4月20日，上海市人民政府办公厅印发了《进一步提升本市社区卫生服务能力的实施方案》，该方案明确提出要强化数智赋能机制，在区域性医疗中心、医联体牵头医院加强远程医疗中心建设，向社区提供远程会诊、预约转诊、互联网复诊、远程检查等服务。随后，上海市卫生健康委员会先后印发了《上海市社区卫生服务中心标准化口腔诊室建设指导标准》《上海市基层卫生健康便民惠民服务举措》等文件，进一步落实社区远程医疗建设。同年8月31日，上海市卫生健康委员会等10个部门联合印发了《关于进一步促进本市乡村医疗卫生体系健康发展的实施方案》，该方案指出鼓励涉农地区构建远程医疗服务体系，推广应用远程会诊、预约转诊、互联网复诊、远程检查，加快推动智能设施设备、人工智能辅助诊断在乡村医疗卫生机构的配置应用。通过远程医疗、远程设备等，强化涉农地区与养老机构、护理院等重点机构的服务对接。

近年来，上海市的远程医疗政策呈现两个突出特点：一是集中于老龄事业领域，这与上海市的高程度人口老龄化背景密不可分。前文已述，与北京、重庆、天津3个直辖市处于中度老龄化社会不同，上海已经全面步入深度老龄化社会；二是推进基层远程医疗发展，鼓励社区、涉农地区远程医疗服务建设，这也是充分考虑到上海“大城市、小农村”的特点所带来的（优质）医疗资源不平衡的现实。

（二）北京市

2015年3月26日，北京市卫生和计划生育委员会发布了《关于进一步推进医联体工作的通知》，其指出要在区域医疗联合体系内进一步发展远程医疗。

2016年6月14日，北京市卫生和计划生育委员会、北京市发展和改革委员会等9部门联合发布了《关于加强北京市康复医疗服务体系建设的指导意见》，其提出催生远程医疗等方面的康复医疗服务的新产品新业态。同年12月29日，《北京市卫生和计划生育委员会转发国家卫生计生委关于印发医学影像诊断中心基本标准和管理规范（试行）的通知》发布，其指出要结合辖区分级诊疗工作和医疗联合体建设情况，推进医学影像诊断中心与其他医疗机构间的协作，鼓励医学影像诊断中心向基层医疗卫生机构提供远程影像诊断等服务。

2017年12月29日，北京市卫生和计划生育委员会、北京市发展和改革委员会、北京市经济和信息化委员会、北京市财政局、北京市人力资源和社会保障局、北京市中医管理局6部门联合发布了《北京市分级诊疗制度建设2018—2020年度重点任务》，其明确提出要加强市级远程会诊中心建设，即在2017年完成市级临床会诊中心和市级医技会诊中心（影像、血液检测、病理诊断、心电监测）建立工作的基础上，2018年启动标准化服务建设，实现与全市医疗卫生机构的有效对接，2020 年实现远程会诊服务的常态化。同时，根据情况建立远程会诊终端或平台，重点完成检验、病理、影像、心电图等会诊或诊断中心的建立，用以指导和解决基层日常诊疗工作。

2018 年 4 月 26 日，北京市卫生和计划生育委员会发布了《关于推广智慧家庭医生优化协同模式的通知》，其明文指出，要建立家庭医生与医联体内上级医院的支持互动平台，实现各级各类医疗卫生机构间信息共享、远程预约就诊、双向转诊、远程会诊、在线咨询等服务，从而实现“全科 + 专科”整合。

2019 年 3 月 1 日，北京市卫生健康委员会发布了《关于进一步完善北京市危重孕产妇救治网络的通知》，其提出要积极利用北京市危重孕产妇救治协同平台，通过远程医疗、远程教学、远程培训等，提高带教培训效率。

2020 年 12 月 30 日，北京市卫生健康委员会、北京市教育委员会等 10 部门联合发布了《北京市关于加强医疗卫生机构研究创新功能的实施方案(2020—2022 年)》，其明确提出要推进远程医疗系统建设进程，医疗机构开展远程手术服务等创新技术的价格管理可按照新增医疗服务项目进行。

2021 年 4 月 15 日，北京市卫生健康委员会、北京市民政局等 12 部门联合发布了《北京市深入推进医养结合发展的实施方案》，其明确指出，通过远程医疗等将医疗机构内医疗服务延伸至居家，落实医疗机构与养老机构签约服务规范，推进面向医养结合机构的远程协同服务能力建设。

2022 年 3 月 29 日，北京市卫生健康委员会等 5 部门联合发布了《北京市社区卫生服务机构规划与建设标准》，其指出有条件的社区卫生服务机构可开展远程医疗服务，提供部分常见病、慢性病的在线诊疗。同时对社区卫生服务机构信息系统提出要求，提出应具备签约服务、双向转诊、远程医疗等功能。

2023 年 9 月 28 日，北京市卫生健康委员会等 9 部门联合发布了《北京市加速消除宫颈癌行动实施方案（2023—2030 年)》，其提出要促进新技术参与，利用“云上妇幼”等远程医疗技术平台开展远程会诊、线上健康管理和技能培训等，提高基层管理和服务水平。

（三）四川省

2009年10月29日，中共四川省委、四川省人民政府联合发布了《关于深化医药卫生体制改革的实施意见》，其明确指出要发展面向农村、边远地区和民族地区的远程医疗服务。这是四川省为贯彻落实《中共中央 国务院关于深化医药卫生体制改革的意见》《国务院关于印发医药卫生体制改革近期重点实施方案（2009—2011年）的通知》（已失效）所出台的综合性医改文件，在其中对远程医疗作出规定，可见其重视程度之高。

2011年4月29日，《四川省人民政府办公厅关于印发四川省医药卫生体制五项重点改革2011年度工作安排的通知》（已失效）发布，其指出三级医院要与对口县级医院建立远程医疗系统。

2014年6月24日，四川省卫生和计划生育委员会发布了《关于进一步加强远程医疗工作的通知》，从发展远程医疗的重要性、完善和加强远程医疗体系基础建设、充分发挥远程医疗实效性、提升远程医疗的社会知晓率及认可度四个方面对远程医疗进行规定。同年8月18日，四川省卫生和计划生育委员会、四川省委宣传部、四川省发展和改革委员会等6个部门联合发布了《关于建立完善分级诊疗制度的意见》，提出2014年8月前，制定出台全省统一发展规划，以省部级远程医疗中心为核心，连接市（州）和（或）县级医院的远程医疗系统，逐步实现远程会诊、远程预约、远程监护、远程手术指导等远程医疗活动。当在基层就诊的病人出现病情变化时，优先鼓励通过远程会诊、远程监护、远程手术指导等方式紧急处理。同年9月9日，四川省卫生和计划生育委员会出台了《关于进一步完善远程医疗分区布局的意见》，其目的在于充分发挥四川大学华西医院、四川省人民医院及9个区域医疗中心的引领辐射作用，建设覆盖各市（州）、县（市、区）及其以下各基层医疗机构的远程会诊系统，逐步实现远程会诊、远程预约、远程监护、远程手术指导、远程教育和远程信息共享等远程医学活动，提高基层医院医疗服务能力和疑难重症救治水平，缓解群众看病就医问题。

2015年1月28日，四川省卫生和计划生育委员会发布的《关于规范医疗联合体建设和管理的指导意见》指出，要建立远程医疗工作机制，积极开展远程医疗服务。同年2月10日，四川省卫生和计划生育委员会发布了《四川省医疗机构进一步改善医疗服务行动实施方案》，其明确提出要建立完善远程医疗服务体系，推动远程病理诊断、远程医学影像、远程监护、远程会诊等医疗服务。同年7月29日，四川省卫生和计划生育委员会发布了《关于进一步加强“医疗作战区”建设和管理工作的通知》，指出通过对口支援、远程医疗、医师多点执业等方式，促进优质医疗资源下沉，并承担相应人才培养、医学科研和突发事件紧急医疗救援任务。同年8月31日，四川省卫生和计划生育委员会发布了《关于开展家庭远程医疗试点工作的指导意见》，其从总体要求、加强家庭远程医疗工作指导、严格试点医疗机构和人员条件、建立家庭远程医疗新机制、推动家庭远程医疗平台建设、强化组织实施六个方面对家庭远程医疗试点工作进行规定。同年10月14日，四川省卫生和计划生育委员会发布了《关于推进大型医疗机构诊疗方案基层实施的指导意见》，其指出通过建立远程医疗等机制，实现技术、管理、信息等资源要素的有序流动、功能互补、互联互通，促进大型医疗机构诊疗方案基层实施优先在医联体内完成。同年11月20日，四川省人民政府办公厅发布了《四川省养老与健康服务业发展规划（2015—2020年)》，其指出要建立中西医协同的远程医疗信息系统，开展远程影像诊断、远程会诊、远程监护指导、远程手术指导、医疗资源预约等医疗服务。同年12月31日，四川省卫生和计划生育委员会发布了《四川省“十三五”医疗机构设置规划（2016—2020年)》，其指出要加强远程医疗服务体系建设，提高远程医疗服务效率。

2016年8月4日，四川省人民政府办公厅转发了《关于加快推进医疗卫生与养老服务相结合的实施意见》，其明确指出，要鼓励医疗机构开展远程医疗服务，覆盖周边养老机构，为老年人提供健康体检、预约挂号、网上健康咨询等远程医疗服务。

2017年1月17日，四川省卫生和计划生育委员会、四川省发展和改革委员会等5部门联合发布了《关于加强生育全程基本医疗保健服务的实施意见》，其指出通过远程医疗等方式，促进优质妇幼健康服务资源下沉，提高基层医疗卫生机构服务能力。同时，联合体内部通过远程会诊等形式，形成分工协作、上下联动的工作机制，确保产科、儿科服务的优质资源共享。同年2月28日，中共四川省委、四川省人民政府联合发布了《“健康四川2030”规划纲要》，其指出，医疗器械领域重点发展远程诊断设备等，全面建立远程医疗应用体系，打造省级远程影像、心电、医学检验中心，开展远程会诊、远程影像、远程病理、远程心电等诊断服务，实现全科与专科医生的数据资源共享和业务协同。同年6月21日，四川省卫生和计划生育委员会、四川省委编办等7部门联合发布了《关于鼓励医疗卫生人员创新创业和多机构执业的实施意见》，其明确指出要支持三级医院医疗卫生人员为基层、偏远和欠发达地区提供基层检查、上级诊断、会诊、监护指导、手术指导等服务。鼓励医疗卫生人员利用碎片化时间到第三方机构或服务平台，开展远程会诊、影像、检验、心电、病理等诊断服务。

2018年7月13日，四川省卫生和计划生育委员会、四川省财政厅、四川省发展和改革委员会、四川省人力资源社会保障厅、四川省中医药管理局、四川省医改办联合发布了《关于巩固破除以药补医成果持续深化公立医院综合改革的通知》，其明确指出，要健全省、市、县、乡四级远程医疗服务体系。

2019年4月24日，四川省卫生健康委员会、四川省中医药管理局联合发布了《四川省推进“互联网+医疗健康”便民惠民服务行动计划(2019—2020年)》，其强调远程医疗服务全覆盖，即扩大远程医疗覆盖范围、建立远程医疗协同管理平台、推广“基层检查、上级诊断”服务模式、丰富远程医疗服务内涵、加强远程医学教育，并且持续推进5G在远程诊疗等服务领域的应用。同年9月26日，四川省卫生健康委员会、四川省发展和改革委员会等6部门联合发布了《关于进一步完善分级诊疗制度的指导意见》，指出要升级完善远程医疗服务网络，组建区域内检查检验、病理诊断、医学影像、消毒供应等中心，逐步形成“基层检查、上级诊断”的服务模式。同年11月28日，四川省卫生健康委员会、四川省发展和改革委员会等10部门联合发布了《关于进一步促进社会办医健康发展的实施意见》，其指出要鼓励公立医院与社会办医合作开展远程医疗服务。

2020年1月12日，四川省卫生健康委员会、四川省中医药管理局联合发布了《四川省城市医疗联合体建设试点城市工作推进方案》，其明确提出要重点建设专科联盟和远程医疗协作网，辐射带动区域内、区域间医疗服务能力提升和医疗服务水平同质化发展。同时，畅通双向转诊通道，推进互联网诊疗服务，发挥远程医疗作用，形成层次分明的网格内远程医疗服务网络。2020 年 6 月 29 日，四川省卫生健康委员会、四川省发展和改革委员会等 10 部门联合发布了《关于建立完善老年健康服务体系的实施意见》，其提出要探索开展老年健康教育、健康监测、健康管理、远程医疗等服务。同年 7 月 16 日，四川省卫生健康委员会、四川银保监局、四川省中医药管理局联合发布了《关于进一步加强老年护理服务工作的通知》，其指出要借助远程医疗等形式，指导基层医疗卫生机构开展老年护理服务。同年 9 月 10 日，四川省人民政府办公厅发布了《四川省创建全国医养结合示范省实施方案》，其指出要支持医疗机构开展远程医疗服务，开发居家养老、医疗护理、生活照护、亲情关爱等智慧健康养老服务一体化平台。

2021 年 2 月 5 日，四川省卫生健康委员会、四川省发展和改革委员会等 7 部门联合发布了《四川省加强和完善精神专科医疗服务实施方案》，其明确指出，要通过远程医疗等形式，发挥优质医疗资源技术辐射带动作用，推动优质医疗资源向基层延伸，加快推进远程医疗等信息化服务模式建设，利用信息化手段引导优质医疗资源下沉，为患者提供就近、可及、优质高效的精神卫生服务。同年 7 月 12 日，四川省卫生健康委员会、四川省财政厅等 6 部门联合发布了《四川省规范医疗行为促进合理医疗检查实施意见》，其指出要推进医联体内信息互联互通，通过互联网诊疗、远程医疗等方式，为患者提供便捷的检查服务。同年 11 月 24 日，四川省卫生健康委员会、四川省发展和改革委员会等 9 部门联合发布了《四川省加快发展康复医疗服务工作实施方案》，其指出要借助远程医疗等形式，建立不同医疗机构之间定位明确、分工协作、上下联动的康复医疗服务网络。

2022 年 3 月 8 日，四川省卫生健康委员会发布了《四川省母婴安全行动提升计划实施方案（2022—2025 年）》和《四川省健康儿童行动提升计划实施方案（2022—2025 年）》，提出要加强母婴安全保障远程诊疗，大力实施省域妇幼健康“大手拉小手”行动，加快推进“云上妇幼”平台建设，加强远程医疗信息系统建设，广泛开展业务培训指导和会诊转诊。同年3月15日，四川省深化医药卫生体制改革领导小组发布了《关于加快构建优质高效分级诊疗体系的实施方案》，其提出要完善远程医疗制度，加快“5G+医疗健康”远程应用体系建设，推进远程医疗服务，扩大优质医疗资源辐射范围，实现全省远程医疗服务“一张网”。同年3月21日，四川省卫生健康委员会、四川省中医药管理局联合发布了《四川省公立医院高质量发展促进行动（2022—2025年）》，其提出力争建立覆盖所有县（市、区）的“5G+医疗健康”远程应用体系。

（四）贵州省

2015年9月9日，贵州省卫生和计划生育委员会发布了《关于全面推进远程医疗服务网络体系建设的指导意见》，从全面推进远程医疗服务体系建设的重要性、指导思想、基本原则和制约目标、主要任务和措施、践行“互联网+”行动计划、保障措施五个方面对远程医疗网络体系建设进行了全面规定。同年11月24日，贵州省发展和改革委员会、贵州省卫生和计划生育委员会、贵州省人力资源和社会保障厅联合发布了《关于规范远程医疗服务价格的通知》，其对远程医疗服务的价格进行了规范。

2016年8月15日，贵州省人力资源和社会保障厅发布了《关于将远程医疗服务项目纳入基本医疗保险基金支付有关问题的通知》，其明确指出将远程医疗服务项目纳入基本医疗保险基金支付范围。同时，规定有关事项以规范管理、防止项目滥用、确保基金安全。

2017年7月4日，贵州省人民政府办公厅发布了《关于促进和规范健康医疗大数据应用发展的实施意见》，其明确提出要深化远程医疗服务，建设和完善省、市、县、乡四级远程医疗网络，积极利用三级医院优质医疗资源，面向中小城市和农村边远地区基层医疗卫生机构开展健康医疗咨询、远程门诊、远程诊断、远程会诊、远程技术指导、远程培训等服务，健全检查检验结果互认共享机制，实现省内外优质医疗资源下沉。

2022年，贵州省卫生健康委员会等10部门联合印发了《贵州省加快推进医养结合机构发展若干措施》，将远程医疗服务纳入了医养签约服务内容。

（五）宁夏回族自治区

2014 年 9 月 28 日，宁夏回族自治区卫生和计划生育委员会发布了《关于做好省院合作远程医疗政策试点相关工作的通知》，确定与解放军总医院合作开展远程医疗政策试点工作。

2016 年 5 月 23 日，宁夏回族自治区物价局、宁夏回族自治区发展和改革委员会、宁夏回族自治区卫生和计划生育委员会联合发布了《关于远程医疗会诊服务价格的通知（试行）》，规范公立医疗机构开展远程医疗服务时对患者的收费标准。

2019 年 12 月 24 日，宁夏回族自治区医疗保障局、宁夏回族自治区卫生健康委员会联合发布了《关于制定第一批“互联网 +”医疗服务项目试行价格和医保支付政策的通知》，将远程会诊纳入医疗保险支付范围。

（六）浙江省

2001 年 12 月 17 日，浙江省人民政府发布了《浙江省卫生现代化建设纲要（2001—2020 年）》，其指出以卫生信息化带动现代化，重点推进远程医疗咨询、远程医疗教育等领域内的信息化建设。

2008 年 12 月 31 日，浙江省卫生厅发布了《浙江省中医药事业发展第十一个五年规划》，其明确指出，要全面推进中医医院的信息化进程，引进信息技术和设备，优化硬件和软件环境，进行全省中医医院远程医疗网络建设，打造“数字化中医院”。同时，开展远程中医药继续教育和中医药人员的信息化知识架构培训。进一步强化中医药管理的信息化建设，优化管理手段，提高管理水平。

2011 年 12 月 31 日，浙江省卫生厅发布了《浙江省基层卫生发展“十二五”规划》，其指出要利用网络信息技术，促进城市医院与社区卫生服务机构的合作，积极发展面向农村及边远地区的远程医疗。

2015 年 10 月 12 日，浙江省人民政府办公厅发布了《关于加快推进中医药健康服务发展的意见》，其明确指出要积极发展中医药远程医疗服务。

2016年7月26日，浙江省卫生计生委、浙江省综治办等8部门联合发布了《集中整治“号贩子”和“网络医托”专项行动方案》，其明确指出，通过远程医疗和对口支援等方式，提高基层医疗服务能力，扩大优质医疗服务供给。同年8月8日，浙江省卫生计生委、浙江省发改委等6部门联合发布了《关于加强儿童医疗卫生服务改革与发展的实施方案》，其明确指出要充分借助“互联网+”行动计划和国家大数据发展战略，利用信息网络技术，加强儿童医院、三级综合性医院与基层医疗卫生机构等单位开展儿童健康教育、医疗信息查询、检查检验结果共享、在线咨询和远程医疗服务。同年8月26日，浙江省卫生计生委、浙江省民政厅、浙江省财政厅等5部门联合发布了《关于进一步推进责任医生签约服务工作的通知》，其指出通过远程医疗、即时通讯等方式，加强二级以上医院医师与责任医生的技术交流。同年12月30日，浙江省卫生计生委发布了《关于同意成立浙江省病理远程会诊中心的批复》，同意浙江省肿瘤医院牵头成立“浙江省病理远程会诊中心”，并以此为基础，搭建全省病理远程会诊平台，开展病理远程会诊服务。

2017年1月5日，浙江省卫生计生委发布了《浙江省人口健康信息化建设发展“十三五”规划》，其明确指出要加快影像诊断、病理诊断、远程会诊、重症监护、教育培训、手术指导在上下级医院之间的推广应用，建立体系配套、专科特色化的远程医疗服务与技术帮带体系。同年9月5日，浙江省卫生计生委发布了《关于调整省内三级医院对口支援关系的通知》，其旨在搭建远程医疗平台，不断推进对口支援工作。同年10月20日，浙江省卫生计生委发布了《关于加快推进医联体建设的通知》，其明确指出要在边远贫困地区发展远程医疗协作网。

2018年1月22日，浙江省卫生计生委、浙江省编办、浙江省财政厅等5部门联合发布了《关于推进县域医疗服务共同体建设试点工作的若干意见》，目的之一就是通过远程医疗协作网等形式高水平医联体建设，推进“双下沉、两提升”[1]工作常态化和长效化，着力提升医共体牵头医院的医疗服务水平。同年7月3日，浙江省卫生计生委、浙江省人力社保

[1] “双下沉、两提升”是指推动城市优质医疗资源下沉和医务人员下基层，提升县域医疗卫生机构服务能力和群众就医满意度。

厅等5部门联合发布了《浙江省低收入人口大病专项救治工作实施方案》，其明确指出，如县（市、区）区域内定点医院无法独立救治，可通过远程医疗、会诊查房、派驻治疗小组等方式由省、市级定点后备医院提供技术支撑、医疗帮扶。同年11月6日，浙江省卫生健康委办公室发布了《关于进一步做好对口帮扶贵州医疗卫生工作的通知》，强调支援医院要与受援医院建立远程会诊、远程教育网络系统。支援医院积极提供远程会诊、远程查房、远程病理及医学影像诊断、远程继续教育资源，不断提升受援医院的管理和医疗技术水平。双方应加强远程系统日常维护管理，不断提高远程医疗系统的使用效率，远程会诊例数大于100例/年。

2019年1月11日，浙江省卫生健康委办公室发布了《关于做好互联网医疗服务工作的通知》，其认为互联网医疗服务主要包括互联网诊疗、互联网医院和远程医疗服务，其中远程医疗服务按照《远程医疗服务管理规范（试行）》执行。同年4月23日，浙江省卫生健康委办公室发布了《浙江省健康儿童行动计划（2019—2020年）实施方案》，其明确指出，要开展儿童健康远程医疗服务，实现预约诊疗、分时预约，引导患者就近、错峰、有序就医；提供服务咨询、远程会诊、诊间结算、离院结算、移动支付等服务，改善患儿及家长的就医体验。同年7月25日，浙江省卫生健康委办公室发布了《关于开展第三批浙江省重大疾病诊治技术研究中心建设工作的通知》，按照“互联网+健康”的要求，打造功能先进、资源共享、应用高效的跨部门、跨地区的多学科诊治技术平台，具备协作指导、远程会诊、病例共享、多学科讨论等先进功能，实现专家资源、临床样本、技术成果等相关资源信息充分共享，促进诊疗模式改革创新。同年7月26日，浙江省卫生健康委、浙江省医疗保障局联合发布了《关于支持社会办医疗机构参与县域医疗卫生服务共同体建设的若干意见》，其明确指出远程医疗和互联网医院等平台均应向社会办医疗机构开放。同年12月4日，浙江省卫生健康委办公室发布了《“互联网+医疗健康”示范省建设行动方案（2019—2022年）》，指出要开展远程医疗、遥感超声、院车联动紧急救护和家庭健康监护等服务。

2020年2月7日，浙江省卫生健康委办公室发布了《关于加强孕产妇和儿童新型冠状病毒感染的肺炎疫情防控工作的通知》，其明确指出，利用远程医疗会诊平台，鼓励省、市级医疗机构为基层医疗机构开通孕产妇和儿童医疗保健远程会诊、防治指导等服务。同年12月30日，浙江省卫生健康委员会发布了《浙江省城市医疗联合体建设工作方案（试行）》，其明确提出，充分利用卫生业务网络和卫生视联网络等加快远程医疗体系建设，为基层提供远程影像、心电、会诊等服务。

2021年4月29日，浙江省卫生健康委办公室发布了《浙江省第二轮大型医院巡查工作方案》，将远程医疗服务工作开展情况纳入巡查范围。同年7月12日，浙江省卫生健康委发布了《浙江省推进医疗卫生服务领域数字化改革提升患者就医体验暨实施进一步便利老年人就医举措工作方案（2021—2023年）》，其指出在城市医联体内、对口支援单位间开展远程医疗服务，包括远程会诊、远程影像诊断、远程病理诊断等。同年10月30日，浙江省卫生健康委员会、浙江省发展和改革委员会等7部门联合发布了《浙江省加快发展康复医疗服务实施方案》，其明确提出，要借助远程医疗等形式，建立不同医疗机构之间定位明确、分工协作、上下联动的康复医疗服务网络。积极开展康复医疗领域远程医疗、会诊、培训、技术指导等，惠及更多基层群众。同年11月11日，浙江省卫生健康委员会、浙江省财政厅、浙江省医疗保障局联合发布了《浙江省城乡居民“三免三惠”健康行动实施方案》，[1] 其明确指出要强化县域医共体下乡村卫生一体化管理，建立以村卫生室为主体，巡回医疗、远程医疗等服务覆盖为补充的村级医疗卫生服务体系。同年11月12日，浙江省卫生健康委员会、浙江省民政厅等12部门联合发布了《关于深入推进医养结合发展的若干意见》，其明确指出，要加快推进网络医院建设和远程医疗服务，建立城市医院、县域医共体牵头医院与基层医疗卫生机构互通，并延伸到村（社区）和医养结合机构的服务网络，为老年人等行动不便的患者提供远程诊疗服务。同年12月10日，浙江省卫生健康委员会、浙江省发展和改革委员会等8部门联合发布了《浙江省进一步规范医疗行为促进合理医疗检查实施意见》，其明确指出要大力发展互联网诊疗、远程医疗、预约诊

[1] “三免三惠”中的“三免”是指参保城乡居民免费健康体检，重点人群免费接种流感疫苗，重点人群重点疾病免费筛查；“三惠”是指惠享家庭医生贴心服务，惠享县域优质医疗服务，惠享数字化健康新服务。

疗、双向转诊等服务，构建基层首诊、双向转诊、急慢分治、上下联动的分级诊疗模式。同年 12 月 31 日，浙江省卫生健康委员会、浙江省发展和改革委员会等 5 部门联合发布了《关于提升中医药服务能力推进中医药事业优质均衡发展的若干意见》，其明确指出支持名医堂组建名中医联盟，参加远程医疗协作网。同时加强数字中医医联体建设，构建远程医疗中心、共享中药房，实现医联体内医疗机构之间双向转诊、检查检验结果互认、中药制剂共享、中医中药同质化服务等。

2022 年 1 月 6 日，浙江省卫生健康委办公室发布了《浙江省肿瘤诊疗质量提升行动计划工作方案（2022—2024 年）》，其明确规定要大力推进远程医疗服务体系等建设，缓解医疗资源短缺和地区发展不均衡的矛盾，实现地区间医疗优势资源互补，加快推进城乡医疗卫生服务同质化进程。同年 4 月 8 日，浙江省卫生健康委、浙江省民政厅、浙江省中医药管理局联合发布了《关于进一步加强医疗卫生机构与养老服务机构签约合作服务工作的通知》，其明确规定，医疗卫生机构可与签约的具备条件的养老机构内设医疗卫生机构开展双向转诊、远程医疗服务。同年 6 月 19 日，浙江省卫生健康委发布了《母婴安全省份行动方案（2022—2025 年）》，其明确指出要广泛开展远程医疗和远程培训，重点提升山区海岛以及县级妇幼保健、产科、新生儿科服务能力，积极利用远程胎心监护为孕产妇与新生儿提供健康监测与管理。

2024 年 7 月 23 日，浙江省卫生健康委办公室发布了《浙江省智慧化自助村卫生室建设指导意见》，对村卫生室的服务能力和设备条件提出要求：要提供远程医疗服务，主要为慢性病患者提供复诊医疗服务；同时要求配备远程诊疗设备和一体机（自助智能药柜）等。

三、成绩与不足

通过政策整理和分析可以发现，无论是国家、地方层面上涉及远程医疗的宏观政策，还是针对远程医疗出台的专项政策，均对远程医疗持肯定性态度，侧重激励，但是缺乏必要的规制，因而并不是一个完整意义上的综合政策。有的学者曾经指出，我国现有的远程医疗相关政策数量虽然较多，但尚未形成体系，在较多方面尚不完善。[1] 远程医疗政策在体系上并不完整，还有一个重要的原因在于政策与法律的分野。

首先，尽管起步于20世纪80年代的远程医疗发展并不十分迅速，但是其每一个阶段的发展，都离不开国家和地方政策的大力推动和支持，只是政策规定的内容比较原则，有些内容是指导性和号召性的，灵活性较大，与法律规范的确定性、规范性并依靠国家强制力实施的特点形成鲜明对比。[2]

其次，我国在发展远程医疗政策上侧重激励，缺乏规制，与我国的国情和远程医疗发展现状基本相适应。客观公允地说，我国医疗机构尤其是大型三甲公立医疗机构仍以线下诊疗作为主要业务，其与远程医疗合作的其他医疗机构在地位上难以对等，一方面导致远程医疗的实践不足，另一方面容易掩盖可能产生的法律风险和纠纷。

再次，有些省、自治区、直辖市的政策已经在国家政策的指导下进行了细化，如四川省、浙江省就是典型适例，其在远程医疗服务定价、纳入医保、应对老龄化时代等方面已经作出了很好的探索，这与当地党政部门的重视密不可分，而且成为健康产业发展的重要组成部分。但是，从整体上观察，各地方之间的政策差距很大，对国家关于远程医疗的政策贯彻和执行程度不一，实践中自然出现了千差万别的情况，但这恰恰属于应予改变的现状之一。

最后，学术界对此研究不充分，尚未厘清远程医疗中各主体之间的法律关系以及权利、义务和责任，未能及时向相关的决策部门提供建议。但是随着远程医疗实践的深度发展和全面展开，有关远程医疗的法律问题尤其是民法问题必将进一步凸显，一方面需要政策上指明方向，另一方面需要在立法上进行固化，尤其是将一些成熟的经验和做法由政策上升为立法，以增强其强制执行效力。

---

〔1〕 参见崔楠、顾海、景抗震：《新医改背景下远程医疗发展的SWOT分析》，载《卫生经济研究》2018年第5期。

〔2〕 参见张文显主编：《法理学》（第3版），高等教育出版社2007年版，第374页。

第二节　远程医疗的立法进程

伴随着远程医疗的发展，远程医疗不规范的现象开始涌现，国家启动立法进行了必要的规制。研究远程医疗的立法有两种思路：一是按照法律的立法机关层级进行排列，由低到高或者由高到低；二是按照法律规范颁布的时间先后为序进行研究。这两种研究思路均可，但是从反映远程医疗立法进程的角度考察和分析，第二种研究思路更佳。笔者在此采用第二种思路进行研究。

一、国家层面的立法进程

（一）《互联网医疗卫生信息服务管理办法》

2001 年 1 月 3 日，卫生部发布了《互联网医疗卫生信息服务管理办法》，该部门规章第 4 条规定，“医疗卫生信息服务只能提供医疗卫生信息咨询服务，不得从事网上诊断和治疗活动。利用互联网开展远程医疗会诊服务，属于医疗行为，必须遵守卫生部《关于加强远程医疗会诊管理的通知》等有关规定，只能在具有《医疗机构执业许可证》的医疗机构之间进行”。该部门规章并不是为了促进和推动远程医疗而制定，而是旨在规范互联网医疗卫生信息服务活动，并且通过前述第 4 条将远程会诊服务排除在管理范围之外。该部门规章被 2009 年颁布的《互联网医疗保健信息服务管理办法》所取代，完成了其 8 年的历史使命。

（二）《互联网医疗保健信息服务管理办法》

2009 年 3 月 25 日，我国卫生部部务会议审议通过了《互联网医疗保健信息服务管理办法》，自 2009 年 7 月 1 日起施行。该部门规章第 2 条第 3 款规定，开展远程医疗会诊咨询、视频医学教育等互联网信息服务的，按照卫生部相关规定执行。与《互联网医疗卫生信息服务管理办法》相似，《互联网医疗保健信息服务管理办法》不是从正面规定远程医疗，而是从分类管理的角度将远程医疗会诊咨询排除在互联网医疗保健信息服务之外。换言之，尽管《互联网医疗卫生信息服务管理办法》的规定在内容上被《互联网医疗保健信息服务管理办法》完全取代了，但是其关于分类管理的思路得到了承继，这直接影响到后续的政策和立法，对远程医疗的发展起到至关重要的作用。2016 年 1 月 19 日，《国家卫生计生委决定废止的部门规章目录（25 件）》指出，废止《互联网医疗保健信息服务管理办法》。

（三）《远程医疗服务管理规范（试行）》、《互联网诊疗管理办法（试行）》以及《互联网医院管理办法（试行）》

2018 年 7 月 17 日，国家卫生健康委员会、国家中医药管理局为贯彻落实《国务院办公厅关于促进“互联网 + 医疗健康”发展的意见》有关要求，联合发布了《远程医疗服务管理规范（试行）》，同时发布的还有《互联网诊疗管理办法（试行）》《互联网医院管理办法（试行）》两个重要文件。可以说，《远程医疗服务管理规范（试行）》是我国第一个专门规定远程医疗的部门规章，其核心价值体现在两个方面：一是规范远程医疗行为，实现医疗质量和医疗安全的双提升，保障患者的合法权益；二是提高医疗服务效率，通过技术手段促进优质医疗服务下沉，让偏远地区等处于弱势地位的居民，也能享受普惠均质的医疗服务，实现健康公平或者缩小健康公平的差距。远程医疗与互联网诊疗的关系，前文已经进行了必要的阐述，二者在某些情况下是重合的；至于远程医疗和互联网医院的关系，则要从远程医疗的类型说起。根据《远程医疗服务管理规范（试行）》的规定，“邀请方通过信息平台直接邀请医务人员提供在线医疗服务的，必须申请设置互联网医院，按照《互联网医院管理办法（试行）》管理”。

《远程医疗服务管理规范（试行）》对远程医疗的类型、开展远程医疗服务的基本条件（医疗机构基本条件、人员基本条件、设备设施基本条件）、远程医疗服务流程及有关要求（签订合作协议、知情同意、远程会诊、远程诊断、妥善保存资料）、管理要求（机构管理、人员管理、质量管理）、加强监管等方面进行了较为全面的规定。可以说，《远程医疗服务管理规范（试行）》不再是仅仅规定行政监管的内容，而是开始重视患者的权益保护和各法律关系主体的法律责任承担问题，这是远程医疗立法史上的一大进步。

（四）《基本医疗卫生与健康促进法》

2019 年 12 月 28 日，我国《基本医疗卫生与健康促进法》获得通过，自 2020 年 6 月 1 日开始施行。该法第 49 条规定，“国家推进全民健康信息化，推动健康医疗大数据、人工智能等的应用发展，加快医疗卫生信息基础设施建设，制定健康医疗数据采集、存储、分析和应用的技术标准，运用信息技术促进优质医疗卫生资源的普及与共享。县级以上人民政府及其有关部门应当采取措施，推进信息技术在医疗卫生领域和医学教育中的应用，支持探索发展医疗卫生服务新模式、新业态。国家采取措施，推进医疗卫生机构建立健全医疗卫生信息交流和信息安全制度，应用信息技术开展远程医疗服务，构建线上线下一体化医疗服务模式”。《基本医疗卫生与健康促进法》作为我国卫生健康领域第一部基础性、综合性立法，尽管其关于远程医疗的规定比较原则，亦难以直接进行法律适用，但是其立法意义不可小觑。这不仅表现为它以基础法、综合法的法律地位将远程医疗制度进行了固化，也表现为它为其他法律法规细化和完善远程医疗规则提供了坚实依据。

（五）《医疗联合体管理办法（试行）》

2020 年 7 月 9 日，国家卫生健康委员会、国家中医药管理局联合发布了《医疗联合体管理办法（试行）》，这一部门规章第 2 条、第 3 条、第 17 条、第 33 条至第 37 条、第 40 条、第 43 条规定了远程医疗。《医疗联合体管理办法（试行）》从医疗联合体的视角，对远程医疗协作网的建设进行了针对性的规定。第一，确立了地方卫生行政部门的指导地位，并指出两种建设思路：一是依托学（协）会等行业组织，二是以医疗卫生机构自主组建为主。第二，在远程医疗服务类型上更加明确，即为基层提供远程影像、远程心电、远程会诊等服务。第三，在目标上，进一步完善“省—地市—县—乡—村”五级远程医疗服务网络，为偏远、贫困地区提供优质医疗卫生服务，促进优质医疗资源下沉。第四，该部门规章进一步强调协议管理，通过远程医疗服务合作协议明确当事人之间的权利与义务，以保障医患双方的合法权益。第五，从保障医疗质量和医疗安全的价值考虑，进一步强调开展远程医疗服务时，需要遵从《远程医疗服务管理规范（试行)》《互联网诊疗管理办法（试行)》《互联网医院管理办法(试行)》的规定。第六，关于远程医疗的收费问题，一直是实践中的“堵点”，其核心症结不仅表现在有无收费，而且表现为收费过低，不能完全体现或者彰显医疗机构尤其是医务人员的技术价值，尽管该部门规章对远程医疗收费的规定仅有一条（第37条)，但是其明确规定医疗卫生机构开展远程医疗服务，可以依据相关规定合理收取费用，这为地方创造了政策和立法的空间，使远程医疗的运行机制得以畅通，因为免费或者低收费都难以实现远程医疗的健康可持续发展。

（六）《医师法》

2021年8月20日，我国《医师法》获得通过，自2022年3月1日开始施行。该法第30条规定，“执业医师按照国家有关规定，经所在医疗卫生机构同意，可以通过互联网等信息技术提供部分常见病、慢性病复诊等适宜的医疗卫生服务。国家支持医疗卫生机构之间利用互联网等信息技术开展远程医疗合作”。由于我国现行法律与政策对远程医疗的界定过窄，即限定在两个医疗机构之间，这就决定了以“医师”为主要规制对象的《医师法》不可能对远程医疗作出较为详细的规定，从一定程度上说，我国《医师法》第30条的规定，一方面有效回应了社会现实发展的需要，甚至在一定程度上激活了医师多点执业等制度；另一方面也与《基本医疗卫生与健康促进法》一脉相承，继续促进远程医疗的制度发展。

相较于20世纪80年代的远程医疗实践，在较长的一段时间内，我国关于远程医疗的立法一直处于缺位状态，而参与补位的就是《卫生部关于加强远程医疗会诊管理的通知》（2020年已失效）等政策文件，这其中既有远程医疗实践发展不充分带来的立法时机不成熟的原因，也有理论界缺乏系统深入研究难以为立法机关提供智慧供给的缘由。《互联网医疗卫生信息服务管理办法》和《互联网医疗保健信息服务管理办法》两部部门规章，虽然在立法中提及了远程医疗（尤其是远程会诊服务)，但囿于其属于医疗行为，且限定在医疗机构之间进行，因此从分类管理的角度出发，将远程医疗服务（主要是远程会诊咨询服务）排除在规制范畴之外，这就决定了这两部部门规章不可能从正面规定远程医疗，难以对远程医疗作出实质性规定。此外，从法律效力的角度考察，《互联网医疗卫生信息服务管理办法》和《互联网医疗保健信息服务管理办法》两部部门规章现均已失效，尽管从立法进程的角度进行研究具有一定的意义，但是从规范效力层面上却没有意义。换言之，我国对远程医疗作出系统性规定的法律文件始于2018年的《远程医疗服务管理规范（试行）》，距离我国早期的远程医疗实践已逾30年，因此可以得出我国远程医疗立法进展缓慢的结论。尽管自2014年《国家卫生计生委关于推进医疗机构远程医疗服务的意见》等政策颁布之后，国家和地方的政策、立法均有提速，但是整体上说，仍处于一个较低的水平。《医疗联合体管理办法（试行）》对远程医疗的规定虽然有所突破，但是其将远程医疗协作网的建设首先置于医疗联合体内，虽然找准了“突破口”，也便于实操，但是毕竟在范围上有些狭窄，且在赋予医疗卫生机构较大自主权的同时，一定程度上影响了远程医疗建设的顶层设计，这为后期的信息壁垒甚至信息孤岛的形成埋下了“隐患”。虽然《基本医疗卫生与健康促进法》和《医师法》将远程医疗制度规定在法律之中，提升了法律位阶，增强了权威性和执行性，但是其对远程医疗的规定过于原则，在法律适用上会存在诸多困难，并不一定能够实现当初的立法目的。

二、地方层面的立法观察

在国家出台有关远程医疗政策、立法的进程中，各地方也陆续出台了相关的政策、立法。在此，笔者以贵州省、四川省、浙江省为例进行说明。

（一）贵州省关于远程医疗的地方立法

为了贯彻落实《中共中央　国务院关于深化医药卫生体制改革的意见》《关于促进健康服务业发展的若干意见》《中共中央关于全面深化改革若干重大问题的决定》等文件关于发展远程医疗工作的精神，2015年7月13日，贵州省卫生计生委出台了《贵州省医疗机构远程医疗服务实施管理办法（试行）》《贵州省远程医疗服务机构及从业人员管理办法（试行）》《贵州省远程医疗服务操作规程及责任分担办法（试行）》《贵州省远程医疗分级分类诊疗规范（试行）》《贵州省远程医疗试点机构双向转诊管理办法（试行）》《贵州省远程医疗服务病人信息保护规范（试行）》《贵州省远程医疗服务激励机制细则（试行）》《贵州省远程医疗评估评价管理办法（试行）》等文件。贵州省对远程医疗的立法，与大部分省市不同，它采取的是在统一理念和思路的指导下进行“一揽子”立法，其最大的优势在于体系性，其从远程医疗所涉及的重要元素或者环节入手进行细致、集中的规定，内容涉及医疗机构、医务人员、操作规程、责任分担、分级分类诊疗、双向转诊、患者隐私及个人信息保护、服务激励机制、评估评价管理等各个方面，在追求内容全面性的同时，也克服了分别立法有可能产生的“抵牾”，保持最大限度的协调性。

2017 年 9 月 29 日，贵州省人民政府办公厅印发了《贵州省远程医疗服务管理办法》，《贵州省医疗机构远程医疗服务实施管理办法（试行）》同时废止。随后，2018 年 3 月 22 日，贵州省卫生计生委印发了《贵州省远程医疗服务管理办法实施细则（试行）》，进一步细化远程医疗服务管理办法。不过，一系列试行文件的施行，也反映出地方探索存在不成熟之处，属于“摸着石头过河”。

（二）四川省关于远程医疗的地方立法

2015 年 10 月 30 日，四川省卫生和计划生育委员会发布了《四川省家庭远程医疗服务机构管理办法》。该管理办法从总则、组织机构、资格确认、确认流程、监督管理等方面对家庭远程医疗服务进行了集中规定。《四川省家庭远程医疗服务机构管理办法》的出台，源于四川省卫生和计划生育委员会曾在 2015 年 8 月 31 日发布的《关于开展家庭远程医疗试点工作的指导意见》。该指导意见旨在借助信息技术向患者提供诊疗咨询、健康管理等医疗服务新模式，其中一个核心的目标就是实现疾病首诊在医疗机构完成，诊疗咨询、网络预诊、慢病管理、健康管理等通过互联网完成。该指导意见在鼓励创新、大胆探索的指导思想下，以高血压、糖尿病等慢性病为突破口，在“健康四川”统一平台的运行和监控下，自上而下

(从省市级大型综合医院到二级甲等以上医疗机构)进行试点，其所建立的家庭远程医疗备案制度、CA认证制度、患者实名预约制度、患者就诊记录保存制度等均在稳定性更高的立法文件——《四川省家庭远程医疗服务机构管理办法》中得以体现。这一地方立法模式从家庭远程医疗这一特定领域切入，既是地方立法的先行者，也在一定程度上代表着远程医疗细化立法的开端。2017年6月5日，四川省卫生和计划生育委员会、四川省中医药管理局联合印发了《四川省城乡医疗卫生机构对口支援管理办法》，其对远程医疗的规定有两处亮点：一是强调支援医院与受援医院建立远程医疗合作关系，二是将远程医疗系统建设使用情况纳入年度考核和半年追踪督导的内容中。这不仅体现了四川省对城乡医疗卫生机构开展远程医疗的重视，而且通过法治化、制度化不断推进省内的远程医疗工作，促进医疗服务均衡可及，实现优质医疗资源向下稳定有序地流动，助力分级诊疗体系的完善。

2020年12月31日，四川省卫生健康委员会印发了《四川省互联网诊疗管理规范(试行)》，该规范突出对互联网诊疗执业资格、诊疗行为、病历、药事服务、服务保障的规范管理。该规范还强化行业自律，将医疗机构和医务人员的不良执业行为记分、行政处罚等信用信息纳入全省信用信息共享平台进行公示，实现联合惩戒。该规范于2021年2月1日开始施行，但由于设置了2年有效期，现已失效。

2022年12月2日，四川省人大常委会通过了新修订的《四川省医疗机构管理条例》，其中第48条新增了关于远程医疗的相关规定：鼓励医疗机构之间通过签订协议等方式，充分运用通讯、计算机及网络技术等信息化技术，开展远程多学科联合诊疗、会诊、诊断等医疗活动，按照规范为患者提供远程医疗服务。

(三)浙江省关于远程医疗的地方立法

2013年5月21日，浙江省卫生厅制定了《浙江省助产技术管理规定》，其第14条规定，“各地应建立和完善孕产妇和围产儿的急救和转诊流程，加强转运途中抢救和处理，积极开展远程医疗，减少孕产妇和围产儿的死亡和并发症发生，保证危重孕产妇和围产儿得到及时救治”。这是浙江省早期立法中涉及远程医疗的规范性文件。在2014年国家卫生计生委出台《关于推进医疗机构远程医疗服务的意见》之后，浙江省的政策进行了及时跟进，但是在立法上却相对缓慢。直到2019年9月19日，浙江省卫生健康委发布的《浙江省家庭医生签约服务工作规范（2019版）》才规定通过互联网信息平台、移动客户端、社交软件，由基层医疗卫生机构和家庭医生团队为签约居民提供在线预约、咨询、签约、转诊、会诊、查询、远程监测、健康宣教等综合性健康管理服务。

从远程医疗的地方立法可知，其绝大部分来源于国家综合性医改政策的推动，如《关于推进医疗机构远程医疗服务的意见》，但是各个地方的模式又有不同，大致可以分为四种：一是进行全面规定，这种模式以贵州省为代表；二是进行部分的专项规定，这种模式以四川省为代表，其在局部领域成为远程医疗立法的先行者和深耕者；三是既无全面立法，又无专项立法，仅在其他立法中作出简要规定的模式，这种模式以浙江省为代表；四是没有进行相应的立法，以上海、北京、宁夏等为代表，这一方面是因为这些地方的政策比较发达，另一方面就是仰赖国家的政策与立法，宁夏在此基础上还有自身的特点，即十分重视互联网医疗的立法，在与远程医疗重合的部分，实现了一定程度上的替代功能。在上述模式中，前三种模式具有非常重要的意义。概括起来，主要包括三个方面：首先，这些地方立法对于及时固化当地的医改成果成效显著，同时有效规范了远程医疗的发展，为患者的生命健康权益提供了有力保障；其次，这些地方立法绝大部分是在2018年国家出台《远程医疗服务管理规范（试行）》之前完成的，它们为国家的立法提供了经验借鉴，这种"先地方、后中央"的立法模式具有较高的成熟度和稳定性；最后，随着《网络安全法》《基本医疗卫生与健康促进法》《民法典》《个人信息保护法》《数据安全法》等新法律法规的出台，无论是中央层面关于远程医疗的立法还是地方层面关于远程医疗的立法，实际上均面临着进一步修改和完善的局面，这是远程医疗立法走向更为成熟的契机！

第三节　远程医疗的现实应用

我国的远程医疗在早期主要表现为远程会诊，但是随着医疗实践的纵深推进和横向拓展，远程医疗已经具有较为广阔的外延。根据 2014 年国家卫生计生委出台的《关于推进医疗机构远程医疗服务的意见》的规定，远程医疗服务项目包括远程病理诊断、远程医学影像（含影像、超声、核医学、心电图、肌电图、脑电图等）诊断、远程监护、远程会诊、远程门诊、远程病例讨论及省级以上卫生健康行政部门规定的其他项目。该政策文件采取的是“列举＋兜底”的模式，既厘定了重点，又保持了适度的开放性。有的地方立法直接沿用了前述规定，如《贵州省远程医疗服务机构及从业人员管理规范（试行）》第 2 条第 3 款即为典型适例。经过近些年的发展，远程医疗服务项目已经取得了越来越多的共识。

一、远程病理诊断

远程病理诊断是指由邀请方医疗机构（H_1）向受邀方医疗机构（H_2）提出申请并提供患者（P）的临床资料和病理资料，由受邀方医疗机构（H_2）出具诊断意见及报告的医疗活动。尽管远程病理学可以追溯至 20 世纪 60 年代末期，但是远程病理诊断这一概念被首次提出则始于 20 世纪 80 年代末期，即由美国拉什（RUSH）医学院病理科韦恩斯坦（Weinstein）所完成。之后，远程病理诊断作为远程医疗的一个分支，获得越来越多的认可。1990 年，挪威率先建立了冰冻切片会诊中心，但由于技术及经济问题，远程病理诊断仅在发达国家得到了推广。我国早在 1997 年就有与远程病理诊断相关的技术探讨，但当时主要以邮寄的方式为主。时至 2000 年，实践中出现了通过电子邮件的方式进行病理诊断的论文记载。与此同时，“中国远程病理中心”网站开通，这是国内首家大型远程病理网站。2011 年，卫生部开始病理远程会诊中心试点，2012 年远程病理诊断开始推广，2015 年国家大力支持“互联网＋智慧医疗”，远程病理诊断越来越普及。[1]

二、远程医学影像诊断

远程医学影像诊断是指由邀请方医疗机构（H_1）向受邀方医疗机构

---

〔1〕 参见刘洋、阎红琳、唐其柱等：《远程病理诊断的发展及前景》，载《中国数字医学》2020 年第 7 期。

(H_2) 提出申请并提供患者 (P) 的临床资料和医学影像 (含放射、超声、核医学、心电图、肌电图、脑电图等) 资料，由受邀方医疗机构 (H_2) 出具诊断意见及报告的医疗活动。影像学和病理学是不同的，影像学是通过各种不同的手段显示人体内部结构的诊断方法，常见的有 X 线、CT、磁共振和超声等，而病理学则是通过对病变器官和组织的观察，确定疾病诊断和病因的科学，包括对尸体、手术和活检标本的检查。相应地，远程病理诊断侧重通过对病变器官和组织的观察来确定疾病诊断和病因，而远程医学影像诊断则是通过医学影像形成诊断意见和诊断报告，以供邀请方医疗机构 (H_1) 参考。远程病理诊断和远程医学影像诊断的核心区别在于，其作出诊断意见所依赖的客体不同，即远程病理诊断依据的是器官和组织病变，而远程医学影像诊断依据的是医学影像，在技术上更容易被数字化。

三、远程监护

远程监护是指远程监护中心利用一定的通信技术将患者 (P) 的相关信息或者状态传输至该中心，由该中心的医务人员提供预防、诊疗等服务。由此可见，远程监护有三个核心要素：一是设在医疗机构内的监护中心；二是安装或者佩戴在患者 (P) 身上的监护设备；三是连接监护中心和监护设备的通信技术，最典型的就是互联网。远程监护既可以将患者 (P) 的心电图、血压、血糖、脉搏等生理信息通过通信技术传输至监护中心，也可以将患者 (P) 的生活状态传输至监护中心，还可以将患者 (P) 护理的检测设备监测信息传输至监护中心，进而为患者 (P) 提供相关的医疗服务，尤其是对于老人、儿童、残疾人等特殊群体，远程监护应当更为关注。与欧美等发达国家相比，我国远程监护的发展比较滞后，但是随着我国人口老龄化及低出生率所产生的人口结构不平衡问题日益严重，我国近些年来开始重视远程监护。远程监护的显著优势在于突破时空的限制，有效缩短医患之间的距离，这对偏远地区的居民、行动不便甚至不能自理的老人而言是一种福音，从一定程度上说，是对医患双方及其相关人员的适度解放，且提升了预防的效果和服务的质量。

需要注意的是，按照我国《远程医疗服务管理规范（试行)》的相关规定，远程医疗强调的是两个医疗机构之间的医疗活动，但是2014年国家卫生计生委发布的《关于推进医疗机构远程医疗服务的意见》规定，“医疗机构运用信息化技术，向医疗机构外的患者直接提供的诊疗服务，属于远程医疗服务”。在此基础上，明确将远程监护作为远程医疗服务的一种类型。由此可见，我国《远程医疗服务管理规范（试行)》比《关于推进医疗机构远程医疗服务的意见》对远程医疗服务的界定更窄一些。未来破解的路径有两种：一是扩大远程医疗的外延，即如本书所主张的远程医疗应当突破医疗机构之间医疗活动的限制，适度扩展至医疗机构和个人之间的医疗活动，这样的益处在于接轨世界关于远程医疗的界定，有效避免社会上不必要的误解或者混用。二是继续严格坚持远程医疗的狭窄界定，即仍将其限定为医疗机构之间开展的医疗活动。从未来的发展趋势观察，笔者主张采取第一种路径予以解决。

四、远程会诊

远程会诊是指邀请方医疗机构（H_1）与受邀方医疗机构（H_2）之间利用信息化技术，采用离线或在线交互方式，开展异地指导检查、协助诊断、指导治疗等医疗活动的过程。在远程会诊中，受邀方医疗机构（H_2）根据患者（P）的相关病历摘要等资料出具相关医师签名的诊断意见，邀请方医疗机构（H_1）收到诊断意见之后，结合患者（P）的临床资料综合作出诊断和治疗方案。换言之，对于受邀方医疗机构（H_2）出具的诊断意见，邀请方医疗机构（H_1）既可以完全采纳，也可以完全不采纳，还可以部分采纳、部分不采纳。但是通常而言，从我国远程医疗的实践观察，受邀方医疗机构（H_2）一般都是三级医疗机构或者在某一方面拥有专长的专科医院，而且邀请方医疗机构（H_1）一般会“慕名”寻求某位特定医学专家的意见，受邀方医疗机构（H_2）出于医疗安全和服务质量的考虑，在邀请方医疗机构（H_1）没有“慕名”指定的情况下，也会指派技术水平较高的医务人员开展远程医疗，因此完全不采纳受邀方医疗机构（H_2）诊断意见的情况较为罕见。在远程会诊的场景下，患者（P）可以参与其中，也可以不参与其中，这并非必要条件，重在两个医疗机构及其医务人员之间对某一特定病例的交流和探讨，并在这个过程中提升了邀请方医疗机构（H_1）医务人员的医技水平。

五、远程门诊

远程门诊通常是指受邀方医疗机构（H_2）应邀请方医疗机构（H_1）邀请，通过通信技术为邀请方医疗机构（H_1）的患者（P）现场提供诊断和治疗意见的医疗活动。远程门诊与远程会诊既存在一定的联系，也存在一定的区别。远程门诊既可以是受邀方医疗机构医务人员（包括医师多点执业）独立作出，亦可与邀请方医疗机构的医务人员进行商讨后作出，如果是后者，实际上已经演变成远程会诊。同时，当涉及需要多学科共同讨论时，邀请方医疗机构（H_1）有时会邀请两家以上的受邀方医疗机构参与，这些多学科专家共同商讨后的诊断意见或者方案，也形成了远程会诊。此外，远程门诊强调必须有患者（P）参与，但是远程会诊并不必然需要患者（P）参与。从这个角度考察，远程门诊与线下就诊的场景或者模式更为接近，最大的不同在于是虚拟“面对面”还是现场“面对面”。

六、远程病例讨论

远程病例讨论是指邀请方医疗机构（H_1）与受邀方医疗机构（H_2）的医务人员借助通信技术就某一特定病例进行讨论，以为患者（P）提供更好的医疗服务或者通过“复盘”提供经验借鉴。在医疗实践中，邀请方医疗机构（H_1）对于某一特定病例尤其是疑难病例往往难以确定诊疗方案，无论该邀请方医疗机构（H_1）是否属于医联体成员，都有向上寻求高水平医疗机构及其医务人员相关指导和帮助的意愿，此时通过通信技术克服空间上的限制实现远程病例讨论就成为一种“刚需”。通过受邀方医疗机构（H_2）的高水平指导，可以为正在诊疗的患者（P）提供更为优质和安全的医疗服务，对于已经诊疗结束但产生负面后果的诊疗病例，通过“复盘”整个诊治过程，医务人员尤其是邀请方医疗机构（H_1）的医务人员可以吸取教训，避免之后重复犯错，不断提升医疗质量和保障医疗安全，保护患者（P）的生命健康权益。远程病例讨论和远程病理诊断、远程医学影像诊断、远程会诊、远程监护、远程门诊都不同，其更加强调作为一个整体进行研讨，而且它不局限于当前就诊的病例，亦可为已经诊疗结束的病例，但是远程病理诊断、远程医学影像诊断、远程会诊、远程监护、远程门诊一般针对的是当前处于诊疗阶段的患者（P），并以存在民事主体资格为前提，这在远程病例讨论中并非必要条件，因为实践中常常是通过远程的方式对死亡病例进行讨论，这是远程病例讨论能够独立存在的理由。

七、其他

任何事物都是发展变化的，远程医疗亦是如此。前文已述，尽管远程病理诊断、远程医学影像诊断、远程会诊、远程监护、远程门诊、远程病例讨论已经成为远程医疗的主要类型，但实践是不断发展的，内涵和外延也是不断变化的，坚持封闭的概念应对不断变化的社会现实无异于“削足适履”，反而得不偿失，应当坚持包容开放的态度。关于这一点，无论是中央层面的政策立法，还是地方层面的政策立法，均已达成共识。同时，考虑到远程医疗毕竟是一种关涉人的生命健康的医疗行为，将兜底条款限定在省级以上卫生健康行政部门规定的其他项目，这样的制度安排基本上是合适的。例如，《贵州省远程医疗服务管理办法实施细则（试行）》就在这样的思路指导下进行细化，除了远程病理诊断、远程医学影像诊断、远程会诊、远程监护、远程门诊、远程病例讨论之外，新增了远程培训、远程检验质控、远程咨询等，而且更为强调中医领域的远程医疗，如远程中医辨证论治会诊、远程中医经络诊断、远程中医体质辨识、远程宏观微观舌相诊断等。

第四章
远程医疗的法理基础

第一节　生命健康权益的保障

一、社会主要矛盾的变化使公民更加重视生命健康权益

面对我国人口结构的老龄化趋势和医疗卫生资源分布不均的现实，国家需要立足于时代发展趋势作出积极的回应和行动，因为医疗卫生服务的需求必将随着人民对生命健康的重视而不断提升，迫切需要利用现代技术对其赋能。习近平总书记在党的十九大报告中提出全新论断，我国社会主要矛盾已经转化为人民日益增长的美好生活需要和不平衡不充分的发展之间的矛盾。医疗卫生法上的生命权和健康权，并不局限于民法上属于人格权且具绝对权性质的生命权和健康权，法律现代化的重要标志主要体现在对权利的充分确认和保障方面，尤其是对人的生命健康权的优先保护。从许多国家的实践来看，国家除了负有不得侵害公民的生命权和健康权这一消极义务之外，还负有保护和实现公民生命权和健康权的积极义务，即为全社会的公民提供相应的医疗卫生资源，属于社会法上的健康权，强调国家对相关服务的供给义务。

当前，尽管国家已经投入巨大的人力、物力和财力促进基本医疗卫生服务总体水平的提升，同时在促进基本医疗卫生服务分配方面努力实现均等化、同质化，但是人民对于健康质量的追求持续上升，绝不会止步于基本医疗卫生服务。与此同时，我国现已步入老龄化社会，老年人口数量多，老龄化速度快，对慢性病诊治和便捷的就医模式等适老化健康照护服务需求显著增加。

综上所述，由于我国社会主要矛盾的变化，要求在互联网等技术背景

下更好地保障公民的生命健康权益，这是远程医疗能够出现并获得快速发展的重要基础。

二、远程医疗技术支撑了生命健康权益的保障

当前，远程医疗借助网络、大数据、人工智能等先进技术获得了飞速发展。医疗活动具有一定的风险性，因此对于患者生命权和健康权的保障尤为重要。如果公民罹患某种疾病需要诊治，通过借助远程医疗突破时空限制，可以最大限度减少因为距离、支付能力等因素带来的“阻碍”，无疑将有助于提高诊断准确率，帮助公民获得更为精准高效的医疗服务，这对患者的生命健康权益而言是一种助益和保障。

如果患者前往线下医疗机构进行首诊（首诊医疗机构一般为远程医疗中的邀请方医疗机构），即便首诊医疗机构具有某方面的诊疗资质，但其医务人员也可能在经验、技术等方面存在一定的欠缺，尽管首诊医疗机构会与患者或者其近亲属商量治疗方案，但是由于医疗卫生行业的专业性，医患双方在信息格局上严重不对称，因此首诊医疗机构医务人员诊疗行为的开展就对患者的生命健康等重要人身权益的保障起着决定性影响，尤其是在一些紧急或者难以转诊的情形下，患者对首诊医疗机构的依赖程度更大。若首诊医疗机构有充分的能力和把握独立诊疗，患者的生命健康权益便有保障；但如果出现首诊医疗机构不能独立诊疗的情况，首诊医疗机构就可以通过远程医疗的方式邀请更高水平的医疗机构参与诊疗。在该远程医疗关系中，首诊医疗机构为邀请方，受邀机构为受邀方，若没有受邀方医疗机构及其高水平医务人员的介入，邀请方医疗机构可能会出现更严重的误诊或者延误治疗时机的情况，这对患者的生命健康权益而言，无疑是一种巨大的威胁。远程医疗恰好能够有效弥补这一短板，在很大程度上保障了患者的生命健康权益。

第二节 健康正义的需要

一、法的价值与健康法的价值

（一）法的价值

法的价值是社会价值系统的子系统。一方面，它表征作为主体的人与作为客体的法之间需要与满足的对应关系；另一方面，它又体现了法所具有的对主体有意义的、可以满足主体需要的功能与属性，即法的有用性。从学术用语的角度考察，法的价值或法律价值并非中国法律传统固有的概念，而是自西方法学移植而来的一个概念。在法学研究中，“法的价值”这一术语的含义可以因如下三种不同的使用方式而有所不同：第一种使用方式是用“法的价值”来指称法律在发挥其社会作用的过程中能够保护和促进实现哪些值得期冀、希求的或美好的东西。第二种使用方式是用“法的价值”来指称法律自身所应当具有的值得追求的品质和属性。第三种使用方式是用“法的价值”来指称法律所包含的价值评价标准。[1] 然而，法的价值是极其广泛的，迄今为止，关于法的价值具体范围为何一直存在争议，一个重要的原因在于法的价值不是单一的，而是一个价值系统或者价值体系，这就决定了法的价值具有多元性、层次性，否则就会杂乱无章，难以形成一个有序的、封闭的系统。通说认为，法的价值包括正义、秩序、自由、平等、效率、利益等多重价值，而“正义是法的先导”[2]，社会正义观的改进和变化，常常是法律改革的先兆，[3] “正义是社会制度的首要价值，正义像真理是思想体系的首要价值一样……某些法律和制度，不管它们如何有效率和有条理，只要它们不正义，就必须加以改造或废除”[4]。因此，学界通说将正义作为法的价值体系中的最高价值来看待。

---

〔1〕 参见张文显主编：《法理学》（第3版），高等教育出版社2007年版，第291－297页。

〔2〕 卓泽渊：《法的价值论》（第2版），法律出版社2006年版，第433页。

〔3〕 参见［美］E. 博登海默：《法理学：法律哲学与法律方法》，邓正来译，中国政法大学出版社2004年版，第283页。

〔4〕 ［美］罗尔斯：《正义论》，何包钢等译，中国社会科学出版社2009年版，第3页。

正义价值是非常抽象的概念。哈特指出，正义观念的运用是不尽相同的，但隐于其间的一般性原则乃是，就人与人之间的相互关系而言，人们应当得到一种平等或不平等的相对地位。[1] 从不同的角度出发会对其有不同的阐释和分类：从主体的角度出发可以把正义划分为个人正义和社会正义。个人正义适用于个人及其在特殊环境中的行动，指个人在处理与他人的关系时应公平地对待他人的态度和行为准则。社会正义适用于社会及其基本的经济制度、政治制度和法律制度，指一个社会的基本制度及其所含规则的合理性和公正性。从正义与主体利益的关系出发可以将正义分为实体正义和形式正义。实体正义是关于制定什么样的原则和规则（包括道德原则和规则、法律原则和规则等）来公正地分配社会资源的问题。形式正义则是怎样实施这些原则和规则以及当这些原则和规则被违反的时候如何加以处置的问题。[2]

（二）健康法的价值

健康法是领域法，属于法的范畴，因此其价值也离不开对作为上位概念的“法的价值”的讨论。前文已述，法的价值中，正义居于最高的价值位阶，这在健康法中同样适用，健康法的核心价值按照重要性降序排列如下：生命、健康、尊严、秩序、平等和财产。[3] 本书将以“健康正义”作为起点和归宿，以此来理解健康法的价值体系和结构，并以此来论述远程医疗的合理性与必要性。由于健康法的研究重心在于健康权，其体系也是围绕健康权进行建构的，因此患者健康权的保障问题就难以脱离与正义的讨论。

从应然的角度来看，健康权是健康正义的重要内涵之一，二者相辅相成。健康是人全面发展的基础，健康权的核心内容包括基本医疗与卫生保健，以及与健康有关的前提条件。健康权与其他人权密切相关，而且依赖于其他人权的实现，健康权的实现需要从作为核心内容的基本医疗与卫生保健开始。国家有义务尽可能地采取措施，以充分保障国民的基本医疗与

---

〔1〕 参见［美］E. 博登海默：《法理学：法律哲学与法律方法》，邓正来译，中国政法大学出版社 2004 年版，第 279 页。

〔2〕 参见张文显主编：《法理学》（第 3 版），高等教育出版社 2007 年版，第 334－335 页。

〔3〕 参见解志勇主编：《卫生法学通论》（第 2 版），中国政法大学出版社 2022 年版，第 40 页。

卫生保健权利，逐步实现健康权的核心内容与一般内容，最终达到充分而完整地实现健康权的目的。[1] 正义具有三个维度，即分配正义、政治决策正义和文化交往正义。[2] 具体到卫生领域，分配正义要求医疗资源的合理分配，而实现基本医疗卫生资源的分配可及性，是健康权得以维持的前提。政治决策正义要求国家层面和社会层面关于医疗健康制度的决策必须以维护公民健康权为起点，在决策的过程中广泛听取公民意见，决策的结果应当符合正义和公平的价值追求。文化交往正义在于规范人际互动关系中的健康权利，意味着健康权必须平等，人人都有保有健康和实现健康的权利，促使健康权以公平的方式实现社会化。

从实然的角度来看，健康正义要求实现健康权。法的价值在于能够满足人意欲通过法律而实现的目的和追求，健康正义之于健康法的价值也正是在于促使公民健康权利的实现，这就涉及国家对公民负有的健康促进义务，只有在实然层面上具备实现健康权的充分条件，健康正义才是真实的、正当的和普遍有效的。

二、远程医疗体现了健康正义

当前，我国的法律法规、部门规章以及相关地方立法已对远程医疗进行了规定，这些法律文件的一个典型特征是具有强制适用性。与之不同的是，我国颁布的一些政策对远程医疗的规范充当了“软法”的角色，尽管不具有强制适用效力，但是其实际发挥的效用却不能被低估，其与前述法律文件形成了良好的互动、互补关系。无论是法律文件，还是政策文件，它们对远程医疗事业的支持和规范，其核心价值指向都是实现健康正义。

（一）远程医疗与个体正义、社会正义

远程医疗涉及邀请方医疗机构（H_1）、受邀方医疗机构（H_2）、患者（P）和政府等多个主体，这就决定了其不是一个简单的民事行为或者行政行为，而是包含民事行为和行政行为的综合体和统一体，是一个较为复杂

---

〔1〕 参见解志勇主编：《卫生法学通论》（第 2 版），中国政法大学出版社 2022 年版，第 43 - 44 页。

〔2〕 参见龚培渝、周光辉：《论正义的维度》，载《政治学研究》2014 年第 3 期。

的系统工程，体现了健康法的领域法特征。通过远程医疗，不仅使个人能够及时获得医疗卫生服务，而且作为一种制度安排，它将造福于整个老年人群体、居住偏远落后地区群体、行动不便（如残疾人）群体、负担能力有限群体（如贫困者）等，为所有公民获得最高健康水准的服务提供途径。从国家出台的远程医疗政策立法来看，远程医疗是一项国家行动战略，它关注个体对医疗卫生服务的公平获取，更重要的是有利于普遍实现社会对医疗卫生服务的可及性、合理性和公正性。

（二）远程医疗与形式正义、实体正义

远程医疗虽已被法律与政策所确立，但仍面临两个问题：一是是否建立远程医疗的问题；二是所建的远程医疗是否方便患者进行就诊。如果从实践的视角观察第一种情形，其既不符合形式正义，亦难言实体正义。罗尔斯的正义观念由两个基本原则构成：（1）每个人对与其他人所享有的类似自由相一致的最广泛的基本自由都应有一种平等的权利；（2）社会的和经济的不平等将被安排得使人们能够合理地期望他们对每个人都有利。〔1〕实质正义涉及制定什么样的原则和规则来公正地分配社会资源的问题，形式正义则涉及怎样实施这些原则和规则以及当这些原则和规则被违反的时候如何处置的问题。〔2〕如果从实践的视角观察第二种情形，其尽管可以勉强满足形式正义，但是难以符合实体正义，因为虽然大部分地区建有远程医疗系统，但若不能方便患者就诊，实际上只能说患者拥有了远程医疗的途径，一旦受到其他因素的制约，其可能会被弃之不用。例如，有的地区将远程医疗系统接入村卫生室这一“网底”医疗卫生机构，有的地区只能将远程医疗系统接入乡镇卫生院，甚至有的地区只能将远程医疗接入县一级医院，尽管在形式上可以实现健康正义，但在实体上却难以实现，因为其忽略了远程医疗在从形式正义向实体正义实现的过程中，还受制于可及性的限制或者阻碍，这种可及性突出表现为服务知悉可及性、距离可及性以及由此产生的经济可负担性。

---

〔1〕参见［美］E. 博登海默：《法理学：法律哲学与法律方法》，邓正来译，中国政法大学出版社2004年版，第44页。

〔2〕参见张文显主编：《法理学》（第5版），高等教育出版社2018年版，第339页。

第三节　科技发展与伦理约束

一、科技发展的两面性

前文已述，远程医疗作为一种科学技术，旨在突破时空的限制促进优质医疗资源的下沉，实现医疗卫生服务的同质化。远程医疗作为一种科学技术本身是中性的，但是当相关主体（如民事主体）运用该项技术时，就会产生两种截然不同的效果：一是远程医疗技术的应用为患者带来福祉，保障了患者的生命健康权益，体现出远程医疗作为一项科学技术的积极影响；二是远程医疗技术的应用不但没有为患者带来福祉，还侵害到患者的生命健康权益或者其他权益，或者虽然带来了部分福祉，但与其带来的技术灾难相比，是得不偿失的，此时远程医疗作为一项科学技术的消极影响便会更加凸显。这种消极影响常常基于互联网等技术的特性，呈现出受害者众多的特点，其中对患者隐私和个人信息的泄露就是实践中时常遇到的侵权现象之一。

2020 年颁布的《民法典》专章规定了“隐私权和个人信息保护”，同时《民法典》总则编第 111 条和侵权责任编第 1226 条又分别对民事主体的个人信息保护和患者的个人信息保护作出专门规定。2021 年颁布的《个人信息保护法》更加强调对个人信息的规范处理和权益保护，并把医疗健康信息作为敏感个人信息对待，施以更为严格的保护措施。这两部重要法律的出台，一定程度上也是对患者个人信息权益容易遭受侵害所作出的现实回应。这不仅是一个法律问题，而且是一个伦理问题。试想一下，如果一个患者的个人权益得不到有效保护，远程医疗这一模式就难以被民众所接受、信任和采用，公民获取优质医疗卫生服务的能力和水平就会提升较慢，不利于其实现获取最高水平的健康的目标。

此外，远程医疗是数字技术在新时代的重要发展，作为一项技术，它能够满足基层医疗卫生服务需要，假如其能够获得广泛的应用和推广，对于我国建立健全分级诊疗体系将大有裨益，能够在一定程度上缓解医疗资源配置不均的问题。如果没有远程医疗或者其他替代科学技术的介入，常见病、多发病、一些能够在基层解决的疾病必将继续涌向大城市的大医院、名医院，导致高级别、高水平的医生诊治的绝大部分患者为常见病例。这样一来，不仅会损耗医生的精力和医院的设备，而且会使疑难病例真正需要的高水平救治资源因普通病例的挤兑而捉襟见肘，这是无序的，也是不公正的，有违基本的伦理。

二、远程医疗的伦理约束

（一）医学伦理学原则

医学伦理学属于应用伦理学的范畴，传统意义上的医学伦理学与医学道德学同义。1803 年，英国著名的医生、哲学家托马斯·帕茨瓦尔（Thomas Percival）出版了《医学伦理学》一书，首次提出“医学伦理学”的概念。生命伦理学作为一门学科形成于 20 世纪 50 年代至 60 年代。美国学者茨伦塞勒·波特（VanRensselaer Potter）在其 1971 年所著的《生命伦理学：通向未来的桥梁》一书中首次使用了“生命伦理学”这一概念。[1]

关于医学伦理学的原则，国内外的学者在认识上存在一定的差异。医学伦理学或者生命伦理学的原则虽然起源于欧美，但是并未形成一致的观点，出现了“二原则说”“三原则说”“四原则说”“五原则说”等。美国生命伦理学家恩格尔哈特（Engelhardt）是“二原则说”的代表，其认为医学伦理学包括允许（允诺）和行善两项原则。1978 年 4 月 18 日，美国国家保护生物医学和行为研究受试者委员会出台了《贝尔蒙报告》，提出了尊重人、有利、正义三项原则，可以看作是“三原则说”的代表。[2]英国学者托尼·霍普（Tony Hope）认为，医学伦理学包括四大原则，即尊重患者的自主权、有利（促进对患者最有利的方面）、不伤害（避免伤害）、公正。[3]美国学者比彻姆（Beauchamp）和查尔瑞斯（Childress）在《生物医学伦理学原理》一书中坚持“四原则说”，即自主、不伤害、

---

〔1〕参见温日锦、王光秀、覃安宁等主编：《医学伦理学与卫生法学》，科学出版社 2015 年版，第 2 -4 页。

〔2〕参见王明旭、赵明杰主编：《医学伦理学》（第 5 版），人民卫生出版社 2018 年版，第 34 页。

〔3〕参见［英］托尼·霍普：《医学伦理》，吴俊华、李方、裘劼人译，译林出版社 2015 年版，第 63 -64 页。

行善、公正。[1] 德国学者萨斯（Sass）亦持相似的观点，其将生命伦理学的原则概括为自主、不伤害、有益、公正。[2] 美国学者蒂洛提出生命价值、善良、公正、说实话（或称为诚实）、个人自由应当成为医学伦理学的五项原则，[3] 可以说是“五原则说”的代表。在欧美国家，尽管关于医学伦理学或者生命伦理学的基本原则存在上述差异，但整体而言，“四原则说”获得了更大范围内的认可。在国内，学界通说认为，医学伦理学的原则包括尊重、不伤害、有利和公正四项原则。

（二）医学伦理学原则对远程医疗的指导和约束

远程医疗作为一种医疗行为或者医疗活动，除遵守国家的相关政策和法律规定之外，尚需兼顾医学伦理的影响，其中最为重要的就是受到医学伦理学原则的指导和约束。

首先，远程医疗与线下诊疗一样，要尊重患者的生命健康、人格尊严、隐私和自主权以及其他合法权益，生命利益在传统伦理观念中被认为是神圣的和最高的，生命健康保障原则作为健康法的基本原则之一，[4] 集中体现了健康法的根本目的和价值追求，即对于人的生命与健康权益的充分保障，[5] 但不能因为虚拟“面对面”的诊疗模式而忽视了人文关怀及对人格尊严、隐私等其他合法权益的保护。例如，在远程医疗中，除邀请方医疗机构（H_1）基于诊疗的需要知悉了患者（P）的隐私和个人信息，作为受邀方医疗机构（H_2），也在该项医疗活动中知悉了患者（P）的隐私和个人信息，这两个民事主体均负有严格保密的义务。再如，患者（P）的自主权在远程医疗中也应得到相应的体现。是否使用远程医疗，属于患者（P）的决策权的范畴，需要征得患者（P）的同意方可进行；而

---

〔1〕 参见王明旭、赵明杰主编：《医学伦理学》（第5版），人民卫生出版社2018年版，第34页。

〔2〕 参见［德］Hans－Martin Sass：《生命伦理学与卫生政策：欧洲生命伦理学家的北京演讲》，翟晓梅等编译，第四军医大学出版社2006年版，第4页。

〔3〕 参见王明旭、赵明杰主编：《医学伦理学》（第5版），人民卫生出版社2018年版，第34页。

〔4〕 参见刘炫麟：《健康法的精神》，中国政法大学出版社2024年版，第16－18页。

〔5〕 参见解志勇主编：《卫生法学通论》（第2版），中国政法大学出版社2022年版，第55－56页。

且作为同意权行使的前提，邀请方医疗机构（H_1）应当尽到充分说明义务，让患者（P）在信息完整的情形下作出符合其最佳利益的选择。

其次，在远程医疗中，应当尽可能地避免损害患者（P），尤其是故意损害、可控损害和责任损害。远程医疗作为一种医疗活动，往往伴有侵袭性等特征，无论是邀请方医疗机构（H_1）进行的医学检查（如静脉抽血化验），还是受邀方医疗机构（H_2）基于患者（P）的病历资料等作出的诊疗方案，绝对避免对患者（P）的损害通常并不现实，不伤害原则要求的是在医疗活动中不能故意对患者（P）造成损害，对于能够控制的损害也要尽量控制，对于医疗过失责任引起的损害更要避免。由此可见，在远程医疗中，不伤害原则不仅可以针对邀请方医疗机构（H_1），也可以针对受邀方医疗机构（H_2），均要求其在提供诊疗服务的过程中，尽到合理的注意义务，尽可能地避免对患者（P）造成身体上和心理上的损害。

再次，远程医疗与线下诊疗一样，应当首先考虑患者的生命安全和身体健康，当患者的生命健康权益与科技发展、医方利益等发生冲突时，应当毫不犹豫地选择优先保障患者的生命健康权益，将其置于最优先的地位。关于这一要求，无论是在《希波克拉底誓言》中，还是在《日内瓦宣言》中，均得到了充分的体现和彰显。有利原则，有时也被称为行善原则，旨在保护患者的权益，促进其健康。为了实现这一目标，邀请方医疗机构（H_1）和受邀方医疗机构（H_2）的医务人员应当尽可能提高诊断的准确率和治疗的有效性，借助医疗技术提高患者（P）的生命健康质量，这一点恰好暗合了远程医疗的功能。[1]

最后，在远程医疗中，公正原则的贯彻是至关重要的。公正原则要求合理分配医疗资源和实现公民的生命健康权益。关于这方面，笔者在本章第2节“健康正义的需要”进行了较为详细的论述，在此不赘。但是需要注意的是，公正原则特别强调对特殊患者的保护，如老人、儿童、残疾人、精神障碍者等，对于这些患者往往需要给予更多的耐心、尊重和人文关怀，无论是在宏观上的医疗资源分配建议，还是在微观上的医疗资源分配结果，应当考虑特殊患者的情况，并给予一定的倾斜照顾，兼顾形式公

---

〔1〕 参见王明旭、赵明杰主编：《医学伦理学》（第5版），人民卫生出版社2018年版，第36页。

平和实质公平。如果发生纠纷，无论是合同纠纷，还是侵权纠纷，裁判人员应当站在公正的立场上客观地看待患者的损害和医疗机构及其医务人员的行为。由此可见，应厘清不同主体之间的民事法律关系，合理配置（约定或者法定）各主体之间的权利与义务，在违反义务时，由相应的主体合理地承担民事责任。

第四节 风险社会凸显社会共治的需要

一、风险社会的到来及其深刻影响

伴随着工业化进程的加快和社会转型的到来，人类社会越来越频繁地遭受到各类风险的侵袭，风险“在社会生活中的各个领域都被默默忍受”[1]。同时，如何有效应对风险、建立起事前预防和事后解决的机制是当今社会在现代化进程中面临的重要难题。基于此，德国哲学家、社会学家乌尔里希·贝克（Ulrich Beck）在其所著的《风险社会》一书中提出了风险社会理论，他认为：在一个社会中，个体面临的风险不仅是个体行为导致的，而且是由工业社会本身的结构、制度、文化等因素所制造的；且风险不再局限于特定的地域或是团体，而是呈现出全球化趋势。[2] 简言之，风险社会是现代化发展带来的产物，风险不再是个体面临的风险，而是全球性、结构性现象，要求系统性、协调性的应对和治理。

在传统社会，外部风险（如地震、台风等自然灾害）是占据主导地位的风险，人类能够通过发展科学技术的方法提高自身适应能力，不断将其化解。进入后工业社会，随着新兴科技发展浮现出来的风险（如核动力风险、生物产品风险、数据泄露风险等）占据了主导地位。近年来，互联网技术的迅猛发展所带来的数字化风险日益显著，风险社会在当前的议题重心逐渐转变为在数字化转型中的社会风险治理。

我国正处在建设中国式现代化的转型期，目前社会的主要矛盾为人民

---

〔1〕［德］乌尔里希·贝克：《风险社会》，张文杰、何博文译，译林出版社 2018 年版，第 42 页。

〔2〕参见［德］乌尔里希·贝克：《风险社会》，张文杰、何博文译，译林出版社 2018 年版，第 1 –7 页。

日益增长的美好生活需要和不平衡不充分的发展之间的矛盾，由此可见，我国社会发展不平衡的特点，将会使中国面临的数字化风险更具复杂性。因此，目前我国既要实现整体的现代化，也要在局部的发展不平衡不充分的地方加大力度实现现代化。比如，数字化战略要求覆盖各行各业，但是由于医疗卫生领域的特殊性，需要对患者的隐私和个人信息设置更高的保护要求，这就要求法律制度在安排上要将其特殊对待，如上文提到的我国在《民法典》第1226条明确规定了医疗机构和医务人员的保密义务，并且在立法过程中将“患者的个人信息”与“患者的隐私”相区分，对二者各自划定了相应的含义和范围，在将其数字化储存和传输的过程中自然也要加强相应的保密技术措施。

从这个意义上讲，对远程医疗的建设和治理正是在风险社会这个重要场域和现实背景中进行的。远程医疗无疑是在数字技术的支撑之下进行的，一方面面临着数字化技术的自有风险，另一方面也面临着医疗行为和医疗行业的特殊性带来的挑战。如果处理不好这些风险，那么风险的不确定性定会带来灾难性后果。在医疗资源的分配方面，远程医疗的加入本来可以使有更高就医需求的患者享受高质量的医疗资源，但是如果没有设置合理的利用门槛和程序、没有恰当利用而是滥用，如不仅不帮助罕见病、重症患者实现远程就医，反而经常安排常见病、轻症患者远程就医，就会导致远程医疗阻碍健康正义的实现，起到适得其反的作用，这提示我们一定要做好相应的科学计划和安排，以规避或限制这些社会风险，促进其合理运用。

在医疗知情同意方面，正如前文所述，决策权在患方手中，只有患方同意才能运用这项技术，医方不得根据病情评估擅自决定启用，这就涉及远程医疗的定价问题。如果远程医疗技术价格昂贵，超出了大多数患者的承受能力，那么患方自然就会望而却步，拒绝启用这一就医模式；而少数经济承受能力较强的患者却可以享受远程医疗带来的利好。这样一来，不但没有发挥出远程医疗的普惠优势，反而限制了远程医疗的可及性，加剧了风险社会中就医的不平等，故而健康正义要求远程医疗必须合理定价，这一方面的顶层设计需要帮助患者规避就医带来的财务风险，不让患者因为经济原因与应得的优质医疗资源失之交臂。在患者的隐私与个人信息的保护方面，和常规“面对面”形式的诊疗模式相比，远程医疗的介入使数据的处理新增了线上传输、储存、利用等环节，无疑加剧了患者的隐私与个人信息泄露的风险，此时涉及多方责任主体，包括邀请方医疗机构（H_1）、受邀方医疗机构（H_2）、远程医疗平台（P_1）等，不同的责任主体根据其特性和地位适用不同的规制措施，而且需要从前端预防、中期监管和后期追责的全过程多角度进行，所以进入数字医疗阶段也意味着进入了多元化治理阶段。

二、风险社会呼吁社会共治

中国正处于迈向现代化强国的转型期，社会风险形势复杂，究其症结所在，“中国社会面临的诸多风险，更核心的来源是制度风险（缺乏制度的风险以及现有的制度能力不足的风险）”[1]。在当前社会中，个体不仅要面临传统风险，还要面临由新型科技发展即现代化转型给社会结构和制度带来的风险。具体到医疗领域，如前文所述，远程医疗技术的应用既可能加剧传统风险，也可能带来新的风险。面对这些风险，人类所能做的选择是不断进行制度革新，然后逐一化解。

通过法律对远程医疗进行规制，面临的最大问题是治理的复杂化。数字社会时代基于网络平台运行的远程医疗模式，鉴于网络自身的风险性和医疗领域的特殊性，再加上医学伦理和道德要求，导致对其规制模式必须区别于传统的线下诊疗模式，传统条块分割的医疗管理体制已与跨领域、多主体融合的数字医疗态势不相适应，应呼吁构建并持续优化多角度发力的新型法治模式，在激发远程医疗发展活力的同时，有效规避可能引发的新型社会风险。

“没有正确的法治理论引领，就不可能有正确的法治实践。”[2] 具体到我国的法治建设，习近平法治思想是全面依法治国的根本遵循和行动指南，其形成和发展于中国特色社会主义新时代，深化和拓展于全面建成社会主义现代化强国、实现中华民族伟大复兴的新征程，正是我国在面临现

---

〔1〕 杨雪冬等：《风险社会与秩序重建》，社会科学文献出版社 2006 年版，第 264 页。

〔2〕《习近平法治思想概论》编写组编：《习近平法治思想概论》，高等教育出版社 2021 年版，第 35 页。

代化转型中所应运而生的善治之策。习近平总书记在中央全面依法治国工作会议上提出了法治思想的核心要义，其中“坚持全面推进科学立法、严格执法、公正司法、全民守法”既是核心要义之一，也是全面依法治国的战略布局中的重点任务。只有统筹好立法、执法、司法和守法这四大法治运行基本环节，建设高效的法治实施体系，才能充分地以法治武器应对各领域的风险和挑战，当前我们应当用这一理论思路来引领对远程医疗的风险治理布局。

党的二十大报告强调，要“健全共建共治共享的社会治理制度，提升社会治理效能”，如果说法治运行的四大基本环节是纵向的治理思路，那么“多主体社会共治”就是横向的治理抓手。对于面临多重挑战的远程医疗来说，复杂多元的参与主体是其一大特点，各方主体在共建远程医疗诊疗模式的同时，亦是其受益者和共享者，因此，各方主体均有义务各司其职，从不同的视角和利益出发对其进行治理。另外，传统的单一治理结构已经不足以应对远程医疗所面临的机遇和挑战并存的风险形式，应当横纵结合，将各主体在各阶段的社会共治行动和目标贯穿到法治的实施环节中，建设各方有责、各方尽责、各方享有的远程医疗全链条法治图景。

在立法上，综观我国目前对于远程医疗的实体法规制，呈现出总体上不够成熟、地方上不够平衡的特点，本书在第 3 章中已提及我国远程医疗法律规制的发展现状。从国家层面来看，我国颁布了《关于进一步加强远程医疗网络能力建设的通知》《关于在国家远程医疗与互联网医学中心开展新冠肺炎重症危重症患者国家级远程会诊工作的通知》《关于开展三级医院对口帮扶贫困县中医医院远程医疗开展有关情况调查的通知》《关于推进医疗机构远程医疗服务的意见》《远程医疗服务管理规范（试行）》《互联网诊疗管理办法（试行）》《互联网医院管理办法（试行）》等政策文件，界定了远程医疗相关的一系列基础概念和基本规则。此外，在《民法典》《基本医疗卫生与健康促进法》《个人信息保护法》等法律中对远程医疗相关的一些问题进行了确定性回应，但是仍然存有规制漏洞，如概念界定上没有区分远程医疗和互联网医疗。从地方层面来看，在上述国家法律和部门规章的统一规定下，北京、上海、贵州、四川、宁夏、海南、吉林、福建等省、自治区、直辖市分别出台了地方性政策和法规文件以推动远程医疗带动优质医疗资源下沉。然而，若进一步考察上述法律政策文件则会发现，其大多起到激励性的倡导作用，没有真正形成一个宏观的、各个法律部门相互协调的法律规制体系，一方面是因为没有做好政策与法律的分野，另一方面是因为各地方对其规制不同，对国家关于远程医疗政策的执行、细化程度不一。这些问题的存在，势必会阻碍远程医疗的应用与发展，甚至会放大远程医疗潜在的风险。

我国对远程医疗的法律规制着重行政监管，对于民事规制尚存欠缺。然而，民事权利是开展远程医疗的重要基础，民事责任更是维护患者权益的保障，必须在立法上厘清远程医疗中邀请方医疗机构（H_1）、受邀方医疗机构（H_2）、平台（P_1）、患者（P）等民事主体之间的民事法律关系，才能为远程医疗中患者（P）的知情同意权、隐私权、个人信息等权益保障提供法律基础，并且根据不同主体在民事法律关系中的地位，设定与之相对应的民事责任。然而，远程医疗法律关系的特殊性和复杂性决定了远程医疗法律责任中经常出现责任竞合的情况，本书将在后文详加讨论。此外，在远程医疗损害赔偿责任承担上，其最适合通过保险或者基金等方式予以分解。

在执法上，科学完备的立法依据是严格执法的基础，执法对秩序的维护和立法目的的实现发挥了重要作用。医疗卫生执法主体要通过监管活动规制远程医疗中的违法行为，尤其是在患者易受到损害的远程诊断和治疗阶段，更要加强监管。除此之外，监管机构要注重核查医疗机构开展远程医疗服务的资质，医疗机构开展远程医疗服务应具备与所开展远程医疗服务相适应的诊疗科目及相应的人员、技术、设备、设施条件，并指定专门部门或者人员负责远程医疗服务仪器、设备、设施、信息系统的定期检测，确保远程医疗服务系统硬件和软件处于正常运行状态。监管机构还要重视对患者个人信息和隐私的保护，明确要求医疗机构开展远程医疗服务，应当加强信息安全和患者隐私保护，防止违法传输、修改，防止数据丢失，建立数据安全管理规程，确保网络安全、操作安全、数据安全、隐私安全。执法机构加强监管有助于远程医疗活动的有序开展，逐步由粗放型监管向精细型监管转变、被动响应型监管向主动识别型监管转变，这无疑也有利于维护远程医疗法律关系中合法行为主体的民事权益，促进这一新兴行业的可持续健康发展。

在司法上，促进社会公平正义是司法工作的核心追求。习近平总书记曾说，“所谓公正司法，就是受到侵害的权利一定会得到保护和救济，违法犯罪活动一定要受到制裁和惩罚”。司法途径是远程医疗纠纷中的终局性救济手段，在远程医疗民事法律关系中，通过司法权的运用给不当行为主体科以违约责任或侵权责任，努力让人民群众在每一个司法案件中感受到公平正义，针对患者合法权益易受侵害的个人信息和隐私保护方面，强调医疗机构在远程医疗服务中对患者隐私的保护责任，要求医疗机构采取有效措施防止患者的信息被泄露，并在侵权行为发生时追究相关责任，以终局的国家强制力形式对远程医疗的风险治理作出回应。司法机关应依法处理远程医疗服务中的医疗争议，包括但不限于远程会诊和远程诊断中的责任认定，确保患者的合法权益得到保障。

在守法上，“法治的根基在于人民。只有全体人民信仰法治、厉行法治，国家和社会生活才能真正实现在法治轨道上运行”[1]。任何一个远程医疗活动的参与主体一方面应自觉积极守法。如患者应依据民事法律规定，在远程医疗活动中积极行使自己的知情同意权等权利，要求医疗机构明确告知义务的主体、告知的方式和告知的内容，同时主动要求查看电子病历等诊疗信息，并要求医疗机构妥善保管自己的病历信息；近端医疗机构应作为履行告知义务的首要主体，确保患者充分了解远程医疗服务的内容、风险和预期效果，并征得患者或其家属的书面同意。另一方面也应自觉守法，不为远程医疗民事法律规范所禁止的行为，遵守医疗机构相关制度。若患者能够积极主张自己的权利，又不违反法律法规及其他制度的规定，那么患者在这一领域的民事权益就能从根本上得到保障，在有效实现远程医疗健康正义目标的同时，还能有效节约法治成本，促进行业良善有序发展。

党的十九届五中全会提出，要“加强数字社会、数字政府建设，提升公共服务、社会治理等数字化智能化水平”。2023 年，中共中央、国务院印发了《数字中国建设整体布局规划》，进一步强调数字公共服务的普惠

---

〔1〕《习近平法治思想概论》编写组编：《习近平法治思想概论》，高等教育出版社 2021 年版，第 205 页。

性、均衡性和可及性，为数字技术赋能基层公共服务指明了方向。随着公共服务数字化转型的不断推进，数字技术已经从提升公共服务质效的工具性要素，逐步转变为推动公共服务体制机制变革的系统性要素。作为推动公共服务体制机制变革的系统性要素，数字技术有效突破了资源配置的时空局限，丰富了基层公共服务的“工具箱”。数字技术优势是吸引和触发组织注意力的关键。在服务型政府建设中，群众对于高质量公共服务的需求，构成了公共部门引入数字技术的重要驱动力。[1] 远程医疗作为互联网领域和医疗领域结合的新型产物有着自身的复杂性，在我国现代化转型中势必会面临更加复杂多样的社会风险。因此，必须以民法规制作为一项重要的风险预防和分解机制，从立法、执法、司法和守法环节入手建立科学的法治治理机制，并将各方参与主体都纳入其中，打造社会共同治理的远程医疗法治格局，避免潜在风险从可能转化为现实，成为阻碍我国发展远程医疗目标实现的因素，并逐步建立起多个法律部门共治的规制体系，这是远程医疗始终坚持科学发展道路的必要举措和重要保障。

---

〔1〕参见孙明扬：《数字技术与公共服务组织的双向互构——基于L县远程医疗数字技术应用的时序性过程分析》，载《求索》2024年第5期。

第五章
远程医疗的民事法律关系

第一节 远程医疗的民事法律关系概述

一、民事法律关系

德国学者拉伦茨教授曾言，法律关系是人与人之间的法律纽带。[1] 学界一般认为，民事法律关系是指人与人之间的纳入民法调整范围的生活关系，也可以说是人与人之间因民法调整而形成的民事权利义务关系。它主要包含两个方面：一是民事法律关系是民法调整的结果，二是被民法摄入自己调整范围的现实生活中的一部分。民事法律关系是整个民法逻辑体系展开和构建的基础。[2] 通说认为，民事法律关系主要包括主体、客体和内容。其中，主体旨在关注哪些民事主体参与到民事法律关系中，客体是民事权利和民事义务所指向的对象，内容主要是指民事主体享有的权利和义务，除此之外，还有可能涉及可以行使的权力以及其他法律拘束等。[3]

二、远程医疗民事法律关系

如果秉持民事法律关系的视角观察远程医疗这一事物，就可以看到远程医疗在民法世界的主要面貌，这种民事法律关系主要包括三个方面：一是合同法律关系，二是侵权法律关系，三是缔约过失法律关系。从远程医

---

〔1〕 参见［德］迪特尔·梅迪库斯：《德国民法总论》，邵建东译，法律出版社 2000 年版，第 51 页。

〔2〕 参见王利明：《民法总则研究》，中国人民大学出版社 2003 年版，第 174 页。

〔3〕 参见王利明主编：《民法》（第 8 版），中国人民大学出版社 2020 年版，第 55 页。

疗所涉及各主体之间的民事法律关系的重要性而言，合同法律关系处于基础性地位，其次是侵权法律关系，最后才是缔约过失法律关系。换言之，在远程医疗民事法律关系领域，合同作为一种双方当事人意思表示一致的协议，其合意的本质决定了意思自治原则在权利义务设定和责任承担上的重要作用。为了避免不必要的重复，笔者在此并不细致剖析具体法律关系的内部构造，将在下文分别述之。

远程医疗民事法律关系与传统民事法律关系的区别主要包含以下三方面：其一，远程医疗民事法律关系的主体相较于传统民事法律关系主体更为复杂、多元，前者涉及邀请方医疗机构（H_1）、受邀方医疗机构（H_2）、患者（P）、第三方平台（P_1）等纷繁复杂的法律关系主体，且该等主体在不同的远程医疗应用场景下会呈现出某一主体吸收另一主体人格的情形，而后者主体相较于前者较为单一且某一主体身份通常不因被另一主体吸收而灭失；其二，远程医疗民事法律关系的内容聚焦于合同、侵权和缔约过失法律关系，其内涵及范围远小于传统民事法律关系；其三，远程医疗民事法律关系的主要客体为远程医疗服务给付，形式为行为，旨在为患者（P）提供优质、公平的医疗服务，传统民事法律关系的客体可为物、行为、人身利益、智力成果等多重形式，前者主要客体的内涵远小于后者。

三、远程医疗民事法律关系中的患者权益保护

在2019年《基本医疗卫生与健康促进法》和2020年《民法典》出台之前，尽管我国的医事法经历了数十年的发展已经初步建立起框架体系，但是并不完善，其中一个典型的例证就是患者的权利在绝大多数情况下并未从正面加以规定，而是通过医疗机构及其医务人员的义务反推患者享有哪些权利。我国并没有如美国、芬兰、比利时、丹麦、冰岛、罗马尼亚、拉脱维亚、塞浦路斯、伊朗等国家一样采取患者权利单独立法的模式。[1]我国《民法典》从自然人民事权利的角度对患者的权利进行了规定，人格权独立成编的体例创新和侵权责任编医疗损害责任的完善，不仅体现了对

---

〔1〕 参见刘炫麟：《公民健康权利与义务立法研究——兼评〈基本医疗卫生与健康促进法（草案）〉第2章》，载《法学杂志》2018年第5期。

患者人格尊严的重视，而且增强了对患者权利的保障。在远程医疗中，尽管传统的生命权、健康权、身体权、肖像权、名誉权等民事权利的尊重和保护非常重要，亦会贯穿于合同法律关系、侵权法律关系甚至缔约过失法律关系之中，但与线下医疗场景相差不大。有两项权利需要在此专门探讨：一是知情同意权，二是隐私权和个人信息保护，这与远程医疗需要借助网络等信息化技术才能实现密切相关。此外，专门探讨也避免了在后文需要分别论述的重复。

（一）知情同意权

知情同意是医疗活动中的一项基本规则，离开了患方的知情同意，医疗行为就失去了其合法基础。知情同意规则在维护患者生命健康权益的同时，更重要的是体现了对患者个人自主和尊严的尊重，对于缓解医患矛盾、重建医患信任、解决医疗纠纷、建立和谐医患关系等都具有重要的制度意义。[1]

1. 远程医疗知情同意的相关规定

我国《民法典》第1219条规定，“医务人员在诊疗活动中应当向患者说明病情和医疗措施。需要实施手术、特殊检查、特殊治疗的，医务人员应当及时向患者具体说明医疗风险、替代医疗方案等情况，并取得其明确同意；不能或者不宜向患者说明的，应当向患者的近亲属说明，并取得其明确同意。医务人员未尽到前款义务，造成患者损害的，医疗机构应当承担赔偿责任”。这是我国《民法典》关于知情同意权的规定，2021年制定的《医师法》，作出了与我国《民法典》相似的规定。2018年出台的《远程医疗服务管理规范（试行）》明确要求，“邀请方应当根据患者的病情和意愿组织远程医疗服务，并向患者说明远程医疗服务内容、费用等情况，征得患者书面同意，签署远程医疗服务知情同意书。不宜向患者说明病情的，应当征得其监护人或者近亲属书面同意”。2014年出台的《国家卫生计生委关于推进医疗机构远程医疗服务的意见》规定，“邀请方应当向患者充分告知并征得其书面同意，不宜向患者说明的，须征得其监护人

〔1〕 参见姚建红主编：《卫生法与卫生政策》，中国协和医科大学出版社2022年版，第112页。

或者近亲属书面同意”。贵州等各省市的立法中，也要求医疗机构在启用远程医疗时，需要征得患者（P）的知情同意。由此可见，我国并未将远程医疗作为一般的医疗行为对待，而是将其作为一种特殊的医疗行为对待，相应地，邀请方医疗机构（H_1）也就负有超越一般说明义务的特殊说明义务，即需要在说明病情和医疗措施的基础上，具体说明医疗风险、替代医疗方案等情况。

2. 远程医疗知情同意权的主体

2010 年卫生部发布的《病历书写基本规范》第 23 条规定，“手术同意书是指手术前，经治医师向患者告知拟施手术的相关情况，并由患者签署是否同意手术的医学文书。内容包括术前诊断、手术名称、术中或术后可能出现的并发症、手术风险、患者签署意见并签名、经治医师和术者签名等”。由此可见，手术同意书赋予了患者签字与否的选择权，患者签名代表患者对手术风险、诊疗手段等医疗信息的知悉，亦系医生履行告知义务的重要证明。此外，《民法典》第 1220 条规定，“因抢救生命垂危的患者等紧急情况，不能取得患者或者其近亲属意见的，经医疗机构负责人或者授权的负责人批准，可以立即实施相应的医疗措施”。《病历书写基本规范》第 10 条第 1 款规定，“对需取得患者书面同意方可进行的医疗活动，应当由患者本人签署知情同意书。患者不具备完全民事行为能力时，应当由其法定代理人签字；患者因病无法签字时，应当由其授权的人员签字；为抢救患者，在法定代理人或被授权人无法及时签字的情况下，可由医疗机构负责人或者授权的负责人签字”。对于需取得患者书面同意方可进行的医疗活动，医疗机构负责人在紧急情况下为保护患者的健康权，未经患者知情同意实施的医疗活动不构成侵权。《病历书写基本规范》第 8 条亦规定病历应当按照规定的内容书写，并由相应医务人员签名。医务人员签名的效力不仅是对医院诊疗过程的记录，同时也是对诊疗行为的监督与再确认，最大限度地保证诊疗行为记录的完整性、管理的合理性和事后的可追溯性。

远程医疗知情同意权的主体通常为患者本人，但前提必须是该患者具有完全民事行为能力。在实践中也存在一定的例外，因为有的患者尽管是完全民事行为能力人，但是因为暂时陷入昏迷状态等情形而无法向其说明，此时就要征求其近亲属的意见。按照我国《民法典》第 1045 条第 2

款的规定，“配偶、父母、子女、兄弟姐妹、祖父母、外祖父母、孙子女、外孙子女为近亲属”。当患者为无民事行为能力人或者限制民事行为能力人时，远程医疗知情同意权的主体一般是患者的监护人。需要注意的是，前述情况均属“不能”向患者说明的情形，我国《民法典》重点区分与之不同的“不宜”情形，主要是指如果邀请方医疗机构向患者说明情况可能导致患者产生悲观、恐惧、心理沉重负担，从而不利于治疗，此时就不宜向患者说明，而是应当直接向患者的近亲属说明，并征得近亲属的同意。[1]

3. 远程医疗知情同意的内容

当前，由于法律法规、规章以及地方性立法没有规定或者规定得较为原则，使得各邀请方医疗机构使用的远程医疗知情同意书的内容各不相同，有的规定得较为简单。例如，山东省滨州市某县人民医院远程会诊知情同意书中，除记录了患者的姓名、性别、年龄、科别、住院号等一般信息之外，主要规定了医疗纠纷责任主体的约定，即由邀请方医疗机构（H_1）负责，与受邀方医疗机构（H_2）无关。有的规定得较为详细。例如，广西壮族自治区某市人民医院制定的远程医疗服务知情同意书即为适例，其除记录了患者（P）的姓名、性别、年龄、会诊编号等一般信息之外，首先对远程医疗的意义和流程进行了说明，其次从点名特需专家风险、点名专家或特需专家风险、不点名专家风险、特殊风险等几个方面对申请远程医疗业务时存在的风险进行了全面而具体地说明，最后对双方主体的权利义务进行了告知，包括邀请方医疗机构（H_1）对患者（P）隐私和个人信息的保护约定、患者（P）及家属的如实告知义务、远程会诊流程的告知情况、会诊专家与参诊医师在学术讨论过程中患者（P）及其近亲属的暂时回避义务、违约会诊费用的约定等。

（二）隐私权和个人信息保护

1. 隐私权和个人信息的分类保护

我国《民法典》将人格权独立成编，一个很重要的目的就是给包括患

[1] 参见黄薇主编：《中华人民共和国民法典释义及适用指南》，中国民主法制出版社 2020 年版，第 1862 页。

者在内的自然人提供更为周全的人格权保护，更加重视人格平等、人格尊严、人格自由。我国《民法典》在人格权编中将隐私权和个人信息保护作为专章规定，此外，《基本医疗卫生与健康促进法》《医师法》《传染病防治法》《护士条例》《乡村医生从业管理条例》《医疗纠纷预防和处理条例》《医疗机构管理条例》《远程医疗服务管理规范（试行）》等法律法规均十分重视患者的隐私权和个人信息保护问题，我国于2021年11月1日实施的《个人信息保护法》第28条进一步将医疗健康信息归为“敏感信息”，明确要求“只有在具有特定的目的和充分的必要性，并采取严格保护措施的情形下，个人信息处理者方可处理敏感个人信息”。由此可见，我国对患者医疗健康信息实施了更加严格的保护，在远程医疗所涉时间及空间范围内，包括患者所在的场所、受邀医疗机构场所以及任何涉及数据传输的途径，患者医疗健康信息都须得到保护。[1]

需要注意的是，我国对隐私权的保护和个人信息的保护既存在一定的联系，也存在一定的差别。个人信息受到保护的权利是一种新型的民事权利，与隐私权一样，都体现了一种人格利益，若被披露都有可能产生侵权。此外，有些信息既构成隐私，又属于个人信息，正是在这个意义上，我国《民法典》第1034条第3款规定，“个人信息中的私密信息，适用有关隐私权的规定；没有规定的，适用有关个人信息保护的规定”。隐私权的客体主要限于私密信息，是一种精神性人格权，其主要内容包括私人生活安宁、个人秘密不被公开、个人私生活自主决定等，主要表现为消极防御权利，而个人信息的客体并不限于私密信息，有的已经在一定范围内公开，其表现为一种综合性权利而不局限于精神性人格权，强调对个人信息的支配和自主决定，其不仅包括权利人受到侵害时可以要求停止侵害或者排除妨碍，亦包括要求更新、更正等救济方式。[2] 综上所述，有关个人信息保护的规定，除了适用《民法典》的规定外，更多地需要适用具有特别法地位的《个人信息保护法》的相关规定，而隐私权主要适用我国《民法典》及其司法解释和健康法的相关规定。由于我国对远程医疗、互联网

---

〔1〕 参见刘炫麟、刘思伽：《远程医疗及其法律规制研究》，载《中国医学伦理学》2017年第11期。

〔2〕 参见王利明主编：《民法》（第8版），中国人民大学出版社2020年版，第376－377页。

医疗等贯彻的是“线上线下一致”原则，因此有关患者的隐私权和个人信息保护的条款成为相关业务主体的法定义务或者约定义务，以不同的条款列入合同文本之中。

2. 隐私权和个人信息保护的内容

《远程医疗服务管理规范（试行）》明确规定，参与远程医疗运行的各方应当加强信息安全和患者隐私保护，防止违法传输、修改，防止数据丢失，建立数据安全管理规程，确保网络安全、操作安全、数据安全、隐私安全。同时要求地方各级卫生健康行政部门加强对辖区内医疗机构提供远程医疗服务的监督管理，将远程医疗服务纳入当地医疗质量控制体系，确保远程医疗服务质量和安全。正是因为上述规定，在远程医疗中，不仅各主体相互之间的合同法律关系（详见本章第2节）中通常具有隐私权和个人信息保护的内容，而且在患者（P）的知情同意书中亦有涉及。随着数据资源价值的提升，一方面，患者（P）对数据资源的权利意识有了显著提高；另一方面，邀请方医疗机构（H_1）、受邀方医疗机构（H_2）尤其是第三方平台（P_1）、设备供应商（Equipment Providers，简称EP）对数据的挖掘和利用也有更高的需求。由于立法的滞后，有关个人隐私的保护和个人信息的处理，可以根据在遵循相关强制性规定的情况下进行个性化的约定。调研发现，在邀请方医疗机构（H_1）与受邀方医疗机构（H_2）签订的远程医疗服务/合作协议中，明确约定受邀方医疗机构（H_2）要建立健全远程医疗服务相关制度，完善医疗安全保障措施，确保患者（P）的隐私和个人信息安全，并将该条款置于十分重要的位置，有的将其置于受邀方医疗机构（H_2）首要义务的显著位置。不过，从整体上看，合同约定的内容仍十分粗疏，是否构成违约，还要结合案件的具体情况进行个案判断。邀请方医疗机构（H_1）、受邀方医疗机构（H_2）均负有妥善保管患者（P）病历资料的义务，并将其分别归档。

医疗数据具有巨大的商业价值，医疗数据的共享有利于临床诊疗、降低患者医疗成本和医院管理成本，对国家乃至全球的疾病防控、新药研制和顽疾攻克都有着巨大的价值，有助于提升国民健康水平和促进经济发展。同时伴随大数据分析、大模型训练技术的发展，可以将医疗数据（如病历记录、遗传病史等）与其他来源的个人数据（如饮食习惯、娱乐方式等）相结合，对可能的疾病影响因素进行分析，有针对性地提出精准、有效的疾病预防建议；大数据、信息技术的发展亦有助于医疗机构获取重要的研究信息，并在此基础上与医疗数据相结合，推动医疗机构新药研发、诊疗技术改进，提升其科研管理水平和管理效率。[1] 然而，医疗数据安全关系到患者隐私、技术研发等重要、敏感领域，一旦发生数据泄露将对患者群体、社会稳定乃至国家安全造成严重影响。远程医疗活动以互联网为依托，在互联网环境下，患者的个人信息、隐私等医疗数据易被黑客攻击、窃取、泄露，进而引发数据安全隐患。大数据、信息网络技术的冲击，使远程医疗活动中攻击医疗数据的手段变得更加复杂和隐蔽，窃取数据和篡改数据的行为愈加频繁。同时，医疗机构之间的数据共享和第三方平台的广泛参与，进一步扩大了数据在传输、使用、加工、提供等处理活动中存在的违规使用、数据滥用、恶意篡改、数据泄露等安全风险。在远程医疗活动中，除患者（P）和邀请方医疗机构（H_1）外，还包括受邀方医疗机构（H_2）、第三方平台（P_1），医疗数据的接触主体较多，这导致患者隐私数据泄露的风险大为增加，如“卓健科技”等第三方挂号平台的短信服务供应商泄露平台用户的挂号信息，严重危害了我国的医疗数据安全。因此，做好医疗数据的安全防护至关重要。

在我国，根据《个人信息保护法》《数据安全法》《国家健康医疗大数据标准、安全和服务管理办法（试行）》的规定，邀请方医疗机构和受邀方医疗机构作为健康医疗大数据的处理者，应当根据自己处理健康医疗大数据的目的、方式、权益影响程度、潜在风险等，制定内部管理制度和操作流程、操作权限，对患者信息进行分级分类管理，并采取相应的加密、去标识化等安全技术措施。

首先，邀请方医疗机构（H_1）和受邀方医疗机构（H_2）具有数据处理的安全保障义务，必须采取必要的安全措施，保障医疗数据的安全性和保密性。具体而言，应当制定并执行严格的数据安全保护制度和操作规程，采取合理的技术和管理措施，确保医疗数据不被非法获取、篡改或者泄露；对重要医疗数据进行备份，以防止数据丢失或损坏；对涉及患者

---

〔1〕 参见高富平：《论医疗数据权利配置——医疗数据开放利用法律框架》，载《现代法学》2020年第4期。

（P）隐私的医疗数据进行加密处理，以确保数据的安全性。其次，邀请方医疗机构（H_1）和受邀方医疗机构（H_2）具有数据泄露报告义务，必须建立健全数据泄露报告制度，以便在发生数据泄露事件后，能立即启动应急预案，采取必要的补救措施，防止事态扩大。再次，邀请方医疗机构（H_1）和受邀方医疗机构（H_2）应严格规范对患者（P）医疗数据的使用。具体而言，应明确约定各自对医疗数据的使用方式、使用目的、风险处置、监督删除等事项，细化医疗数据提供的范围、目的、方式等规定，推动医联体数据合规共享，共同抵御人工智能、大数据、信息技术发展导致的医疗数据违规利用、肆意篡改、恶意泄露及窃取的风险，促进多主体健康权保障与多机构数据众益保护。[1] 最后，邀请方医疗机构（H_1）和受邀方医疗机构（H_2）负有对第三方平台（P_1）使用医疗数据的监管义务。具体而言，邀请方医疗机构（H_1）和受邀方医疗机构（H_2）应当对内部人员和外部第三方平台（P_1）使用医疗数据进行授权管理，并明确其使用范围和权限，对重要医疗数据进行加密处理，以防止数据被非法获取或篡改，同时应当加强对第三方平台（P_1）使用医疗数据的监管，防止数据泄露事件的发生。此外，国家卫生健康主管部门应依据《国家健康医疗大数据标准、安全和服务管理办法（试行）》第 5 章的规定，加强对医疗数据的监督管理和监督评估，会同相关部门建立健康医疗大数据安全管理工作责任追究制度，积极履行法定义务，推动网络安全防护的建立、系统互联共享、公民隐私保护。

第三方平台（P_1）虽不直接参与远程诊疗活动，但由于其“居间”媒介功能，不可避免地会收集、储存、使用和提供患者（P）重要的个人信息，如账户密码、物流信息、购药信息等。第三方平台（P_1）需履行对患者（P）信息的保护义务，包括但不限于加密通信、访问控制、数据备份和恢复等手段，防止未经授权访问、使用、修改或披露患者（P）信息。同时也需遵循合法性和透明性原则，明确告知患者（P）医疗数据的处理目的、方式和范围，对医疗数据的处理应当基于患者（P）的明确同意或其他法定依据。第三方平台（P_1）仅收集和处理必要的个人信息，并且在

---

〔1〕 参见任颖：《医疗数据使用权的理论证成与立法平衡》，载《法学评论》2024 年第 4 期。

达到处理目的后及时删除或匿名处理。

第二节 远程医疗中的合同法律关系

远程医疗中的合同法律关系不仅多元，而且复杂，一个很重要的原因就是远程医疗服务的形态较多，如第 3 章中所述，其服务项目包括远程病理诊断、远程医学影像（含影像、超声、核医学、心电图、肌电图、脑电图等）诊断、远程监护、远程会诊、远程门诊、远程病例讨论及省级以上卫生健康行政部门规定的其他项目。因此，要厘清和剖析远程医疗中的合同关系，应当立足于远程医疗的具体类型分别讨论，否则就会失去讨论的共同基础，难以得出较为妥适的结论。当前，学术界对远程医疗法律关系尤其是合同法律关系的讨论主要集中在远程会诊，对远程医疗其他类型的讨论严重不足，这在一定程度上限制了对远程医疗中合同法律关系的深入探究，难以为临床医疗实践和司法裁判提供必要的指导和参考，亟须加以改变。

一、远程病理诊断中的合同法律关系

（一）合同法律关系主体

在远程病理诊断中，其民事主体主要有四个：一是作为自然人的患者（P），而且通常来说患者（P）具有完全民事行为能力或者相应的民事行为能力，当患者（P）为无民事行为能力人或者不具有相应的民事行为能力时，参与合同法律关系的民事主体（合同当事人一方）为无民事行为能力患者的法定代理人，即监护人。理由是，根据我国《民法典》第 20 条和第 21 条的规定，不满 8 周岁的未成年人和不能辨认自己行为的成年人均为无民事行为能力人，由其法定代理人代理实施民事法律行为。根据我国《民法典》第 19 条和第 22 条的规定，8 周岁以上的未成年人、不能完全辨认自己行为的成年人均为限制民事行为能力人，实施民事法律行为由其法定代理人代理或者经其法定代理人同意、追认。此外，根据我国《民法典》第 23 条的规定，无民事行为能力人、限制民事行为能力人的监护人是其法定代理人。二是邀请方医疗机构（H_1）。三是受邀方医疗机构

(H_2)。之所以不涉及两种类型医疗机构的医务人员，是因为我国医务人员需要按照《基本医疗卫生与健康促进法》《医师法》《医疗机构管理条例》等法律法规的规定注册在医疗机构方能执业，因此其对外不具有独立的民事主体资格或者法律地位，其所提供的诊疗服务实际上是其履行职务行为的表现，本质上仍然是医疗机构在履行相应的义务，其权利和责任亦主要由医疗机构享有和承担。四是第三方平台（P_1），该平台的核心功能是在邀请方医疗机构（H_1）与受邀方医疗机构（H_2）之间提供远程病理诊断的技术服务，确保远程医疗完好地实现。

在上述四个民事主体中，患者（P）和第三方平台（P_1）并非必须独立存在。在远程病理诊断中，未必需要患者（P）的实际参与，它的基础原型重点描述的是邀请方医疗机构（H_1）和受邀方医疗机构（H_2）之间的关系（如图5－1所示）。远程病理诊断的第三方平台有的由医疗机构自建，此时，该平台就会和其中一方的医疗机构在主体上实现重合，有的由第三方建设和运营并提供服务，此时它的民事主体地位将独立于邀请方医疗机构（H_1）和受邀方医疗机构（H_2）。实践中，除少部分医疗机构自建和运营平台之外，大部分是由第三方主体提供远程病理诊断平台的技术服务，[1] 以实现各司其职、各施所长的目标，不仅有助于提高医疗专业化水平，而且有利于大幅降低医疗成本，促进同质医疗服务的可及性和可负担性。

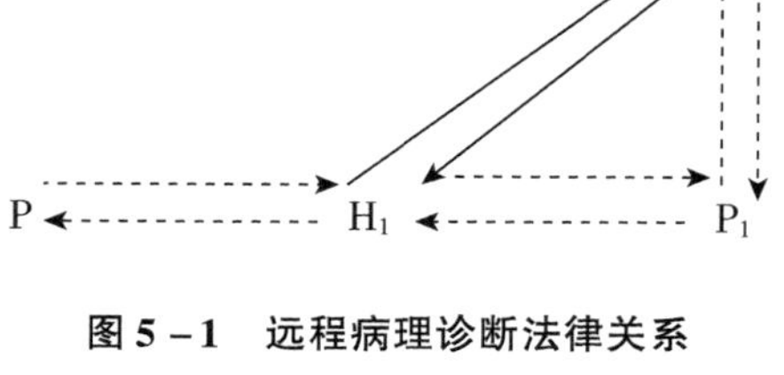

图5－1　远程病理诊断法律关系

〔1〕 在第1章第2节“远程医疗纠纷的典型案例”中，案例“鄂尔多斯某医院与全科联盟某公司服务合同纠纷案”就是由邀请方医疗机构（H_1）和受邀方医疗机构（H_2）之外的第三方平台（P_1）即全科联盟某公司提供技术服务。

（二）合同法律关系的具体类型、内容与客体

1. 合同法律关系的具体类型

（1）患者（P）与邀请方医疗机构（H_1）之间的合同法律关系

患者（P）与邀请方医疗机构（H_1）之间通常成立医疗服务合同法律关系。在远程医疗中，患者（P）通过就诊的真实意思表示，向邀请方医疗机构（H_1）发出请求治疗的要约，而邀请方医疗机构（H_1）通过接受挂号为患者（P）诊治作出承诺，邀请方医疗机构（H_1）作出承诺之时为医疗服务合同法律关系成立且生效的时点。[1] 我国《民法典》第3编规定了合同，并设有3个分编，分别为通则、典型合同、准合同。所谓典型合同，是指法律上已经规定了一定的合同名称，并设定了相关规则的合同。与之相对的是非典型合同，学界也称为无名合同，是指法律没有规定一定名称和相关规则的合同。在《民法典》编纂过程中，关于医疗合同是否应当典型化的问题，曾经引起了一定的争论，[2] 但是由于医疗合同关系相对复杂，而且近些年来医患关系较为紧张，一方面《民法典》制定的时间要求非常紧迫，难以在短期内在医疗服务合同的具体规则上达成共识；另一方面则担心如果制定的制度规则有失公允或者妥当，不但不能实现缓解原本紧张的医患关系的目标，反倒有进一步加剧的可能。因此，立法机关在综合考量之下，在《民法典》编纂时没有将医疗服务合同典型化，而是继续将其作为非典型合同存在，继续由司法机关积累经验。将医疗服务合同进行典型化或者集中规定，世界上已经存在相应的范例，如《荷兰民法典》吸收了《荷兰医疗服务法案》的相关规定，将医疗服务合同规定在民法典之中；《德国民法典》在第2编债务关系法中规定了医疗合同；《欧洲示范民法典草案》在第4卷第3编（服务合同）中规定了医疗合同。[3] 总之，无论我国未来是否将医疗服务合同典型化，均不影响

---

〔1〕参见滕泉、杨逢柱：《远程医疗民事法律风险问题研究》，载《中国卫生法制》2023年第2期。

〔2〕参见刘炫麟：《民法典编纂与医疗合同典型化》，载《法治研究》2019年第3期。

〔3〕参见［德］巴尔、［英］克莱夫主编：《欧洲私法的原则、定义与示范规则：欧洲示范民法典草案》（第4卷），于庆生等译，法律出版社2014年版，第630－707页。

患者（P）与邀请方医疗机构（H_1）之间成立医疗服务合同法律关系。

患者（P）与邀请方医疗机构（H_1）之间成立医疗服务合同法律关系，本质上是一种医疗服务关系，患者（P）向邀请方医疗机构（H_1）提供相关临床资料和病理资料，也可以在没有任何上述资料的情况下，由邀请方医疗机构（H_1）通过诊查获得相应的资料，这是邀请方医疗机构（H_1）主动诊查的结果。实践中，还存在另外两种更为重要的情形：一是在征得患者（P）同意的情况下，邀请方医疗机构（H_1）按照受邀方医疗机构（H_2）的建议为患者（P）进行诊查，进而形成相应的临床资料和病理资料。二是受邀方医疗机构（H_2）在邀请方医疗机构（H_1）已经为患者（P）进行了一部分诊查的基础上，建议其补充诊查相关项目。无论是上述三种情形中的哪一种，其根本目的都在于提高诊断的准确性，以最大限度地避免误诊现象出现。至于患者（P）是否属于首诊，在所不论。

随着疾病谱的变化，一些新型的疾病陆续涌现，原有的疾病类型也发生了一些变化，这对广大医务工作者提出了严峻挑战。尽管其可以通过教育和培训进行一定的自我知识上或者技术上的弥补，但并不能完全应对和彻底解决变化的疾病。此外，由于我国医疗机构尤其是基层医疗机构的服务能力有限，其对一些疾病的诊断能力存在一定的欠缺，此时迫切需要通过一种便捷高效的技术手段寻求高水平医疗机构及其专家的帮助和指导，而远程医疗就具备这一角色功能。具体分为两种应用场景：一种是患者（P）在场，邀请方医疗机构（H_1）与受邀方医疗机构（H_2）进行远程病理诊断，但通常要求邀请方医疗机构（H_1）事前告知受邀方医疗机构（H_2）；另一种是患者（P）不在场，但是诊疗关系并没有结束，邀请方医疗机构（H_1）与受邀方医疗机构（H_2）进行远程医疗。需要注意的是，上述两种情形均需要征得患者（P）的知情同意，否则远程病理诊断将因为欠缺患者（P）的知情同意而不能进行。

有疑问的是，当患者（P）与邀请方医疗机构（H_1）之间的诊疗关系已经结束时，邀请方医疗机构（H_1）与受邀方医疗机构（H_2）能否针对某一患者（P）的临床资料和病理资料进行远程病理诊断？我国现行法律法规及其他规范性文件没有作出直接规定。笔者认为，应当区分两种情况分别对待：第一，如果没有患者（P）的知情同意，那么邀请方医疗机构

（H_1）无权将患者（P）的临床资料和病理资料提供给受邀方医疗机构（H_2），此时受邀方医疗机构（H_2）应当进行必要的事前审查，如果欠缺患者（P）的知情同意书，就不应当提供相应的服务，此时远程病理诊断已不具备合法性的前提。关于这一点，无论是患者（P）按照自身的意愿主动申请远程病理诊断，还是邀请方医疗机构（H_1）根据患者（P）的病情需要拟启动远程病理诊断，均可适用。第二，如果邀请方医疗机构（H_1）对患者（P）的临床资料和病理资料进行了匿名化处理，然后提供给受邀方医疗机构（H_2），希望受邀方医疗机构（H_2）能够给予必要的指导和帮助，此时是否还需要征得患者（P）的知情同意？笔者认为，此时并不需要。因为按照我国《个人信息保护法》第 4 条的规定，“个人信息是以电子或者其他方式记录的与已识别或者可识别的自然人有关的各种信息，不包括匿名化处理后的信息”。尽管患者（P）的临床资料和病理资料属于医疗健康信息，属于法律上规定的敏感信息，但是进行匿名化处理之后，已经无法识别出患者（P）本人，对患者（P）几乎不会构成任何风险，且此时仅具科研目的而非商业目的，具有公益性，因而并不需要患者（P）的知情同意即可进行相应的信息处理。这样的制度安排有利于邀请方医疗机构（H_1）医务人员技术水平的提高，最大限度地避免误诊，这对于保障公民的生命健康权益而言，具有重要意义，这亦是为何笔者认为在远程病理诊断中患者（P）并非一定出现的原因。

（2）邀请方医疗机构（H_1）与受邀方医疗机构（H_2）之间的合同法律关系

邀请方医疗机构（H_1）与受邀方医疗机构（H_2）之间是否存在合同法律关系？如果存在，二者之间构成何种类型的合同法律关系？关于这一问题，学术界关注不足，且尚未形成一致意见。根据我国《远程医疗服务管理规范（试行）》的规定，医疗机构之间直接或通过第三方平台（P_1）开展远程医疗服务的，要签订远程医疗合作协议，约定合作目的、合作条件、合作内容、远程医疗流程、各方责任权利义务、医疗损害风险和责任分担等事项。合作协议可以电子文件形式签订。这种合作协议是一种包含双方权利义务关系的合意，且不违反法律的强制性规定，因此应当成立一种合同法律关系。难点在于，邀请方医疗机构（H_1）与受邀方医疗机构

（H_2）存在何种具体的合同法律关系？这是当前学术界尚未完全解决的问题。

①主要分歧

有的学者认为，邀请方医疗机构（H_1）与受邀方医疗机构（H_2）之间存在法律上的咨询关系，理由是1999年颁布的《卫生部关于加强远程医疗会诊管理的通知》曾规定，“会诊医师与申请会诊医师之间的关系属于医学知识的咨询关系，而申请会诊医师与患者之间则属于通常法律范围内的医患关系”。[1] 尽管该部门规章已被废止，但是并不影响邀请方医疗机构（H_1）与受邀方医疗机构（H_2）之间民事法律关系的定性。有的学者认为，邀请方医疗机构（H_1）与受邀方医疗机构（H_2）之间存在转委托法律关系，理由是相对于患者（P）与邀请方医疗机构（H_1）之间的基础法律关系，邀请方医疗机构（H_1）与受邀方医疗机构（H_2）之间形成转委托关系。该转委托关系的建立以患者（P）知情同意为前提，因此二者之间的转委托关系并没有突破邀请方医疗机构（H_1）与患者（P）之间的基础法律关系。[2] 有的学者认为，邀请方医疗机构（H_1）与受邀方医疗机构（H_2）之间存在医疗合作法律关系，理由是此种情形下，患者（P）与邀请方医疗机构（H_1）、受邀方医疗机构（H_2）之间分别成立医疗服务合同，邀请方医疗机构（H_1）与受邀方医疗机构（H_2）以医疗合作的方式对患者（P）进行诊治。有的学者认为，上述观点均存在一定的偏颇，主张进行一定的区分。具体而言，就是按照受邀方医疗机构（H_2）参与邀请方医疗机构（H_1）医疗活动的程度进行分类：如果受邀方医疗机构（H_2）参与邀请方医疗机构（H_1）医疗活动的程度较浅，那么邀请方医疗机构（H_1）与受邀方医疗机构（H_2）之间仅成立医疗技术咨询服务合同关系；如果受邀方医疗机构（H_2）参与邀请方医疗机构（H_1）医疗活动的程度较深，那么邀请方医疗机构（H_1）与受邀方医疗机构（H_2）

〔1〕参见刘建炜、杨晓文、许友侨：《我国远程医疗领域中有关法律问题的研究》，载《中国卫生法制》2015年第4期。另可参见田威、孙佩佩：《论一般远程医疗服务中的法律关系》，载《医学与法学》2016年第1期。

〔2〕参见司文洁：《远程医疗的法律属性及民事责任》，载《医学信息学杂志》2017年第4期。

之间成立转委托关系和居间合同关系。[1] 上述四种观点在当前的学术研究中尚未形成主流观点，仍处于需要进一步探讨的阶段。

②观点评析

首先，在我国现行的法律框架下，远程病理诊断作为远程医疗的一种重要类型，其必须发生在两个医疗机构（邀请方医疗机构与受邀方医疗机构）之间，其民事法律关系也存在于两个医疗机构之间，而非两个医疗机构的医务人员之间。两个医疗机构的医务人员所从事的医疗活动均属于职务行为，对外不具有独立性，因此不具备独立的合同法律关系的主体地位。由此可见，《卫生部关于加强远程医疗会诊管理的通知》曾将医学知识的咨询关系界定为会诊医师与申请会诊医师之间的关系、将医患关系界定为申请会诊医师与患者之间的关系是不准确的，其实质就是混淆了民事法律关系的主体。由于医务人员在执行职务行为时属于“单位人”，在对外的法律关系上，其人格和行为被医疗机构的人格所吸收。此外，《卫生部关于加强远程医疗会诊管理的通知》主要是针对远程会诊法律关系的界定，并不能直接适用于远程病理诊断法律关系，除非能够证明二者在法律上的构造具有实质上的相似性，但是学者在涉及这一问题的时候，几乎没有完成这一论证。

其次，委托合同是指委托人和受托人约定，由受托人处理委托人事务的合同。转委托是指受托人再选任受托人的委托。[2] 我国《民法典》第923条规定，“受托人应当亲自处理委托事务。经委托人同意，受托人可以转委托”。笔者认为，将邀请方医疗机构（H_1）与受邀方医疗机构（H_2）之间界定为转委托合同法律关系并不妥当，它无法或者不能较好地解释以下两个方面的问题：一是转委托的前提是先前存在一个委托合同法律关系，因此首先必须将患者（P）与邀请方医疗机构（H_1）之间定性为委托法律关系，才能实现逻辑自洽；二是患者（P）、邀请方医疗机构（H_1）、受邀方医疗机构（H_2）均是相互独立的民事主体，任意二者之间并不能满足对另外一方的指示、监管，医疗活动的专业性更是切断了这样一种可

---

〔1〕 参见杨添淇：《我国远程医疗民事法律问题探究》，贵州大学2021年硕士学位论文，第23－26页。

〔2〕 参见江平主编：《民法学》（第4版），中国政法大学出版社2019年版，第691－692页。

能，邀请方医疗机构（H_1）、受邀方医疗机构（H_2）主要是按照患者（P）的病情资料作出判断，由于医疗活动具有未知性、风险性和不确定性等特点，邀请方医疗机构（H_1）与受邀方医疗机构（H_2）并不承诺具体的结果，因而其属于典型的手段义务而非结果义务。此外，邀请方医疗机构（H_1）没有将相应的医疗事务转委托给受邀方医疗机构（H_2），而是旨在寻求一种更为妥适的诊疗方案，其主要事务仍然在邀请方医疗机构（H_1）内完成。在转委托中，委托人可以向次委托人发布指示，但是在远程病理诊断中，患者（P）显然是无法发布这一指示的，这亦与转委托的法律构造不符。在远程病理诊断中，虽然也需要患者（P）的知情同意，但是患者（P）同意的重心是诊疗方式的选择，其仍可行使拒绝权而通过线下前往其他医疗机构就诊，而其选择远程病理诊断的方式之后，则是通过邀请方医疗机构（H_1）与受邀方医疗机构（H_2）之间的协议进行约束或者规制。例如，国家卫生计生委于 2014 年发布的《关于推进医疗机构远程医疗服务的意见》曾明确规定，“医疗机构之间开展远程医疗服务的，要签订远程医疗合作协议，约定合作目的、合作条件、合作内容、远程医疗流程、双方权利义务、医疗损害风险和责任分担等事项”。2018 年发布的《远程医疗服务管理规范（试行)》规定，“医疗机构间直接或通过第三方平台开展远程医疗服务的，要签订远程医疗合作协议，约定合作目的、合作条件、合作内容、远程医疗流程、各方责任权利义务、医疗损害风险和责任分担等事项。合作协议可以以电子文件形式签订”。这两个文件为远程医疗合作协议的内容提供了指引。

再次，根据我国《民法典》第 878 条的规定，技术咨询合同是当事人一方以技术知识为对方就特定技术项目提供可行性论证、技术预测、专题技术调查、分析评价报告等所订立的合同。《最高人民法院关于审理技术合同纠纷案件适用法律若干问题的解释》第 33 条规定，“民法典第八百七十八条第二款所称‘特定技术问题’，包括需要运用专业技术知识、经验和信息解决的有关改进产品结构、改良工艺流程、提高产品质量、降低产品成本、节约资源能耗、保护资源环境、实现安全操作、提高经济效益和社会效益等专业技术问题”。在远程病理诊断中，并不涉及这里的“特定技术问题”，其主要是对患者（P）的临床资料和病理资料进行诊断，因此不应将远程病理诊断定性为技术咨询合同法律关系，二者在内容上存在显著差别。

最后，我国自1999年《合同法》颁布以来，一直使用的是居间合同，具有明显的学理特色，在《民法典》编纂过程中，为了在立法语言上更加通俗化，弃“居间合同”而采“中介合同”，但二者含义基本相同，均是指双方当事人约定一方为他方报告订立合同的机会或者提供订立合同的媒介服务，他方给付报酬的合同。中介合同的主体具有一定的特殊性，一些法律法规或者规章等规范性文件对中介人的资格作出一定限制，要求其具有相应的知识、能力和从业条件，且通常需要具有经纪人资格。[1] 在远程病理诊断中，一是邀请方医疗机构（H_1）不可能充当中介人的角色，一方面其与患者（P）之间不存在为患者（P）报告订立合同机会或者提供订立合同媒介服务的约定，另一方面也与邀请方医疗机构（H_1）自身从事医疗卫生事业具有公益属性相悖；二是邀请方医疗机构（H_1）的报酬所得不是基于邀请方医疗机构（H_1）为患者（P）报告订立合同机会或者提供订立合同媒介服务，而是基于邀请方医疗机构（H_1）提供现实的医疗服务后，患者（P）所作出的对待给付。通常而言，邀请方医疗机构（H_1）不具有特定的中介人资格。因此，在远程病理诊断中，将患者（P）、邀请方医疗机构（H_1）、受邀方医疗机构（H_2）之间描述为居间合同法律关系具有一定的局限性，尚未合理地解释三者之间的权利义务关系。

③结论

邀请方医疗机构（H_1）、受邀方医疗机构（H_2）之间存在相应的医疗合作法律关系，但这是针对整个远程医疗而言的，具体到远程病理诊断场景之中，其与合作强调的双向输出不同，其重心是强调受邀方医疗机构（H_2）对邀请方医疗机构（H_1）单向输出，即尽管邀请方医疗机构（H_1）的医务人员也会参与讨论，但主要是听取受邀方医疗机构（H_2）对患者（P）的临床资料和病理资料的意见及建议，这是由远程医疗中各医疗机构的层次和专业优势所决定的。需要注意的是，现实中也有互具优势的医疗

〔1〕 参见王利明主编：《民法》（第8版），中国人民大学出版社2020年版，第335页。

机构之间存在远程医疗合作的情况，这种情况下虽从表面上看体现为双向输出，但是就具体的远程医疗事项而言，其仍然主要以单向输出为主。例如，甲医院和乙医院均为三甲医院，双方签订了远程医疗合作协议，但是甲医院擅长骨科，而乙医院擅长神经科，从整体架构上形成双方优势互补，存在双向输出，但是具体到骨科或者神经科，其仍然是以单向输出为主。因此，在远程病理诊断中，邀请方医疗机构（H_1）、受邀方医疗机构（H_2）之间的合作主要表现为邀请方医疗机构（H_1）向受邀方医疗机构（H_2）进行咨询，这种咨询既可以针对某一个事项，也可以针对数个事项，但对象主要是患者（P）的临床资料和病理资料，邀请方医疗机构（H_1）与受邀方医疗机构（H_2）之间应当被定性为咨询服务合同法律关系。

（3）受邀方医疗机构（H_2）与患者（P）之间的合同法律关系

目前，学界关于受邀方医疗机构（H_2）与患者（P）之间是否存在合同法律关系没有达成统一观点，仍存在分歧。有的学者认为在远程医疗活动中，只要患者（P）配合参与受邀方医疗机构（H_2）进行诊治，以行为的方式表明其同意开展远程医疗活动，此时受邀方医疗机构（H_2）与患者（P）之间就建立了合同法律关系。[1] 也有学者认为受邀方医疗机构（H_2）与患者（P）之间并不存在合同法律关系，因为在远程医疗的实际操作中，邀请方医疗机构（H_1）先以自己的名义邀请受邀方医疗机构（H_2），而后受邀方医疗机构（H_2）应邀派出医师协助完成对患者（P）的诊疗，邀请方医疗机构（H_1）以咨询费的形式将远程医疗费用支付给受邀方医疗机构（H_2），因此显然受邀方医疗机构（H_2）与患者（P）之间并不存在直接的合同法律关系。[2]

笔者赞成受邀方医疗机构（H_2）与患者（P）之间不存在合同法律关系的观点。前文已述，邀请方医疗机构（H_1）与受邀方医疗机构（H_2）之间存在咨询服务合同法律关系，受邀方医疗机构（H_2）仅提供相关医学知识和诊疗方案给邀请方医疗机构（H_1），其对患者（P）的诊断与治

[1] 参见刘建炜、杨晓文、许友侨：《我国远程医疗领域中有关法律问题的研究》，载《中国卫生法制》2015 年第 4 期。

[2] 参见司文洁：《远程医疗的法律属性及民事责任》，载《医学信息学杂志》2017 年第 4 期。

疗方案只是为邀请方医疗机构（H_1）所参考，由邀请方医疗机构（H_1）最终决定对患者（P）的治疗方案，此时在患者（P）与受邀方医疗机构（H_2）之间并未达成合意，不存在合同法律关系。

（4）平台与其他主体之间的合同法律关系

首先，患者（P）与平台（P_1）之间不存在任何合同法律关系，因为双方在现实中并无接触，也未就双方之间的权利义务进行约定。其次，平台（P_1）和邀请方医疗机构（H_1）之间是否存在合同法律关系？存在何种合同法律关系？需要区分具体情况加以讨论。当平台（P_1）由邀请方医疗机构（H_1）自建时，那么平台（P_1）和邀请方医疗机构（H_1）属于同一主体，由于只有一个意思表示，难以满足合同系双方当事人合意的前提条件。因此，在这种情形下，平台（P_1）和邀请方医疗机构（H_1）之间并不存在合同法律关系。当平台（P_1）非邀请方医疗机构（H_1）自建时，平台（P_1）具有独立的民事主体地位，属于独立的第三方，此时平台（P_1）和邀请方医疗机构（H_1）可以通过合意形成合同法律关系。有疑问的是，这种合同法律关系属于何种类型？笔者认为，此时，平台（P_1）和邀请方医疗机构（H_1）之间构成技术服务合同法律关系。按照我国《民法典》第882条和第883条的规定，技术服务合同的委托人应当按照约定提供工作条件，完成配合事项，接受工作成果并支付报酬。技术服务合同的受托人应当按照约定完成服务项目，解决技术问题，保证工作质量，并传授解决技术问题的知识。由此可见，邀请方医疗机构（H_1）是技术服务合同的委托人，而平台（P_1）则属于技术服务合同的受托人。需要注意的是，平台（P_1）和邀请方医疗机构（H_1）在通常情况下存在技术服务合同法律关系，但现实也存在一定的例外，这主要取决于平台（P_1）和受邀方医疗机构（H_2）之间的关系。最后，在远程医疗实践中，为了促进优质医疗资源向下流动，受邀方医疗机构（H_2）在医疗机构的级别、医疗技术能力、设备设施等方面要高于或者优于邀请方医疗机构（H_1），因此其与平台（P_1）之间通常会存在技术服务合同关系，但是其有两种选择路径：一是受邀方医疗机构（H_2）在与平台（P_1）签订技术服务合同时，采取的“一揽子”的做法，即由受邀方医疗机构（H_2）提供远程医疗（包含远程病理诊断）服务的软件和硬件，邀请方医疗机构（H_1）无须再与平台（P_1）单独签订技术服务合同，而是由受邀方医疗机构（H_2）统一付费，受邀方医疗机构（H_2）处于技术服务合同委托人的地位，而平台（P_1）处于技术服务合同受托人的地位。二是在平台（P_1）分别与邀请方医疗机构（H_1）、受邀方医疗机构（H_2）签订技术服务合同，二者虽然效果相同，但是运行机制却存在显著差异，第二种情形中受邀方医疗机构（H_2）向邀请方医疗机构（H_1）收取的远程医疗相关服务费用，要高于第一种情形。换言之，平台（P_1）既可以与邀请方医疗机构（H_1）、受邀方医疗机构（H_2）分别成立技术服务合同关系，也可以仅与受邀方医疗机构（H_2）之间成立技术服务合同关系，这是由受邀方医疗机构（H_2）具有较高的话语权所决定的。但无论哪一种情形，在邀请方医疗机构（H_1）与受邀方医疗机构（H_2）之间的协议中，应当具体约定和说明。

2. 合同法律关系的内容与客体

在患者（P）与邀请方医疗机构（H_1）的医疗服务合同法律关系中，首先，邀请方医疗机构（H_1）有义务按照法律法规、部门规章以及相关诊疗规范的规定，结合患者（P）的临床资料和病理资料提供诊疗服务。其次，邀请方医疗机构（H_1）有义务按照规定妥善保管检验报告、病理资料、医疗费用等病历资料，若患者（P）要求查阅、复制前述规定的病历资料，邀请方医疗机构（H_1）有义务予以提供。[1] 最后，邀请方医疗机构（H_1）有义务对患者（P）的隐私保密，不得泄露患者（P）隐私或者未经患者（P）同意公开其病历资料。患者（P）的主要义务是如实提供相关资料以及支付相关医疗费用。由于医疗服务合同是一种双务合同，因此患者（P）与邀请方医疗机构（H_1）互为权利人和义务人。

在咨询服务合同法律关系中，主体是邀请方医疗机构（H_1）、受邀方医疗机构（H_2），客体是行为。具体而言，就是咨询服务的给付。邀请方医疗机构（H_1）的主要义务是将患者（P）的临床资料和病理资料及时完整地提供给受邀方医疗机构（H_2），受邀方医疗机构（H_2）的主要义务是按照法律法规、规章、诊疗规范以及双方当事人的约定对邀请方医疗机构（H_1）提供的资料进行诊断，然后按照约定将诊断意见和建议传输给邀请

〔1〕参见解志勇主编：《卫生法学通论》（第2版），中国政法大学出版社2022年版，第28－29页。

方医疗机构（H_1），邀请方医疗机构（H_1）按照相关规定或者约定支付报酬，受邀方医疗机构（H_2）则基于其咨询服务获得该报酬。既然是咨询服务合同法律关系，邀请方医疗机构（H_1）对受邀方医疗机构（H_2）的咨询意见和建议，既可以完全采纳，也可以完全不采纳，还可以部分采纳、部分不采纳，这就决定了只有邀请方医疗机构（H_1）对患者（P）提供的诊断意见和方案才具有最终的法律意义。

在技术服务合同中，对于邀请方医疗机构（H_1）或者受邀方医疗机构（H_2）而言，其主要权利是要求平台（P_1）按照协议的内容提供约定的技术服务，包括运维、培训等，主要义务是按照协议的约定支付相应的报酬给平台（P_1）。平台（P_1）的主要权利是接受技术服务报酬。我国《民法典》第579条规定，“当事人一方未支付价款、报酬、租金、利息，或者不履行其他金钱债务的，对方可以请求其支付”。平台（P_1）作为提供技术服务的第三方主体，其主要义务是按照约定完成服务项目、解决技术问题、保证工作质量，并传授解决技术问题的知识。按照我国《民法典》第884条第2款的规定，“技术服务合同的受托人未按照约定完成服务工作的，应当承担免收报酬等违约责任”。并且根据我国《民法典》第886条的规定，如果技术服务合同对平台（P_1）正常开展工作所需费用的负担没有约定或者约定不明确，由平台（P_1）负担。

在远程病理诊断中，患者（P）与受邀方医疗机构（H_2）之间是否存在合同法律关系？这是实践中的难点，学术界鲜有对此进行探讨。前文已述，一般情况下，患者（P）与邀请方医疗机构（H_1）之间存在医疗服务合同法律关系，邀请方医疗机构（H_1）和受邀方医疗机构（H_2）之间存在咨询服务合同法律关系，最终实现对患者（P）的医疗服务。基于合同关系的相对性，患者（P）与受邀方医疗机构（H_2）之间通常不存在合同法律关系。不过，这并不是绝对的，在某种特殊情况下，受邀方医疗机构（H_2）将突破合同关系的相对性对患者（P）的远程病理诊断产生直接影响，此时至少需要满足两个要件：一是患者（P）主动向邀请方医疗机构（H_1）提出申请，希望受邀方医疗机构（H_2）的专家对自身的临床资料和病理资料进行诊断，并且完成了受邀方医疗机构（H_2）的挂号；二是邀请方医疗机构（H_1）处于较为“消极”的状态，其主要为患者（P）提供相应的设备设施服务，并不实质性参与远程病理诊断，仅是充当了连接患者（P）和受邀方医疗机构（H_2）的媒介。此时，患者（P）与受邀方医疗机构（H_2）之间将构成医疗服务合同法律关系，在形式上具有远程门诊的性质。至于患者（P）是否在邀请方医疗机构（H_1）完成挂号，尽管对患者（P）与受邀方医疗机构（H_2）之间的法律定性不构成实质性影响，但是它关系到侵权责任的承担，关于这一点，笔者将在本章第 4 节中予以详述，在此不赘。无论患者（P）与受邀方医疗机构（H_2）之间是否存在合同法律关系，受邀方医疗机构（H_2）均基于对邀请方医疗机构（H_1）所提供的患者（P）信息准确性的信任从而提供远程病理咨询或诊断服务，与邀请方医疗机构（H_1）具有相同的注意义务和保密义务。[1]

二、远程医学影像诊断中的合同法律关系

（一）合同法律关系主体

在远程医学影像诊断中，邀请方医疗机构（H_1）向受邀方医疗机构（H_2）提供患者（P）的临床资料和医学影像。其与远程病理诊断的主要区别在于提供的对象不同，即远程医学影像诊断中邀请方医疗机构（H_1）向受邀方医疗机构（H_2）提供的对象是医学影像，而远程病理诊断中邀请方医疗机构（H_1）向受邀方医疗机构（H_2）提供的对象是病理资料。尽管二者提供的对象不同，但是二者在合同法律关系主体方面却较为近似，一般包括以下四类主体：一是患者（P），二是邀请方医疗机构（H_1），三是受邀方医疗机构（H_2），四是平台（P_1），具体的功能和角色如图 5 - 2 所示。与远程病理诊断基本相同，患者（P）和平台（P_1）在某些情况下并非独立存在，重心仍然聚焦于邀请方医疗机构（H_1）和受邀方医疗机构（H_2）之间的关系，但是二者不独立存在的原因不同。患者（P）不独立存在是因为应用场景不同，即在获得患者（P）知情同意的情况下，邀请方医疗机构（H_1）既可以在患者（P）就诊时与受邀方医疗机构（H_2）进行远程医学影像诊断（这是现实中的主要场景），也可以在患

---

〔1〕 参见李君、马盼盼、杨敦干：《我国远程医疗领域中的法律问题及对策》，载《中国医院管理》2020 年第 6 期。

者（P）不就诊时与受邀方医疗机构（H_2）进行远程医学影像诊断，还可以在不征得患者（P）知情同意的情况下，将患者（P）的远程医学影像匿名化，然后与受邀方医疗机构（H_2）进行远程医学影像诊断，寻求更高水平、更高质量、更为精确的指导和帮助。平台（P_1）不独立存在的原因主要是邀请方医疗机构（H_1）或者受邀方医疗机构（H_2）自建平台，这就使平台（P_1）与邀请方医疗机构（H_1）、受邀方医疗机构（H_2）其中一个主体重合，这种重合对不同主体之间的法律关系将产生重要影响。关于这一点，笔者将在接下来的合同法律关系的具体类型中进行探讨，在此不赘。

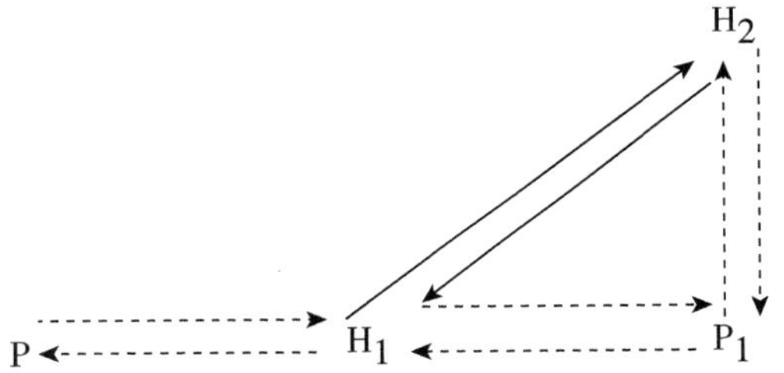

图 5－2 远程医学影像诊断法律关系

（二）合同法律关系的具体类型、内容与客体

1. 合同法律关系的具体类型

患者（P）与邀请方医疗机构（H_1）之间成立医疗服务合同法律关系，虽然这并不是最重要的合同法律关系，但却是最为基础的民事法律关系。如果没有患者（P）与邀请方医疗机构（H_1）之间的合同法律关系，就不会有邀请方医疗机构（H_1）与平台（P_1）、受邀方医疗机构（H_2）之间的相继联动，此三个主体之间发生相关法律关系的必要性将大为降低，甚至全无。不过，在患者（P）与邀请方医疗机构（H_1）之间成立医疗服务合同法律关系的前提下，远程医学影像诊断描述的重心仍在邀请方医疗机构（H_1）和受邀方医疗机构（H_2）之间的关系上。由于邀请方医疗机构（H_1）在技术能力等方面存在欠缺，其对患者（P）的医学影像（含放射、超声、核医学、心电图、肌电图、脑电图等）无法辨识或者部分无法辨识，为了追求医学影像判断的准确性，遂求助受邀方医疗机构（H_2）这

种更高级别或者更具专业优势的医疗机构，受邀方医疗机构（H_2）根据邀请方医疗机构（H_1）提供的患者（P）临床资料和医学影像资料作出判断，并按照既定格式和双方约定出具诊断意见和报告，供邀请方医疗机构（H_1）参考。从其运行的机制考察，受邀方医疗机构（H_2）主要对邀请方医疗机构（H_1）负责，而不是对患者（P）负责。

从法律后果角度考察，邀请方医疗机构（H_1）对受邀方医疗机构（H_2）出具的诊断意见和报告既可以完全采纳，也可以完全不采纳，还可以部分采纳、部分不采纳，邀请方医疗机构（H_1）享有最终决定权，并对患者（P）出具最终的医学意见和建议。邀请方医疗机构（H_1）通常不会滥用这种自由裁量权，其评判的重要标准就是科学性、合法性和合理性，在满足这一评判标准的前提下，邀请方医疗机构（H_1）亦会充分考量受邀方医疗机构（H_2）出具的诊断意见和报告，因为医疗行为直接关系到患者（P）的生命健康权益，一旦误诊，不仅会对患者（P）产生潜在的威胁或者现实的损害，而且会让邀请方医疗机构（H_1）深陷法律风险、医疗纠纷甚至舆论危机，是一个“双输”的局面。因此，邀请方医疗机构（H_1）会谨慎对待。由于邀请方医疗机构（H_1）对受邀方医疗机构（H_2）无法进行指示和监管，因此二者之间不宜界定为委托合同法律关系，其本质上仍然是一种医疗合作框架下的咨询服务合同法律关系。

在远程医学影像诊断中，如果平台（P_1）与邀请方医疗机构（H_1）、受邀方医疗机构（H_2）其中的任何一个民事主体重合，那么其主要反映的就是邀请方医疗机构（H_1）与受邀方医疗机构（H_2）之间的法律关系。如果平台（P_1）与邀请方医疗机构（H_1）、受邀方医疗机构（H_2）其中的任何一个民事主体不重合，则需要进一步讨论邀请方医疗机构（H_1）与平台（P_1）、受邀方医疗机构（H_2）与平台（P_1）之间的法律关系。与远程病理诊断的法律关系构造基本相同，邀请方医疗机构（H_1）与平台（P_1）、受邀方医疗机构（H_2）与平台（P_1）之间均构成技术服务合同法律关系。当然，现实中也存在受邀方医疗机构（H_2）采取“一揽子”做法的情况，这样邀请方医疗机构（H_1）与平台（P_1）就不再发生技术服务合同关系，其主要权利和义务可以被吸收至邀请方医疗机构（H_1）与受邀方医疗机构（H_2）之间的咨询服务合同之中。

与远程病理诊断相同，如果患者（P）前往邀请方医疗机构（H_1）主要是利用其技术设备，进而实现其与受邀方医疗机构（H_2）的连接，在患者（P）已经在受邀方医疗机构（H_2）挂号的情况下，由受邀方医疗机构（H_2）的专家直接针对患者（P）作出远程医学影像诊断，此时邀请方医疗机构（H_1）除了上传患者（P）的临床资料和医学影像外，并不能直接参与远程医学影像诊断。那么，患者（P）与受邀方医疗机构（H_2）之间则成立医疗服务合同法律关系。不过在现实中，患者（P）亦可在已经邀请方医疗机构（H_1）挂号的基础上，再次完成其在受邀方医疗机构（H_2）的挂号，此时邀请方医疗机构（H_1）可以出具该医疗机构的独立医学意见，至于是否采纳或者多大程度上采纳受邀方医疗机构（H_2）的远程医学影像诊断意见，在所不论。在此种情况下，邀请方医疗机构（H_1）、受邀方医疗机构（H_2）均需对患者（P）负责。

2. 合同法律关系的内容与客体

在远程医学影像诊断中，患者（P）与邀请方医疗机构（H_1）之间成立医疗服务合同法律关系，患者（P）的主要义务是如实陈述病情、提供相关资料并支付相关医疗费用，其主要权利是获得与当时的医疗水平相适应的医疗服务，这种医疗服务并不因地域不同而有所差别，因为医务人员的诊疗行为有行政法规、规章和医疗行业的操作规程规定，这些应当普遍遵守，全国皆准。[1] 邀请方医疗机构（H_1）的权利、义务与患者（P）相对，其主要权利是收取相关医疗费用，主要义务则是按照法律法规、规章和诊疗规范的规定作出医学影像诊断。需要注意的是，患者（P）前往邀请方医疗机构（H_1）就诊，一般寻求的是一种综合性、完整性的医疗服务，医学影像诊断在多数情况下仅构成医疗服务的一个环节，此时远程医学影像诊断服务被医疗服务所吸收，在患者（P）和邀请方医疗机构（H_1）之间没有单独分离的必要，除非患者（P）前往邀请方医疗机构

---

〔1〕参见黄薇主编：《中华人民共和国民法典释义及适用指南》，中国民主法制出版社 2020 年版，第 1864 页。《最高人民法院关于审理医疗损害责任纠纷案件适用法律若干问题的解释》第 16 条规定："对医疗机构或者其医务人员的过错，应当依据法律、行政法规、规章以及其他有关诊疗规范进行认定，可以综合考虑患者病情的紧急程度、患者个体差异、当地的医疗水平、医疗机构与医务人员资质等因素。"由此可见，司法实践对认定标准的态度较立法更为灵活。

（H_1）就诊寻求的仅是医学影像的诊断服务。因此，患者（P）与邀请方医疗机构（H_1）之间医疗服务合同法律关系的客体是包括医学影像诊断在内的医疗服务，属于行为。在特殊情形下，患者（P）与受邀方医疗机构（H_2）成立医疗服务合同法律关系，其民事法律关系的内容、客体和患者（P）与邀请方医疗机构（H_1）之间的医疗服务合同法律关系非常近似，在此不赘。

在远程医学影像诊断中，邀请方医疗机构（H_1）与受邀方医疗机构（H_2）之间成立咨询服务合同法律关系，邀请方医疗机构（H_1）的主要义务是向受邀方医疗机构（H_2）传输患者（P）的临床资料、医学影像资料以及按照物价部门的规定或者双方的合同约定支付咨询费用，受邀方医疗机构（H_2）的主要权利就是接受咨询费用，主要义务是按照法律法规、规章和诊疗规范的规定，亲自、独立地作出诊断意见和出具报告。同时，虽然受邀方医疗机构（H_2）和患者（P）之间通常并不存在医疗服务合同关系，但其在为邀请方医疗机构（H_1）提供远程医学影像诊断咨询服务的过程中知悉了患者（P）的隐私和个人信息，无论是按照法律规定，还是按照与邀请方医疗机构（H_1）之间协议的约定，均负有保密等义务。该咨询服务合同法律关系的客体是咨询行为，受邀方医疗机构（H_2）作出的诊断意见和出具的报告实际上是咨询行为的结果反馈，供邀请方医疗机构（H_1）为患者（P）提供医疗服务时参考。

在远程医学影像诊断中，邀请方医疗机构（H_1）与平台（P_1）、受邀方医疗机构（H_2）与平台（P_1）之间均构成技术服务合同法律关系。在受邀方医疗机构（H_2）采取“一揽子”做法的情形下，仅在受邀方医疗机构（H_2）与平台（P_1）之间成立技术服务合同法律关系。无论是哪一种情形，技术服务合同法律关系的客体都是技术服务，属于行为的范畴。邀请方医疗机构（H_1）与受邀方医疗机构（H_2）作为技术服务合同的委托人，其主要义务是按照合同的约定提供相关工作条件，完成相应的配合义务，并支付技术服务的费用，其主要权利就是享有平台（P_1）提供的技术服务。平台（P_1）的主要义务就是按照约定提交工作成果和技术服务，主要权利就是接受邀请方医疗机构（H_1）与受邀方医疗机构（H_2）支付的技术服务费用。作为第三方平台（P_1），其对提供技术服务过程中获取的患者（P）的隐私和个人信息依法负有保密等义务，这亦是技术服务合同中的重要内容。在技术服务合同法律关系中，其客体是技术服务，性质上亦属于行为范畴，且为积极行为（给付）。

三、远程监护中的合同法律关系

（一）合同法律关系主体

远程监护是远程医疗中一种较为特殊的类型，因为它的重心不是邀请方医疗机构（H_1）和受邀方医疗机构（H_2）之间的医疗活动，而是强调医疗机构（通常是远程监护中心）通过一定的设备设施（如可穿戴设备）和通信技术手段将获取的患者信息或者状态传输至医疗机构内的远程监护中心，然后由远程监护中心的医务人员团队提供预防、诊疗等服务。在远程监护中，患者（P）在启用远程监护之前，通常已经在设立远程监护中心的医疗机构（H）线下就诊过，出于对患者（P）病情或者状态实时监测的需要，同时避免患者频繁往返医疗机构进行监测、检查的不便，由远程医疗机构将设备供应商（EP）提供的设备穿戴或者安装在患者（P）身上，以实现实时监测、指导等功能。因此，在远程监护中，也主要是通过合同维系各方主体之间的法律关系，其主体主要包括三方（如图5－3所示）：一是患者（P），二是设立远程监护中心的医疗机构（H），三是设备供应商（EP）。至于患者（P）是在医疗机构（H）之内还是之外，在所不论。但是从功能用途上考察，远程监护对院外的患者（P）而言，具有更为重要的意义，因为处于医疗机构内的患者（P）与处于医疗机构外的患者（P）相比，其获得医疗照护的可及性、及时性、安全性更高。

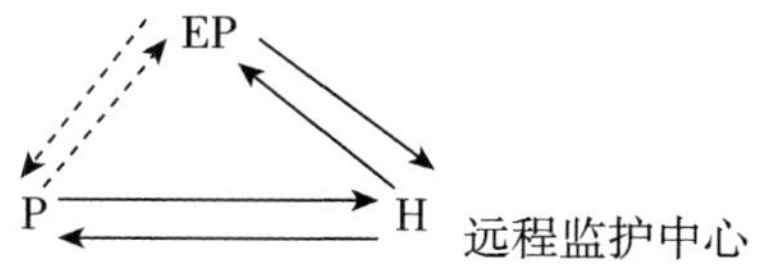

图5－3　远程监护法律关系

（二）合同法律关系的具体类型、内容与客体

1. 合同法律关系的具体类型

患者（P）前往设立远程监护中心的医疗机构（H）线下就诊，双方之间成立医疗服务合同法律关系，尽管这一民事法律关系并不是远程监护中法律关系讨论的内容，但其却是远程监护中其他数个民事主体发生民事法律关系的前提。患者（P）前往医疗机构（H）就诊，医疗机构（H）通过对患者（P）的诊疗发现，患者（P）的病情需要实时监测，否则会对患者（P）产生一定的损害，严重者还会产生生命危险，但是患者（P）由于自身状况（如行动不便的老人、残疾人、孕妇等）、路途遥远等原因，[1] 如果频繁往返于家庭、工作单位与医疗机构（H）之间，无疑会产生较大的精力和财力成本，得不到充分休养，但是缺少这种频繁奔波，又可能因为医学信息的不对称和专业化，患者（P）及其家庭成员无法准确识别风险。远程监护在这种困境下应运而生，解决了实践中的这一“痛点”。

患者（P）和医疗机构（H）之间一般存在多重合同法律关系，既可以独立存在，也可以在某些情况下合并为一种合同法律关系：一是患者（P）与医疗机构（H）之间存在租赁合同法律关系，二是患者（P）与医疗机构（H）之间存在远程监护服务合同法律关系。在特殊情况下，患者（P）与医疗机构（H）之间的租赁合同法律关系可以被患者（P）与医疗机构（H）之间的远程监护服务合同法律关系所吸收，前者的合同内容成为后者合同内容的有机组成部分。在理论上，患者（P）也可以购买相应的设备，但从经济角度考量，患者（P）更愿意租赁。如果患者（P）选择购买，其既可以从医疗机构（H）处购买，二者之间成立买卖合同法律关系，也可以选择从医疗机构（H）之外的设备供应商（EP）或者其他主体处购买，此时，患者（P）与设备供应商（EP）或者其他主体之间构成

---

〔1〕 2022 年 4 月，山东省青岛市城阳区人民医院产科开展了远程胎心监护服务，利用“互联网新技术 + 远程设备”打造院内院外胎儿监护医疗健康服务闭环，提供更加便捷的远程监护服务，强化健康管理，为孕产妇保驾护航。参见“城阳区人民医院开通远程胎心监护——给准妈妈全天候随时随地的呵护”，载 http：//wap. qdcyyy. com/xwdt_ view. aspx? nid =92117，最后访问日期：2025 年 1 月 10 日。

买卖合同法律关系。但是从实践操作的角度而言，后一模式是较为罕见的，不仅不经济，而且面临着诸多的技术障碍。如果患者（P）与医疗机构（H）之间的租赁合同法律关系被患者（P）与医疗机构（H）之间的远程监护服务合同法律关系所吸收，那么其只存在远程监护服务合同关系。

医疗机构（H）与设备供应商（EP）之间也有可能存在多重合同法律关系：一是医疗机构（H）与设备供应商（EP）之间存在买卖合同或者租赁合同法律关系，因为这些需要穿戴或者安装在患者（P）身上的设备并不是医疗机构（H）生产制造的，而是由第三方主体设备供应商（EP）提供的。医疗机构（H）为了给患者（P）提供远程监护服务，一般会向设备供应商（EP）购买或者租赁设备，进而与其形成买卖合同或者租赁合同法律关系。只有这样，医疗机构（H）才能实现对患者（P）的转售或者租赁。二是对于有些设备，医疗机构（H）有可能还需要获得设备供应商（EP）必要的技术服务，因此医疗机构（H）和设备供应商（EP）之间还有可能形成技术服务合同法律关系。当然，对于有些设备而言，其有可能并不需要独立的技术服务，而是作为买卖合同的一项内容被吸收进去。从这个意义上说，医疗机构（H）与设备供应商（EP）之间的技术服务合同法律关系并不是必然存在的。

2. 合同法律关系的内容与客体

在对患者（P）与医疗机构（H）之间的合同法律关系内容和客体探讨时，需要区分一定的类型。首先，患者（P）和医疗机构（H）之间存在设备买卖合同法律关系时，患者（P）的主要权利是要求医疗机构（H）按照约定交付设备，使其获得所有权，主要义务是支付相关设备的购买费用。与之相对，医疗机构（H）的主要权利是要求患者（P）支付设备的费用，主要义务是按照约定交付设备给患者（P），实现所有权的变动。患者（P）与医疗机构（H）之间的买卖合同法律关系的客体，也称为合同的标的物，是实物，即对应的设备。其次，患者（P）与医疗机构（H）之间存在租赁合同法律关系时，患者（P）的主要权利是在租赁期间内占有、使用设备，在双方没有特别约定的情况下，若设备存在非人为的损坏，有要求医疗机构（H）承担维修的权利，其主要义务是支付相关设备的租赁费用以及妥善保管设备。医疗机构（H）的主要权利是要求患者（P）按照约定的方法和设备的性质使用设备，要求患者（P）妥善保管设备，要求患者（P）支付租金并在租赁期满后返还设备。患者（P）与医疗机构（H）之间的租赁合同法律关系的客体，亦为设备这一具体的标的物，但与买卖合同法律关系客体不同的是，买卖合同法律关系的客体强调的是取得所有权的物，而租赁合同法律关系的客体强调的则是取得使用权、收益权的物。

如前所述，在医疗机构（H）与设备供应商（EP）之间可能存在多重法律关系：一是医疗机构（H）与设备供应商（EP）之间存在买卖合同法律关系或者存在租赁合同法律关系。无论是买卖合同法律关系，还是租赁合同法律关系，其法律构造与医疗机构（H）、患者（P）之间的买卖或者租赁合同法律关系基本相同，无论是合同法律关系的内容，还是合同法律关系的客体，均不例外。因此，为了避免重复，此处不作赘述。二是医疗机构（H）和设备供应商（EP）之间存在的技术服务合同法律关系。医疗机构（H）的主要权利是获得设备供应商（EP）相应的技术服务，主要义务是支付相关技术服务费用。对于设备供应商（EP）而言，其主要权利是要求医疗机构（H）按照合同约定支付技术服务费用，主要义务就是按照合同约定提供符合特定要求或者符合合同目的的技术服务，以保障医疗机构（H）给患者（P）提供远程监护服务。

四、远程会诊中的合同法律关系

（一）远程会诊的概念界定

2018 年 4 月 18 日，国家卫生健康委员会发布了《关于印发医疗质量安全核心制度要点的通知》（国卫医发〔2018〕8 号），在《医疗质量安全核心制度要点》中明确规定了会诊制度，并对会诊的概念进行了界定，其是指出于诊疗的需要，由本科室以外或本机构以外的医务人员协助提出诊疗意见或提供诊疗服务的活动。规范会诊行为的制度称为会诊制度。按照不同的标准可以对会诊进行不同的分类，例如，若是按照会诊的范围，可以将会诊分为机构内会诊和机构外会诊；若是按照患者病情的紧急程度，可以将会诊分为紧急会诊和普通会诊。在制度层面进行类型化区分具有十分重要的意义，因为它对应的是不同的要求，会诊情况应当在会诊单中记录，最大限度地保障患者的生命健康权益。会诊不仅在线下的医疗实践中应用广泛，而且借助网络等信息化技术实现了线上的远程会诊，这同样突破了时空的限制，使优质医疗服务更加公平可及。在远程会诊中，涉及多种形态，也涉及多种主体（如图5－4所示）。欲探讨远程会诊中的法律关系，首先应当将远程会诊的形态进行类型化划分。按照邀请方医疗机构（H_1）在远程会诊中邀请的是本医疗机构内的专家还是本医疗机构之外（如H_2、H_3……）的专家（会诊范围），可以将远程会诊分为机构内远程会诊和机构外远程会诊。从当前的临床实践考察，无论是机构内的远程会诊还是机构外的远程会诊均大量存在，[1] 但是机构外的远程会诊更具典型意义，且其法律关系亦更为复杂。

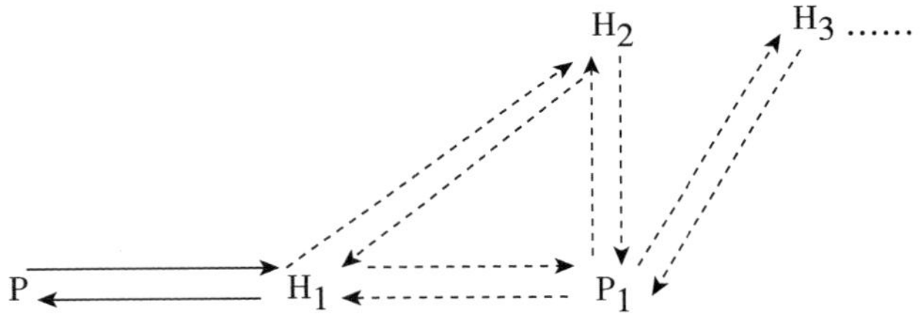

图5－4　远程会诊法律关系

（二）合同法律关系主体

1. 机构内远程会诊合同法律关系主体

根据国家卫生计生委2014年颁布的《关于推进医疗机构远程医疗服务的意见》规定，医疗机构运用信息化技术，向医疗机构外的患者直接提供的诊疗服务，属于远程医疗服务。此时法律关系主体主要有两个，即患者（P）和邀请方医疗机构（H_1），如果远程医疗的信息化技术服务由第三方平台（P_1）提供，那么第三方平台（P_1）也将成为其中一个法律关系的主体。总体而言，机构内远程医疗合同法律关系的主体较为简单，提供医疗服务的医务人员均为邀请方医疗机构（H_1）的工作人员，其提供的

[1] 在第1章第2节“远程医疗纠纷的典型案例”部分，案例“齐齐哈尔市某医院、孟某医疗损害责任纠纷案”就采取的是机构外的远程会诊方式。

远程医疗服务均属邀请方医疗机构（H_1）指示下的职务行为，对外能够直接代表邀请方医疗机构（H_1），因此法律后果均由邀请方医疗机构（H_1）承担。

2. 机构外远程会诊合同法律关系主体

远程医疗的典型样态发生在两个（或者两个以上的）医疗机构之间，此为远程会诊这一远程医疗的另一类型。此时，远程会诊至少存在三方主体参与，分别是患者（P）、邀请方医疗机构（H_1）、受邀方医疗机构（H_2）。如果远程医疗的信息化技术服务由第三方平台（P_1）提供，那么第三方平台（P_1）也将成为一个重要的法律关系主体。此外，如果提供远程会诊服务的医疗机构为多个，则在受邀方医疗机构（H_2）的基础上，还会增加其他受邀方医疗机构（H_3、H_4……）等主体。2015 年 1 月 26 日，由中南大学湘雅医院牵头组织中国人民解放军总医院、上海交通大学瑞金医院等 7 家全国顶尖医院，成功举行联合远程会诊，[1] 该案例即为典型例证。当提供远程服务的医疗机构为两所或者两所以上时，其他医疗机构均将作为法律关系的主体参与其中，相应地，也会产生同等数量的提供远程医疗信息技术服务的第三方，但并未从根本上改变远程会诊的基本法律构造，即仅发生数量上的变化，并未引起质的改变。

（三）合同法律关系的具体类型、内容与客体

1. 合同法律关系的具体类型

首先，在机构内远程会诊中，邀请方医疗机构（H_1）内的专家向患者（P）提供远程会诊服务，患者（P）支付相应的医疗服务费用，双方之间成立医疗服务合同法律关系。至于是邀请方医疗机构（H_1）内某一科室的专家提供医疗服务，还是邀请方医疗机构（H_1）内多个科室的专家提供医疗服务，在所不论，因为在与患者（P）对外服务的法律关系上，其代表的主体只能是邀请方医疗机构（H_1），专家们不具有独立的合同法律关系的主体地位，因此不能承受法律上的后果。

其次，若邀请方医疗机构（H_1）本身不具有独立提供远程医疗服务

---

〔1〕 参见罗闻、汪泉佺：《七家医院远程会诊》，载《大众卫生报》2015 年 2 月 3 日，第 1 版。

的信息化技术能力，需引入第三方平台（P_1）提供技术服务，因此邀请方医疗机构（H_1）和第三方平台（P_1）之间将构成技术服务合同法律关系。提供远程会诊服务的第三方平台（P_1）的义务是为需要会诊的医疗机构提供网络传输设施、医疗设备、患者（P）健康档案等服务，实际上第三方平台（P_1）已经取得了居间人的媒介地位。[1]

最后，如果是机构外远程会诊，此时就会同时出现邀请方医疗机构（H_1）和受邀方医疗机构（H_2、H_3……），至于受邀方医疗机构是一所还是数所，主要取决于患者（P）的病情以及邀请方医疗机构（H_1）的意愿，这种意愿的选择并非不受限制，而是存在一定的范围，这个范围就是邀请方医疗机构（H_1）和其他医疗机构之前是否签署过远程医疗合作协议。在机构外远程会诊中，患者（P）与邀请方医疗机构（H_1）之间仍然成立医疗服务合同关系，但与受邀方医疗机构（H_2、H_3……）之间并不存在任何合同法律关系。理由是，邀请方医疗机构（H_1）通过对患者（P）的病情以及相关资料进行研判，认为需要启动远程诊疗，尽管也征得患者（P）的知情同意，但是在本质上仍然是受邀方医疗机构（H_2、H_3……）利用自身的专业经验、技术设备等综合提供诊疗意见，且这种诊疗意见并非针对患者（P），而是为邀请方医疗机构（H_1）提供参考，是一种协助行为，最终由邀请方医疗机构（H_1）对患者（P）出具诊疗意见，至于是完全采纳受邀方医疗机构出具的诊疗意见，还是部分采纳受邀方医疗机构出具的诊疗意见，甚至完全拒绝采纳受邀方医疗机构出具的诊疗意见，在法律上均无影响。受邀方医疗机构（H_2、H_3……）与邀请方医疗机构（H_1）成立咨询服务合同法律关系。若是受邀方医疗机构为多个，且自身并不均具备独立提供远程会诊信息化技术服务的能力，则其与提供该信息化技术服务的第三方构成技术服务合同法律关系。

2. 合同法律关系的内容与客体

在远程会诊中，患者（P）与邀请方医疗机构（H_1）成立医疗服务合同法律关系，患者（P）的主要权利是享有合同约定或者在没有约定的条件下与当时的医疗水平相适应的医疗服务，主要义务是支付相应的医疗服

---

〔1〕参见李昕梅、肖亚茹、汤优佳等：《远程医疗平台运营中的相关法律问题研究》，载《中国卫生事业管理》2016 年第 4 期。

务费用。在启用远程会诊之前，需要征得患者（P）的知情同意，这既是诊疗服务方式的改变和提升，亦是增加服务费用的告知，直接影响患者（P）的权利义务，因此是一个不可或缺的环节。关于这一点，无论是中央层面部门规章的立法，还是各省市的立法，均对此进行了确认和规定。邀请方医疗机构（H_1）的主要权利义务与患者（P）相对，即享有要求患者（P）依照约定或者物价部门的定价支付医疗服务费用的权利，其主要义务是提供相应的医疗服务，且这种服务法律上规定得比较严格，当事人可以进行一定的约定，尤其是在医疗美容、医疗体验等医疗服务领域，但是"底线"却不允许通过约定予以突破，它必须按照法律法规、规章以及其他有关诊疗规范的规定提供医疗服务，且与当时的医疗水平相适应。[1]这就是法律设定的"底线"，突破了"底线"就会构成违约，属于不适当履行。在这样的"底线"之上，法律并不禁止当事人作出一些更高水平的服务约定，但是除前述医疗美容、医疗体检之外，对于普通医疗、试验性医疗等而言，其空间十分有限，几乎不允许作出这样的约定。作为两方主体权利义务指向的对象，该医疗服务合同法律关系的客体是医疗行为的给付。

在远程会诊中，邀请方医疗机构（H_1）与受邀方医疗机构（H_2、H_3……）之间构成咨询服务合同法律关系。作为邀请方医疗机构（H_1），其主要权利是要求受邀请方医疗机构（H_2、H_3……）根据其提供的患者（P）资料等情况出具相应的诊疗意见，其主要义务就是按照双方的协议支付相应的咨询费用，再由受邀方医疗机构（H_2、H_3……）按照一定的比例以劳务费等形式发放给提供诊疗意见的专家。与之相反，受邀方医疗机构（H_2、H_3……）的主要权利是要求邀请方医疗机构（H_1）按照双方的协议支付咨询费用，其主要义务是按照法律法规、规章以及其他有关诊疗规范的规定谨慎地为邀请方医疗机构（H_1）出具诊疗意见供其参考。由此可见，在双方的咨询服务合同法律关系中，其客体是行为，即提供诊疗意见。

在远程会诊中，还存在一些"类"合同，即受邀方医疗机构（H_2、

---

[1] 《民法典》第1221条规定，医务人员在诊疗活动中未尽到与当时的医疗水平相应的诊疗义务，造成患者损害的，医疗机构应当承担赔偿责任。

H_3……）与提供信息化技术服务公司之间所形成的技术服务合同法律关系。前文已述，实践中受邀方医疗机构（H_2、H_3……）无论是在专业能力还是在技术能力上通常优于邀请方医疗机构（H_1），因此其有两种路径：一是自己开发、运维远程会诊的信息化技术服务，此时第三方与受邀方医疗机构（H_2、H_3……）重合，其无法与自己形成相应的合同法律关系；二是该远程会诊的信息化技术服务由独立的第三方提供，并不与受邀方医疗机构（H_2、H_3……）重合，此时受邀方医疗机构（H_2、H_3……）将与该第三方平台（P_1）构成前文所述的技术服务合同法律关系。作为受邀方医疗机构（H_2、H_3……），其主要权利是要求第三方平台（P_1）提供完好或者符合合同目的的信息化技术服务，其主要义务是支付相应的费用。第三方平台（P_1）的主要权利是要求受邀方医疗机构（H_2、H_3……）按照合同约定支付相应的费用，其主要义务则是按照合同约定提供完好或者符合合同目的的信息化技术服务，受到合同全面履行原则的规范。该技术服务合同法律关系的客体是行为，即提供技术服务。

五、远程门诊中的合同法律关系

（一）远程门诊的概念界定

远程门诊是指患者（P）已在受邀方医疗机构（H_2）完成挂号，在指定时间前往邀请方医疗机构（H_1），由邀请方医疗机构（H_1）通过第三方平台（P_1）传输相关病历资料至受邀方医疗机构（H_2），然后由受邀方医疗机构（H_2）独立作出诊疗意见的医疗服务（如图5－5所示）。实践中，如果患者（P）没有在受邀方医疗机构（H_2）挂号，受邀方医疗机构（H_2）无论是独立作出诊疗意见，还是与邀请方医疗机构（H_1）商讨后作出诊疗意见，其均不与患者（P）发生任何合同法律关系，由于患者（P）在邀请方医疗机构（H_1）挂号就诊，因此属于远程会诊，并非此处所言的远程门诊。这意味着，远程门诊具有特定的内涵和外延，不能随意扩大。在远程门诊中，无论患者（P）有没有在邀请方医疗机构（H_1）挂号，其主要的功能并不在于提供诊疗服务，而是远程门诊的“平台”服务，本质上是一种技术服务。

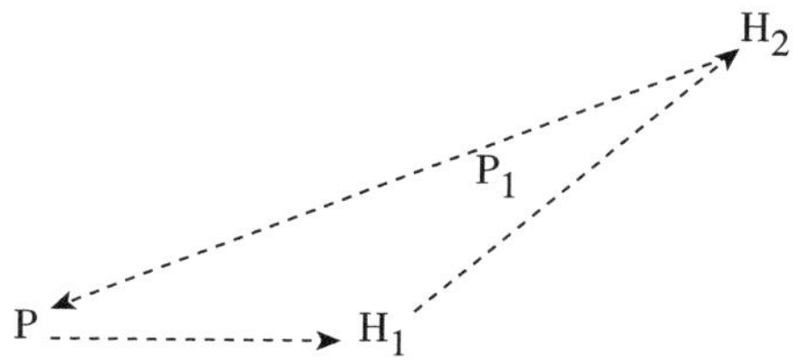

图5-5 远程门诊法律关系

远程门诊之所以能在远程医疗中占有一席之地，一个非常重要的原因就是它实现了患者（P）、邀请方医疗机构（H_1）、受邀方医疗机构（H_2）以及第三方平台（P_1）的利益平衡，实现了一个多方共赢的格局。

首先，患者（P）无须经历长途奔波即可享受更为优质的医疗资源，无论是对减少就医成本，还是对自身健康的保障（如减少误诊的可能等），均成效显著。

其次，对于邀请方医疗机构（H_1）而言，受邀方医疗机构（H_2）的专家为处于邀请方医疗机构（H_1）的特定患者（P）提供优质的医疗服务，一方面，有利于提升自身的知名度和美誉度，增加患者（P）前往邀请方医疗机构（H_1）进行远程门诊的吸引力。另一方面，作为通常处于基层医疗卫生机构的邀请方医疗机构（H_1），其通过观摩、学习受邀方医疗机构（H_2）高水平专家的诊疗过程，实现了医师本人和邀请方医疗机构（H_1）在医疗服务能力（尤其是技术水平）方面的同步跃升，在未来能够提供更多更佳的医疗服务，增进患者（P）对邀请方医疗机构（H_1）的信任。如果邀请方医疗机构（H_1）系非营利性医疗机构，其收获的主要是声誉的提升，如果邀请方医疗机构（H_1）系营利性医疗机构，无疑会在其声誉提升的同时，进一步增加其医疗收入。无论是上述哪一种情形，均是邀请方医疗机构（H_1）愿意获得的结果，这在一定程度上解释了为何一些营利性医疗机构（多属民营医疗机构）热衷于与高级别医院建立远程医疗合作。

再次，对于受邀方医疗机构（H_2）而言，其将优质的医疗资源适当下沉，不仅是贯彻落实国家关于建立健全分级诊疗制度的战略，而且有利于减轻“人满为患”的就诊压力，受邀方医疗机构（H_2）可以把更多的精力用于疑难杂症的诊疗，不断提升其诊疗水平，以更好地为患者（P）提供高水平诊疗服务。当然，在当前尚未完全实现公益性的背景下，远程门诊在一定程度上异化为受邀方医疗机构（H_2）吸引患者（P）的手段和动力，这是国家需要重点规范甚至禁止的现象，因为它从根本上破坏了国家积极推进的分级诊疗制度和“健康中国”战略，进一步加剧了医疗资源之间的不平衡发展，是十分有害的。

最后，对于第三方平台（P_1）而言，其商事主体的性质决定了其对利润的追逐，无论是邀请方医疗机构（H_1）还是受邀方医疗机构（H_2），只要更多的机构参与远程门诊或者提供远程门诊的次数越多，第三方平台（P_1）就获利更多，在供需市场中占据优势地位，进而形成自身的品牌或者服务优势，不断提升其竞争力。以宁波市互联网医院为例，为了节省远程医疗系统建设的成本并实现病案信息管理一体化，《宁波市远程医疗服务管理规范（试行）》（已失效）规定，县级以上的医疗机构有法定义务开设常态化的远程门诊，允许医疗机构利用互联网医院的平台提供远程门诊服务，这里互联网医院充当的便是第三方平台（P_1）的角色。[1]

事实上，国家之所以大力推动包括远程门诊在内的远程医疗，正是基于当前医疗资源分配不均、人口老龄化加剧、公民健康意识提高以及需求增长的背景，只有促进远程医疗不断发展，国家的分级诊疗制度、医师多点执业制度、医联（共）体制度等才能最终落地。因此，在患者（P）、邀请方医疗机构（H_1）、受邀方医疗机构（H_2）以及第三方平台（P_1）利益平衡和多方共赢的格局下，国家也是受益者，最典型的体现就是国民健康服务的公平可及。

（二）合同法律关系主体

在远程门诊中，一般涉及四方主体，即患者（P）、邀请方医疗机构（H_1）、受邀方医疗机构（H_2）以及第三方平台（P_1）。如果第三方平台（P_1）由邀请方医疗机构（H_1）或者受邀方医疗机构（H_2）负责，则第三方平台（P_1）会与之重合，不具有独立性。现实中，第三方平台（P_1）与邀请方医疗机构（H_1）主体重合的可能性不大，但与受邀方医疗机构

---

〔1〕参见焦艳玲：《互联网医院法律地位与法律关系探讨——以“宁波云医院”为视角》，载《中国卫生政策研究》2017 年第 10 期。

（H_2）主体重合的几率却显著增加。当然，最典型的样态仍然是作为具有商事主体性质的第三方平台（P_1）独立存在，不与邀请方医疗机构（H_1）、受邀方医疗机构（H_2）重合，因为这样的安排更有利于“术业专攻”，实现较好的协作与优化，并促进技术创新。

（三）合同法律关系的具体类型、内容与客体

1. 合同法律关系的具体类型

首先，在远程门诊中，患者（P）与邀请方医疗机构（H_1）之间主要存在两种类型的远程门诊形态，这直接关系到二者之间法律关系的讨论。第一种类型是患者（P）与邀请方医疗机构（H_1）之间并不存在医疗服务合同法律关系。换言之，患者（P）并没有在邀请方医疗机构（H_1）挂号，邀请方医疗机构（H_1）也未对患者（P）实施具体的诊疗行为，只是帮助患者（P）将相关资料（如病理资料、影像资料等）传输至受邀方医疗机构（H_2），然后由受邀方医疗机构（H_2）独立作出诊疗意见。那么，患者（P）与邀请方医疗机构（H_1）之间是否存在法律关系以及存在何种法律关系？笔者认为，此时患者（P）与邀请方医疗机构（H_1）之间构成委托合同法律关系。这是远程门诊的主要形态。第二种类型是患者（P）与邀请方医疗机构（H_1）之间存在医疗服务合同法律关系，同时患者（P）与受邀方医疗机构（H_2）亦存在医疗服务合同法律关系，且受邀方医疗机构（H_2）以本机构的名义独立作出诊疗意见作用于患者（P）本人。如果受邀方医疗机构（H_2）虽然独立作出诊疗意见，但不直接作用于患者（P）本人，而是向邀请方医疗机构（H_1）提供诊疗参考，那么此时已经不再是远程门诊，而是成立远程会诊，这是实践中容易混淆的情形。

其次，患者（P）与受邀方医疗机构（H_2）之间存在医疗服务合同法律关系，这是一个必要条件，也是远程门诊区别于远程会诊的重要特征。

再次，邀请方医疗机构（H_1）和受邀方医疗机构（H_2）之间存在远程医疗合作合同法律关系，该合同法律关系成立在先，处于基础地位，如果缺乏该基础法律关系，那么远程门诊等远程医疗实际上是难以开展的。

最后，邀请方医疗机构（H_1）、受邀方医疗机构（H_2）与第三方平台

（P_1）之间存在技术服务合同法律关系。如前所述，实践中主要由受邀方医疗机构（H_2）负责与第三方平台（P_1）签订“一揽子”的技术服务合同，大大简化了邀请方医疗机构（H_1）、受邀方医疗机构（H_2）与第三方平台（P_1）之间的法律关系。

2. 合同法律关系的内容与客体

前文已述，患者（P）与邀请方医疗机构（H_1）之间可能会存在两种民事法律关系：一是委托合同法律关系，二是医疗服务合同法律关系。就委托合同法律关系而言，邀请方医疗机构（H_1）通常会通过网站、宣传页等方式告知广大患者（P）其能够提供受邀方医疗机构（H_2）专家远程门诊的服务，当特定的患者（P）通过对话方式或者其他行为达成与邀请方医疗机构（H_1）之间的委托合意，至于是否有偿，则取决于双方的具体约定，法律对此并无过多限制。如果是有偿的委托合同法律关系，那么患者（P）的主要义务就是按照约定支付相应的费用，其主要权利就是要求邀请方医疗机构（H_1）按照自己的指示协调参与远程门诊相关事务，邀请方医疗机构（H_1）的主要权利是按照双方的约定收取一定的事务处理费用和报酬（实践中绝大部分邀请方医疗机构并不收取报酬），其主要义务就是按照患者（P）的指示妥善处理委托事务。如果是无偿的委托合同法律关系，其核心差别在于患者（P）无须支付报酬，邀请方医疗机构（H_1）也无权要求患者（P）支付报酬。委托合同法律关系的客体是远程门诊服务的给付。

对于患者（P）与受邀方医疗机构（H_2）之间存在的医疗服务合同法律关系而言，患者（P）的主要权利是要求受邀方医疗机构（H_2）提供相应的诊疗服务，其主要义务是支付相应的诊疗费用。受邀方医疗机构（H_2）的主要义务是按照法律法规、规章以及其他有关诊疗规范的规定提供与当时的医疗水平相适应的医疗服务，其主要权利是要求患者（P）支付一定的诊疗费用。该法律关系的客体是诊疗服务的给付。

对于邀请方医疗机构（H_1）和受邀方医疗机构（H_2）之间存在远程医疗合作合同法律关系而言，邀请方医疗机构（H_1）的主要义务就是如实地将患者（P）的相关资料传输至受邀方医疗机构（H_2），并支付一定的报酬（实践中也存在无偿的情况），受邀方医疗机构（H_2）的主要权利是要求邀请方医疗机构（H_1）支付一定的报酬，主要义务是按照约定谨慎及时地作出诊疗意见。该法律关系的客体是远程医疗合作行为。

对于邀请方医疗机构（H_1）、受邀方医疗机构（H_2）与第三方平台（P_1）之间存在的技术服务合同法律关系而言，邀请方医疗机构（H_1）和/或受邀方医疗机构（H_2）的主要义务是支付相应的技术服务费用，其主要权利是要求第三方平台（P_1）提供完好的或者符合合同目的的技术服务。与之相对，第三方平台（P_1）的主要权利是要求邀请方医疗机构（H_1）和/或受邀方医疗机构（H_2）按照合同约定支付相应的费用，其主要义务是提供完好的或者符合合同目的的技术服务。该法律关系的客体是技术服务的给付。

六、远程病例讨论中的合同法律关系

（一）远程病例讨论的特质

远程病例讨论在临床实践中应用广泛，具有自身的特点，其与远程病理诊断、远程医学影像诊断、远程监护、远程会诊、远程门诊等远程医疗的形态均有所差别。与远程病理诊断、远程医学影像诊断相比，远程病例讨论在讨论范围上并不局限于病理资料、医学影像资料，而是包括患者（P）的全部病历资料。2018 年 10 月 1 日实施的《医疗纠纷预防和处理条例》第 16 条第 1 款规定，“患者有权查阅、复制其门诊病历、住院志、体温单、医嘱单、化验单（检验报告）、医学影像检查资料、特殊检查同意书、手术同意书、手术及麻醉记录、病理资料、护理记录、医疗费用以及国务院卫生主管部门规定的其他属于病历的全部资料”。由此可见，病历资料的范围十分宽泛。与远程监护相比，远程病例讨论在服务内容上并非监护指导等业务，而是通过充分地讨论出具专业的诊疗意见。与远程会诊相比，远程病例讨论既可以针对当前就诊的患者（P），亦可针对诊疗完毕的患者（P），但是远程会诊一般仅局限于当前就诊的患者（P），尽管对于其是否身处邀请方医疗机构（H_1）没有强制要求，但一般需要满足在场的条件，而这一点显然不适用于远程病例讨论。与远程门诊相比，二者的最大区别就在于远程门诊必须有患者（P）亲自参与，而远程病例讨论则无须满足这一条件。此外，从制度设计的目的和功能上考察，二者亦存在一定的差异。具体而言，尽管远程病例讨论和远程门诊均有为患者（P）提供诊疗意见的功用，但是远程病例讨论还旨在获得一种更高水平的服务或者经验，以优化患者（P）的治疗方案和管理流程。

（二）合同法律关系主体

在远程病例讨论中，至少存在邀请方医疗机构（H_1）和受邀方医疗机构（H_2）两类主体，在某些情况下，第三方平台（P_1）、患者（P）和其他受邀方医疗机构（H_3……）也将参与到具体的法律关系中（如图5－6所示）。

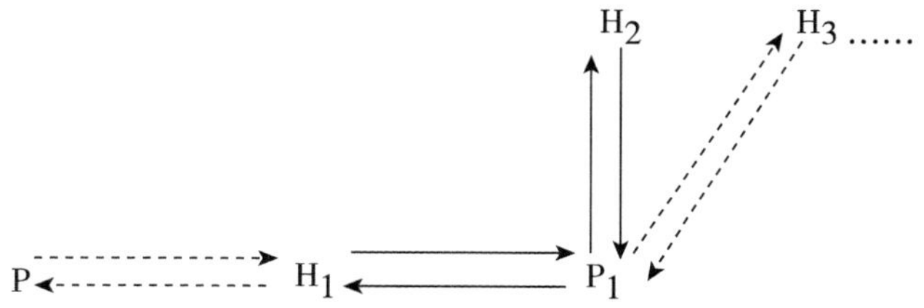

图5－6　远程病例讨论法律关系

（三）合同法律关系的具体类型、内容与客体

1. 合同法律关系的具体类型

首先，实践中，邀请方医疗机构（H_1）和受邀方医疗机构（H_2、H_3……）虽属于两个独立的民事主体，但是在业务水平上，受邀方医疗机构（H_2、H_3……）通常高于邀请方医疗机构（H_1），至于二者之间是否存在上下级关系或者医联体关系在所不论。邀请方医疗机构（H_1）和受邀方医疗机构（H_2、H_3……）对某种病例进行讨论，通常并非针对普通的病例，而是以邀请方医疗机构（H_1）的业务水平为基准，一般是其认为不能确定或者较为疑难复杂的病例。因此，在本质上二者属于咨询法律关系。至于这种咨询法律关系是否有偿，取决于双方的约定。但需要注意的是，受邀方医疗机构（H_2、H_3……）所发表的诊疗意见仅针对邀请方医疗机构（H_1），并不针对患者（P）本人。因此，在远程病例讨论中，受邀方医疗机构（H_2、H_3……）与患者（P）之间并不存在任何法律

关系。

其次，如果患者（P）参与到远程病例讨论中，其通常与邀请方医疗机构（H_1）存在医疗服务合同法律关系。

最后，远程病例讨论的实现，需要借助第三方平台（P_1）的参与，但是实践中，第三方平台（P_1）也可能并非独立存在，而是与邀请方医疗机构（H_1）和受邀方医疗机构（H_2、H_3……）重合，因为许多医疗机构采取的模式是自建平台，并亲自运维。此外，由于远程病例讨论具有示范教学等功用，且对患者（P）的隐私和个人信息按照《民法典》《个人信息保护法》等规定作了相应的去标识化处理，因此对第三方平台（P_1）的要求并没有远程病理诊断、远程医学影像诊断、远程会诊、远程监护、远程门诊等要求得那么高，实践中甚至通过腾讯会议等会议软件就可以完成。如果第三方平台（P_1）存在，那么其与邀请方医疗机构（H_1）、受邀方医疗机构（H_2、H_3……）之间存在技术服务合同法律关系。

2. 合同法律关系的内容与客体

就邀请方医疗机构（H_1）和受邀方医疗机构（H_2、H_3……）之间存在的咨询法律关系而言，邀请方医疗机构（H_1）的主要义务就是提供相关的病例与资料通过第三方平台（P_1）传输给受邀方医疗机构（H_2、H_3……），至于是否需要支付相应的报酬，则取决于邀请方医疗机构（H_1）和受邀方医疗机构（H_2、H_3……）之间的约定。不过，从运行机制的建设上考察，如果完全坚持无偿的模式，则难以持续。因此，应当在坚持公益性的同时，以有偿为原则、无偿为例外，不断提升邀请方医疗机构（H_1）的业务水平，推进医疗服务“同质化”。邀请方医疗机构（H_1）的主要权利是请求受邀方医疗机构（H_2、H_3……）的专家就邀请方医疗机构（H_1）提供的病例与资料独立发表意见。受邀方医疗机构（H_2、H_3……）的主要权利是要求邀请方医疗机构（H_1）提供全面真实的病例与资料，至于能否要求邀请方医疗机构（H_1）支付相应的报酬，主要取决于双方的约定。受邀方医疗机构（H_2、H_3……）的主要义务是就邀请方医疗机构（H_1）提供的病例与资料独立发表意见。该法律关系的客体是讨论咨询行为。在邀请方医疗机构（H_1）和患者（P）之间成立的医疗服务合同中，患者（P）的主要权利是要求邀请方医疗机构（H_1）提供相应的医疗服务，主要义务是支付相应的费用。邀请方医疗机构（H_1）的主要权利是要求患者（P）支付相应的费用，主要义务则是按照法律法规、规章以及其他有关诊疗规范的规定提供与当时的医疗水平相适应的医疗服务。该法律关系的客体是医疗服务的给付。就邀请方医疗机构（H_1）、受邀方医疗机构（H_2、H_3……）与第三方平台（P_1）之间的技术服务合同法律关系而言，邀请方医疗机构（H_1）、受邀方医疗机构（H_2、H_3……）的主要权利是要求第三方平台（P_1）按照约定提供相应的技术服务，其主要义务是按照约定支付相应的报酬。第三方平台（P_1）的主要权利是请求邀请方医疗机构（H_1）、受邀方医疗机构（H_2、H_3……）按照约定支付相应的报酬，其主要义务是向邀请方医疗机构（H_1）、受邀方医疗机构（H_2、H_3……）提供技术服务。该法律关系的客体为技术服务的给付。

第三节　远程医疗中的缔约过失法律关系

一、缔约过失的界定

我国《民法典》将诚实信用原则作为一项基本原则，统一适用于《民法典》的各个分编，其中就包括合同编中的缔约过失。缔约过失是违反民法诚实信用原则的一项典型制度，是指在合同订立过程中，一方违背其依据诚实信用原则和法律规定所承担的义务致另一方的信赖利益遭受损失时，应承担损害赔偿责任。我国《民法典》第500条确立了缔约过失制度，即“当事人在订立合同过程中有下列情形之一，造成对方损失的，应当承担赔偿责任：（一）假借订立合同，恶意进行磋商；（二）故意隐瞒与订立合同有关的重要事实或者提供虚假情况；（三）有其他违背诚信原则的行为”。从整体上说，缔约过失发生于两种情形中：一是发生在合同尚未成立之时，二是发生在合同已经成立但因不符合法定生效条件而被确认无效或者被撤销之时。缔约过失造成的不利后果是致使他人遭受信赖利益的损失，只要证成该信赖利益是合理的，另外一方就负有赔偿的责任。

二、远程医疗中的缔约过失类型和主体

医疗服务合同的成立需要经过要约和承诺两个阶段，但是与一般合同

类型不同的是，医疗服务合同与强制缔约具有十分紧密的关系。

（一）医疗服务合同与强制缔约

1. 合同自由与强制缔约

近代民法确立了契约自由、所有权绝对和过错责任三大原则。契约自由原则，即合同自由原则，其核心含义是当事人按照自己的意愿缔结合同，既有是否缔结合同的自由，也有与谁缔结合同的自由，还包括缔结何种内容合同以及如何变更、解除合同等自由，具有十分丰富的内涵。合同自由原则发展到现代以来，尽管依然构成合同法上的重要原则，但受到了一定的限制。其中，强制缔约制度即为适例，它体现了私法自治与国家强制的平衡，并通过法律规定予以固定。需要注意的是，强制缔约制度并非否定合同自由原则，而是对合同自由原则的必要矫正和补充。

2. 强制缔约的范围

关于强制缔约的适用范围，世界各国的做法宽窄不一，既不是越宽越好，也不是越窄越好，而是在一些关系国计民生、公共服务等领域寻求一种契合本土实际的良性平衡。若强制缔约的范围过宽，可能会颠覆合同自由这一更为基础的价值追求，也会使民事主体失去应有的活力。若强制缔约的范围过窄，在一些个人存在弱势的领域，仅通过合同自由原则无法实现民事主体的生产生活，甚至会对其生命健康、财产安全产生巨大威胁或者严重侵害，难以实现实质上的公平和正义。例如，法国规定的强制缔约范围就比德国更为宽泛，德国主要将其限定在能源、公共运输、医疗等重点领域，而法国不仅将垄断企业纳入其中，还覆盖了大量的服务行业。日本对强制缔约的范围规定得同样宽泛，且较为细致，强制缔约广泛分布于生产生活领域，其中之一便是医疗领域。概括起来，我国对强制缔约适用范围的规定主要集中在四个领域。

（1）国家计划合同

我国《民法典》第494条规定，“国家根据抢险救灾、疫情防控或者其他需要下达国家订货任务、指令性任务的，有关民事主体之间应当依照有关法律、行政法规规定的权利和义务订立合同。依照法律、行政法规的规定负有发出要约义务的当事人，应当及时发出合理的要约。依照法律、行政法规的规定负有作出承诺义务的当事人，不得拒绝对方合理的订立合同要求”。

（2）从事公共运输和供用电、水、气、热力等合同

我国《民法典》第810条规定，“从事公共运输的承运人不得拒绝旅客、托运人通常、合理的运输要求”。《民法典》第648条第2款规定，“向社会公众供电的供电人，不得拒绝用电人合理的订立合同要求”。同时，《民法典》通过第656条的规定，将同为持续性供给合同的供用水、气、热力合同纳入参照适用供用电合同的范围，既避免了共性的重复，也为结合自身之个性出台更为细致的规则提供了足够的空间，实现了形式和内容的完美统一。

（3）强制保险

我国于2003年制定、2021年第三次修正的《道路交通安全法》第17条规定，“国家实行机动车第三者责任强制保险制度，设立道路交通事故社会救助基金。具体办法由国务院规定”。2006年制定、2019年第四次修订的《机动车交通事故责任强制保险条例》第2条第1款规定，“在中华人民共和国境内道路上行驶的机动车的所有人或者管理人，应当依照《中华人民共和国道路交通安全法》的规定投保机动车交通事故责任强制保险”。

（4）医疗领域

我国于2021年颁布的《医师法》第27条第1款规定，“对需要紧急救治的患者，医师应当采取紧急措施进行诊治，不得拒绝急救处置”。1994年通过、2022年第二次修订的《医疗机构管理条例》第30条规定，“医疗机构对危重病人应当立即抢救。对限于设备或者技术条件不能诊治的病人，应当及时转诊”。从上述医事法的规定考察，对于危重患者、需要紧急救治的患者，医疗机构负有强制缔约义务，但能否扩展至整个医疗服务合同领域？关于这一问题，学术界存在两种截然不同的观点：一种观点认为应当严格按照现行的法律规定，不能将其扩张至整个医疗服务合同领域，如学者翟方明、贺红强认为，之所以医疗机构对于非危急患者不负有强制缔约的义务并不是不考虑患者的权益，而是我国现阶段发展水平使然，现阶段医疗机构无力承担患者的医疗费，如一味地强调医疗机构对所

有患者负有强制缔约义务，会给医疗机构增加难以承受的负担；[1] 另一种观点则相对开放，认为应将强制缔约扩展至整个医疗服务合同领域，如焦艳玲认为强制缔约应当是医疗机构的普遍义务，我国公立医疗机构属于全民所有，其宗旨在于为全民提供医疗服务。[2] 笔者赞同后一种观点，主要是基于如下考虑：

首先，无论是我国的《基本医疗卫生与健康促进法》《医师法》，还是《医疗机构管理条例》及其实施细则，都将医师敬佑生命、救死扶伤、保护人民健康从职业规范上升为法律义务，这为医疗机构强制缔约提供了合法性基础。

其次，若是将医疗机构强制缔约的主体仅限定在“危重患者、需要紧急救治的患者”，而对这些群体之外的患者贯彻自由原则，将不利于对患者生命健康权益的保障，尤其是在我国当前医疗资源分布不均、医患关系相对紧张的情况下，有可能会产生更为严重的后果。而且，根据患者病情的轻重来确定医疗机构是否承担强制缔约义务显然有失妥当，因为与危急患者相比，普通患者的生命虽没有面临紧迫危险，但对于医疗机构而言其始终处于弱势地位，其缔约能力与医疗机构的缔约能力并不平等，因此理应获得同等保护。作为具有公共服务职能的医疗机构，对于所有患者的就诊请求均不得拒绝。

再次，将强制缔约适用于整个医疗服务合同领域，并不违反分级诊疗制度的建立，因为强制缔约制度并不是指任何情况下医疗机构都负有缔结合同的义务，从世界范围考察，强制缔约都有一些除外规定，如果现实之情形落入“除外规定”，则医疗机构也并不负有强制缔约的义务。分级诊疗只是限制患者不能无序前往任何一家医疗机构去缔结医疗服务合同，但对于符合分级诊疗制度的医疗机构，只要患者提出相应的要约，其仍然负有强制缔约的义务。

最后，从世界其他国家或者地区的立法体例考察，将强制缔约扩展至整个医疗服务合同领域已经存在一定的先例。例如，《日本医师法》第19

[1] 参见翟方明、贺红强：《医疗机构的强制缔约义务与法律风险防控》，载《中国卫生法制》2011年第3期。

[2] 参见焦艳玲：《论医疗机构的强制缔约义务》，载《医学与哲学》2009年第2期。

条规定，从事诊疗之医师，在诊查治疗之请求存在的场合，若无正当理由，不得拒绝该请求。[1]

3. 强制缔约的类型

除前述国家计划合同、公共运输、强制保险、医疗以及供用电、水、气、热力等合同等领域外，在邮政、证券、电信等领域，强制缔约亦有适用的空间。[2] 但若将这些领域的强制缔约从类型上考察，其主要被分为两类：一是强制要约，如强制保险即为适例；二是强制承诺，国家计划合同、公共运输、医疗以及供用电、水、气、热力等合同均为适例。从理论上讲，强制缔约具有广义和狭义之分，广义上的强制缔约包括强制要约和强制承诺，但是狭义上的强制缔约，仅指强制承诺。由于笔者探讨的远程医疗，属于医疗服务的范畴，在此仅在狭义上使用并予以讨论。

4. 远程医疗与强制缔约

在远程医疗合同缔约中，存在以下三种情形：一是患者（P）与邀请方医疗机构（H_1）成立医疗服务合同；二是患者（P）与受邀方医疗机构（H_2、H_3……）成立医疗服务合同；三是在某些特殊情况下，患者（P）同时与邀请方医疗机构（H_1）、受邀方医疗机构（H_2、H_3……）成立医疗服务合同。

如前文所述，强制缔约可以扩展至医疗服务合同领域，患者（P）向

〔1〕参见邓蕊：《医疗机构强制缔约义务的若干法律问题研究》，载《行政与法》2014 年第 10 期。

〔2〕1986 年通过、2015 年第二次修正的《邮政法》第 2 条第 2 款规定：“邮政企业按照国家规定承担提供邮政普遍服务的义务。”邮政普遍服务，是指按照国家规定的业务范围、服务标准，以合理的资费标准，为中华人民共和国境内所有用户持续提供的邮政服务。1998 年通过、2019 年第二次修订的《证券法》第 74 条第 1 款规定：“收购期限届满，被收购公司股权分布不符合证券交易所规定的上市交易要求的，该上市公司的股票应当由证券交易所依法终止上市交易；其余仍持有被收购公司股票的股东，有权向收购人以收购要约的同等条件出售其股票，收购人应当收购。”2000 年公布、2016 年第二次修订的《电信条例》第 17 条第 2 款规定：“主导的电信业务经营者不得拒绝其他电信业务经营者和专用网运营单位提出的互联互通要求。”除此之外，我国对承租人优先购买权、优先承租权的保护也具有强制缔约的属性。2020 年公布的《民法典》第 726 条第 1 款规定：“出租人出卖租赁房屋的，应当在出卖之前的合理期限内通知承租人，承租人享有以同等条件优先购买的权利；但是，房屋按份共有人行使优先购买权或者出租人将房屋出卖给近亲属的除外。”第 734 条第 2 款规定：“租赁期限届满，房屋承租人享有以同等条件优先承租的权利。”

邀请方医疗机构（H_1）发出要约，邀请方医疗机构（H_1）除具备法定的排除情形外，均负有强制承诺的义务。同时，由于我国各地区之间的医疗服务水平差异较大，邀请方医疗机构（H_1）在其医疗能力无法救治患者（P）时，征求患者（P）书面同意后，有能力的受邀方医疗机构（H_2、H_3……）负有强制承诺的义务，必须接受邀请方医疗机构（H_1）或者患者（P）的委托，为患者（P）提供远程医疗服务。[1]

（二）缔约过失的主要类型与责任主体

如前文所述，我国《民法典》第500条将缔约过失类型限定在“假借订立合同，恶意进行磋商”“故意隐瞒与订立合同有关的重要事实或者提供虚假情况”“有其他违背诚信原则的行为”三种情形中。在远程医疗中，主要存在患者（P）、邀请方医疗机构（H_1）、受邀方医疗机构（H_2）、第三方平台（P_1）四方民事主体，除患者（P）与第三方平台（P_1）之间不存在缔结合同的问题之外，其他主体之间均有可能因为一方在缔结合同的过程中违反诚实信用原则而产生缔约过失。

1. 患者（P）与邀请方医疗机构（H_1）的缔约过失

首先，尽管患者（P）与邀请方医疗机构（H_1）之间通常不存在“假借订立合同，恶意进行磋商”的情形，但若邀请方医疗机构（H_1）为了留住患者（P）在本院治疗，无论是否以营利为目的，其与受邀方医疗机构（H_2）就具体提供远程医疗服务的专家名单进行多次磋商，待专家名单确定后，该专家最终未能在实际就诊日为患者（P）提供相关远程医疗服务，导致患者（P）与邀请方医疗机构（H_1）之间的医疗服务合同无效或者被撤销，此时将构成缔约过失。

其次，如果邀请方医疗机构（H_1）提供了虚假信息，声称其与受邀方医疗机构（H_2、H_3……）之间存在远程医疗合作关系（但实际上却不存在），或者虽然与受邀方医疗机构（H_2、H_3……）之间存在客观上的远程医疗合作关系，但是出具了虚假的提供远程医疗服务的专家名单，在患者（P）实际就诊日时，无受邀方医疗机构（H_2）或者虽有受邀方医疗机构

---

〔1〕 参见张静、黄涛：《我国远程医疗法律问题初探》，载《医学与哲学》2019年第6期。

（H_2）却无事前指定的专家具体提供远程医疗服务，将导致患者（P）与邀请方医疗机构（H_1）之间的医疗服务合同无效或者被撤销，此时将构成缔约过失。

最后，我国《民法典》第500条所规定的“有其他违背诚信原则的行为”属于兜底性条款，保持了适度的开放性，这在远程医疗中，亦有一定的适用空间，如一方主体未尽通知义务而导致另一方信赖利益受损。至于实践中出现的缔约过失的其他具体类型，需要根据个案进行综合判断。

2. 邀请方医疗机构（H_1）与受邀方医疗机构（H_2）之间的缔约过失

在远程医疗中，邀请方医疗机构（H_1）与受邀方医疗机构（H_2）之间通常需要建立远程医疗合作合同法律关系。在双方缔结远程医疗合作合同法律关系的过程中，无论是邀请方医疗机构（H_1），还是受邀方医疗机构（H_2），实际上均有可能出现“假借订立合同，恶意进行磋商”“故意隐瞒与订立合同有关的重要事实或者提供虚假情况”“有其他违背诚信原则的行为”等情形，从而导致远程医疗合作合同没有成立，或者虽然成立但因为不符合法定的生效要件而被确认无效或者被撤销，造成另一方信赖利益的损失。

3. 邀请方医疗机构（H_1）、受邀方医疗机构（H_2）与第三方平台（P_1）之间的缔约过失

在远程医疗中，邀请方医疗机构（H_1）、受邀方医疗机构（H_2）之所以能够利用信息化技术手段实现对患者（P）的远程医疗，是因为有第三方平台（P_1）为其提供技术服务。由于邀请方医疗机构（H_1）、受邀方医疗机构（H_2）与第三方平台（P_1）之间均缔结的是技术服务合同，其法律构造基本相同，故将二者做统合讨论，可以避免不必要的重复。邀请方医疗机构（H_1）、受邀方医疗机构（H_2）在与第三方平台（P_1）缔结技术服务合同的过程中，三者中的任一主体均有可能出现“假借订立合同，恶意进行磋商”“故意隐瞒与订立合同有关的重要事实或者提供虚假情况”“有其他违背诚信原则的行为”等情形，进而导致相对方信赖利益的损失，产生缔约过失赔偿责任。

三、远程医疗缔约过失法律关系的客体和内容

（一）缔约过失法律关系的客体

民事法律关系的客体是当事人权利义务指向的对象。在远程医疗缔约过失法律关系中，无论是患者（P）、第三方平台（P_1），还是邀请方医疗机构（H_1）、受邀方医疗机构（H_2），若两个主体之间构成远程医疗缔约过失法律关系，那么双方当事人权利、义务所指向的对象即为信赖利益，反映到缔约过失责任中，即表现为信赖利益的赔偿。

（二）缔约过失法律关系的内容

民事法律关系的内容主要是指民事主体之间的权利和义务。缔约过失之所以发生，是因为一方违反了依据诚实信用原则所产生的附随义务，这种附随义务常表现为忠实、协助、通知、保密、保护等，如对患者的一般保护义务、对患者的康复进行指导的义务、对患者病情的保密义务。需要注意的是，这些附随义务是法定义务，要求当事人在缔结合同的过程中予以履行。如果违反这些附随义务，就有可能给对方当事人造成一定的损失，即信赖利益的损失。与违约不同，缔约过失只能发生在当时缔结合同的过程中，即合同成立之前，或者虽然合同已经成立，但是不符合法定生效条件，导致该合同被确认为无效或者当事人行使了撤销权致使该合同不存在，而违约存在的前提之一就是存在有效合同，由于违反了该有效合同所确立的义务而需要承担一定的民事责任，这是缔约过失和违约的根本区别。当患者（P）、第三方平台（P_1）、邀请方医疗机构（H_1）、受邀方医疗机构（H_2）之间存在缔约过失法律关系时，违反诚实信用原则的一方负有赔偿另外一方信赖利益损失的义务。与之相对，另外一方有权利请求违反诚实信用原则的一方赔偿信赖利益的损失。关于具体的损失赔偿范围，即缔约过失责任大小，笔者将在第 6 章“远程医疗中的民事责任”中详细阐述，为了避免重复，在此不赘。

第四节 远程医疗的侵权法律关系

远程医疗的合同法律关系重在通过合同约定调节不同主体之间的利益

关系，本质上是权利、义务和责任，但是其受到合同相对性原理的限制，脱离具体的合同法律关系，守约或者受到损害的一方当事人往往难以寻求救济。与远程医疗的合同法律关系不同，远程医疗的侵权法律关系主要保护的是民事主体的合法权益，既包括民事权利，也包括受法律保护的民事利益，统称为“民事权益”。侵权责任救济作为民事救济的一种重要类型，其首要的功能依然是填补被侵权人的损害，既包括人身损害，也包括财产损害，还包括精神损害。同时，通过科学合理的侵权责任制度规则预防损害发生，对侵权人进行必要的教育和惩戒，实现利益和秩序的均衡。

一、远程医疗侵权责任的构成要件

所谓构成要件，简言之，就是指其成立之必备要素。按照我国侵权责任法的一般原理，远程医疗除应当适用侵权责任的一般规定之外，主要适用医疗损害责任。对此，我国《民法典》侵权责任编第6章（医疗损害责任）、《最高人民法院关于审理医疗损害责任纠纷案件适用法律若干问题的解释》等已经作出了较为明确的规定。由于医疗损害责任除医疗产品责任适用无过错责任外，其他通常适用过错责任原则。因此，远程医疗侵权责任的构成要件通常包括侵害行为、损害、因果关系、过错。

（一）侵害行为

在侵权行为法上，侵害行为直接来源于罗马法上的私犯概念，是指自己实施的侵害或者加害行为。对于准私犯而言，侵害行为表现为要对他人行为或者管控的物件致人损害负责。侵害行为包括行为和违法两个要素。首先，行为是构成侵权责任的前提，侵害行为必须由行为而非思想等行为之外的事实构成。其次，这种侵害行为具有违法性，必须在客观上违反了法律。[1] 在远程医疗侵权中，患者（P）的合法权益是保护的重心，可能会对其合法权益造成侵害的民事主体包括邀请方医疗机构（H_1）、受邀方医疗机构（H_2、H_3……）以及第三方平台（P_1），这种侵害行为既包括民事主体自己直接实施的侵害行为，也包括对他人行为或者管控的物件致人

---

〔1〕 参见杨立新：《侵权责任法》（第4版），法律出版社2020年版，第65－68页。

损害应当负责的侵害行为。但无论哪一种情形，这些侵害行为在本质上均具有不法性，应当给予否定性评价。就具体的民事权益而言，我国《民法典》第109条、第110条第1款、第111条、第112条、第113条分别对自然人的一般人格权、具体人格权、个人信息权益、身份权、财产权等作出了规定，这些权利多属绝对权，是侵权责任编主要的保护对象。在远程医疗侵权中，对患者（P）的侵害主要体现为具体人格权的侵害，包括生命权、身体权、健康权、姓名权、肖像权、名誉权、荣誉权、隐私权、个人信息等权益。

（二）损害

在侵权责任法上，损害有时也被称为损害后果，主要是指受害人所遭受的不利后果，这种不利后果是因为他人的侵害行为所致，在形式上常表现为人身、财产和精神方面的损害。需要注意的是，损害一般是现实已经发生的，但也存在一定的例外，即在法律有特别规定时，即便损害没有现实发生，亦构成侵权法上的损害。例如，我国《民法典》第1226条规定，“医疗机构及其医务人员应当对患者的隐私和个人信息保密。泄露患者的隐私和个人信息，或者未经患者同意公开其病历资料的，应当承担侵权责任”。这主要考虑到如果医疗机构或者其医务人员泄露患者（P）的隐私和个人信息，或者未经患者（P）同意公开其病历资料有可能对患者的生活、工作和学习造成重大影响，是一种较为严重的侵权行为。为遏制这种行为，无论该行为对患者（P）是否造成损害，医疗机构及其医务人员都应当承担侵权责任。[1] 至于远程医疗所致损害是单一类型的损害（如人身损害或财产损失），还是复合损害（如人身损害和精神损害），在所不论，但一般而言主要是人身损害。

对损害的认定主要分为两种学说：一种是德国学者毛姆森（Mommsen）提出的差额说，认为损害是被侵权人对该特定损害事故之利益，即损害的具体数额为被侵权人未遭受损害时的利益与受损后剩余利益的差额；另一种是日本学者平井宜雄提出的损害事实说，认为损害是被侵权人

---

〔1〕 参见黄薇主编：《中华人民共和国民法典释义及适用指南》，中国民主法制出版社2020年版，第1871页。

所蒙受的不利益的事实，这种不利益的事实是法院裁判的基础，而金钱赔偿只是裁判后的归结，因此不能将作为责任构成要件的损害与作为赔偿范围的损害混淆。笔者赞同损害事实说的观点，在远程医疗侵权损害赔偿中，由于医疗活动的专业性和远程医疗的跨地域性，患者（P）往往处于弱势地位，对医疗行为和结果的认知有限，如果将损害赔偿数额的证明责任施加于患者（P），可能会进一步加重患者（P）的举证责任负担。

关于精神损害，我国《民法典》不仅通过人格权编第996条创新性地支持违约中的精神损害赔偿，而且在侵权责任编第1183条对精神损害赔偿进行了较为详细的规定，即“侵害自然人人身权益造成严重精神损害的，被侵权人有权请求精神损害赔偿。因故意或者重大过失侵害自然人具有人身意义的特定物造成严重精神损害的，被侵权人有权请求精神损害赔偿”。由此可见，我国对精神损害赔偿的限定较严，主要体现在两个方面：一是寻求救济的主体仅限于自然人；二是为了防止该项制度的滥用，采取了容忍限度理论，[1] 进行必要的利益衡量。具体而言，一般的痛苦或者心情不悦，属于社会一般人的容忍限度，超过社会一般人的容忍限度所造成的痛苦，则落入精神损害的范畴，达到了严重的程度，进入可以寻求法律救济并获得支持的区间。当前，我国对精神损害赔偿的额度不高，这与我国社会经济发展状况和所处的阶段密切相关。至于具体的数额，需要司法机关综合侵权人的过错程度、侵害手段、场合、行为方式、侵权行为所造成的后果综合确定，由法官自由裁量，实现公正裁决，让受害人感受到法律的公平正义。在远程医疗中，尽管法院支持受害者精神损害赔偿的案件并不多，但是这项重要制度可以随时被激活，对受害人而言，是一种重要的制度保障。

---

[1] 容忍限度理论是日本学者运用利益衡量理论解决新产生公害问题的产物。其核心在于通过对受害者所遭受侵害的性质、程度以及加害行为的公共性、回避可能性等因素进行综合的利益衡量，得出终局的违法性判断。该理论由著名民法学家加藤一郎提出，被淡路刚久、野村好弘等知名学者所发展，对整个日本民法学界的影响也最为深远。参见张利春：《日本公害侵权中的“容忍限度论”述评——兼论对我国民法学研究的启示》，载《法商研究》2010年第3期。

（三）因果关系

有的学者认为，因果关系是一个哲学概念，是反映事物、现象之间的相互联系、相互制约的一种关系。无论是在自然界中，还是在人类社会中，处于相互联系、相互制约关系中的任何一种现象的出现，都是由某种或某些现象引起的，而这种或这些现象的出现，又会进一步引起另外一种或一些现象的产生。这里，引起某一现象产生的现象叫原因，而被某种或某些现象所引起的现象叫结果。客观现象之间的这种引起和被引起的关系，就是事物的因果关系。把哲学上因果关系的概念和原理借用于侵权行为法中，是指违法行为作为原因，损害事实作为结果，只有在违法行为与损害结果之间有因果关系并符合其他构成要件时，侵权人才承担赔偿责任。[1]

坦率地说，无论是哲学上的因果关系，还是法学上的因果关系，均经历了长期探讨，但迄今尚未得出令人信服定论的问题。在哲学上，英国著名哲学家大卫·休谟（David Hume）最早探讨因果关系必然性问题，其基于经验主义的立场，否认了人们可以基于经验而得到具有必然性的因果关系的结论。其主张，人们在日常生活中对因果关系的使用，仅仅是一种基于心理的习惯。德国著名哲学家康德（Immanuel Kant）则认为因果关系并非一种基于心理的习惯，而是属于先验范畴，认为现象与先验范畴相符合具有必然性。秉持逻辑经验主义的学者则认为，因果关系仅仅是一种概率上的讨论。在法学上，美国加州大学弗莱明（Fleming）教授认为侵权法中的因果关系，是最困扰法院和学者的问题。美国学者波斯纳（Richard Allen Posner）认为，该问题值得说的已说过多次，而不值得说的也说得不少。我国台湾地区学者王泽鉴教授更是在其《侵权行为法》专著中坦言："虽然自己写了50多页，但多在重复他人已说过的见解，并说了许多不值得说的话。"[2] 由此可见，因果关系的判定十分复杂，大陆法系、英美法系创立的"条件说""相当因果关系说""盖然因果关系说""法律上的因果关系""事实上的因果关系""近因理论"等学说，不仅在学术上存在

---

〔1〕参见江平主编：《民法学》（第4版），中国政法大学出版社2019年版，第515页。
〔2〕刘炫麟：《大规模侵权研究》，中国政法大学出版社2018年版，第149－150页。

争议，而且在司法实践中也存在分歧。

医疗行为具有自身的特殊性，它不同于（一般的）消费行为，其主要是为了恢复患者（P）的身体健康所实施的诊疗，具有一定的公益属性，这亦是国家保障全民健康所肩负的重要职责。但是医疗行为多伴有侵袭性的特点，即在治疗的同时，也会对患者（P）造成一定的损害或者风险，这种损害或者风险通常通过患者知情同意予以违法性阻却，使医疗行为的正当性得到满足。但是，知情同意书中所描述的损害或者风险必须是非医疗过错引起的，如果医疗机构存在医疗过错导致患者（P）受损，即便在知情同意书中作出了免责的说明，亦不发生效力。我国《民法典》第506条规定，“合同中的下列免责条款无效：（一）造成对方人身损害的；（二）因故意或者重大过失造成对方财产损失的”。尽管知情同意书并不能简单归类于合同范畴，但是其“造成对方人身损害”“因故意或者重大过失造成对方财产损失”的免责事由违反了法律的强制性规定，也有悖于公序良俗。按照我国《民法典》第153条的规定，“违反法律、行政法规的强制性规定的民事法律行为无效。但是，该强制性规定不导致该民事法律行为无效的除外。违背公序良俗的民事法律行为无效”。在远程医疗中，通常存在两所以上医疗机构，即邀请方医疗机构（H_1）、受邀方医疗机构（H_2、H_3……）。除此之外，还涉及为这些医疗机构提供远程医疗技术服务的第三方平台（P_1）。由于主体数量较多，行为方式各异，介入程度不一，这些因素决定了侵权人的侵害行为与被侵权人的损害结果之间的因果关系判断和证明十分复杂，最终仍需回归至远程医疗的具体类型进行讨论，试图从整体上做一个格式化、统一化甚至同一化的因果关系乃至构成要件的判断，恐怕是难以实现的，一个突出而重要的原因就是每一种远程医疗的类型在法律构造上均各不相同。

（四）过错

在侵权责任法领域，过错责任产生最早，也具有广泛的适用性，因此对过错的界定和判断就变得十分重要。从体系上看，过错主要包括故意和过失。其中故意又可分为直接故意和间接故意，前者是指行为人虽然预见到损害后果，但依然追求或者希望发生这一损害后果，后者则指行为人虽然预见到损害结果，不追求或者希望损害后果发生，但采取的是一种漠视的态度，放任结果发生，至于最终是否发生，并不是侵权行为人所关心的。因此，故意是可谴责性程度最高的一种心理状态。在医疗领域，由于医事法律的规定较为严密，医务人员受过专业训练且具有较高的职业道德，因此故意造成患者（P）损害的可能性不大，其在实践中常表现为另外一种与之对应的心理状态，即过失。过失分为疏忽大意的过失和过于自信的过失，尽管二者在心理状态上均不追求或者放任损害结果发生，但是构成注意义务的违反，仍然属于苛责的范围，只是程度与故意相比较轻而已。我国台湾地区学者曾世雄将“过失”界定为“能够预见损害的发生，能够避免损害的发生，未避免损害的发生。”[1] 按照过失的程度，侵权责任法上通常将其分为轻微过失、一般过失和重大过失。一般来说，轻微过失通常违反的是善良管理人的注意义务。一般过失是指一般人在通常情况下的过失，违反的是与处理自己事务相同的注意义务。重大过失是指对自身的注意义务存在重大缺陷，表现为极端轻信或者疏忽的心理状况，尤其表现为特定职业的主体负有更高的注意义务，但是在具体的行为过程中，其不但没有尽到与特定职业相关的注意义务，且违反了一般人的注意义务。因此，在过失领域，重大过失具有最高的可谴责性。

当然，如何在法律上界定一般人的注意义务较为困难。有的学者认为，判断是否有过失主要应当考虑行为人是否达到了法律、行政法规、部门规章、操作规程等的要求以及一个理性人在当时、当地的条件下所作出的合理反应，不只是仅考虑行为人的自身状况。[2] 在远程医疗中，除第三方平台（P_1）外，无论是邀请方医疗机构（H_1）及其医务人员，还是受邀方医疗机构（H_2、H_3……）及其医务人员，其作为专业机构和专业人士，对患者（P）均负有特别注意义务，此时可以不再考虑行为人的自身情况，因为我国《医师法》《医疗机构管理条例》等法律法规已经对其执业的资格和条件作出了详细规定。一旦进入医疗行业，这些主体自然负有特别注意义务。

医疗过失举证责任分配是指在医疗纠纷案件中，确定医疗机构或医务

---

〔1〕 曾世雄：《损害赔偿法原理》，中国政法大学出版社 2001 年版，第 81 页。

〔2〕 参见张新宝：《侵权责任法》（第 5 版），中国人民大学出版社 2020 年版，第 36 页。

人员是否存在过失的证明责任分配。我国医疗过失举证责任分配经历了3次立法演变，2002年《最高人民法院关于民事诉讼证据的若干规定》施行以前采取“谁主张，谁举证”，当事人对自己的主张应当承担举证责任，在不能提供证据或者提供的证据不能予以证明其主张事实成立的情况下应当承担举证不能的法律后果；2002年4月1日至2010年6月30日期间则是“举证责任倒置”阶段，患者对医疗过失、医疗行为与损害结果间的因果关系不再负有举证义务，而改变为由医疗机构对此承担举证责任；2010年7月1日（《侵权责任法》施行）起至今，医疗过失举证责任实行区分类型确定举证责任的制度，一般由患者证明医方存在过错，医方在特定情况下就医疗行为没有过错进行举证。

医疗损害的归责原则往往决定着举证责任的分配，我国当下关于医疗过失举证责任分配采取以过错原则为主、过错推定原则为辅的方式。《民法典》第1218条规定，“患者在诊疗活动中受到损害，医疗机构或者其医务人员有过错的，由医疗机构承担赔偿责任”，该条款明确了一般医疗损害采用过错责任原则，举证责任为“谁主张，谁举证”，即由患者对医疗机构是否存在过错进行举证，若医疗机构主张不承担责任，应当就《民法典》第1224条规定的免责事由承担举证责任。同时由于医疗行为的专业性和复杂性，患者在证据取得、保存等方面处于相对弱势的地位，《民法典》第1222条规定了过错推定原则，规定患者在诊疗活动中受到损害，有下列情形之一的，推定医疗机构有过错：（1）违反法律、行政法规、规章以及其他有关诊疗规范的规定；（2）隐匿或者拒绝提供与纠纷有关的病历资料；（3）遗失、伪造、篡改或者违法销毁病历资料。这三种情形实行举证责任倒置，由医疗机构就其不存在过错承担举证责任，患者不需要证明医疗机构有过错，只需要证明医疗机构或医务人员存在这三种情况之一即可。值得注意的是，第二、三种情形适用过错推定原则的前提是医疗机构确实存在隐匿、拒绝提供、遗失、伪造、篡改病历资料等行为，而对这一事实的证明义务仍由患者负有，若患者不能举证证明存在该事实，则不能根据过错推定原则来认定医疗机构存在医疗过错。

二、远程医疗侵权法律关系

远程医疗侵权法律关系是以侵权责任的视角观察或者穿透远程医疗领

域，属于侵权责任法在远程医疗这一领域的适用。侵权法律关系与合同法律关系、人格权法律关系、继承法律关系等相似，均属于民事法律关系的一种，因此，在构成要素上仍然需要具备主体、客体和内容。考虑到第 6 章将会具体探讨远程医疗中的民事责任，在此仅从宏观上加以探讨。

（一）主体

在远程医疗侵权法律关系中，其以保护患者（P）的合法权益为重心，因此侵权主体主要为除了患者（P）以外的其他主体，从前述对远程医疗具体类型的合同法律关系分析来看，其主要涉及邀请方医疗机构（H_1）、受邀方医疗机构（H_2、H_3……）以及第三方平台（P_1）。按照法学界的通说，侵权责任中的“权”主要是指绝对权，具有对世效力。根据绝对权的固有特性，除患者（P）作为权利主体之外，其他主体均为义务主体，均负有不得侵害患者（P）的人身权等绝对权的义务。因此，在远程医疗中，无论其他主体与患者（P）之间是否存在一定的合同法律关系，只要其违反了法定或者约定的注意义务造成患者（P）绝对权的侵害，就有可能成为侵权责任主体，因此从理论上说，邀请方医疗机构（H_1）、受邀方医疗机构（H_2、H_3……）以及第三方平台（P_1）均有可能成为侵权责任主体。但需要注意的是，在远程医疗的具体类型中，还需要进一步作出更为精准的判断。总之，侵权责任主体的问题十分重要，它决定着患者（P）及其近亲属向谁主张赔偿，以及如何主张，关系到民事诉讼上的诉讼管辖等。同时，它也是司法机关正确裁判的基础问题之一，让真正的责任主体实现责任自负，彰显公平正义的理念。

（二）客体

远程医疗侵权法律关系的客体是权利义务所指向的对象，主要指侵权责任法保护的民事权益。在我国《民法典》出台之前，原《侵权责任法》第 2 条第 2 款曾经对民事权益进行过界定，即“本法所称民事权益，包括生命权、健康权、姓名权、名誉权、荣誉权、肖像权、隐私权、婚姻自主权、监护权、所有权、用益物权、担保物权、著作权、专利权、商标专用权、发现权、股权、继承权等人身、财产权益”。尽管该条使用的“等人身、财产权益”的立法表述，旨在保持适度的开放性，但是从明确列举的18种民事权利来看，其主要是绝对权，且没有明确列举受法律保护的利益的类型。从当前的医疗实践观察，患者（P）受侵害的绝对权主要是人身权，尤其是生命权、健康权、身体权、隐私权和个人信息保护等权益。其他类型的权利虽有可能涉及，但是从中国裁判文书网的检索结果来看，涉及的案件非常少，在此不予讨论。

（三）内容

根据权利义务之间的因果关系，可以分为第一性权利义务和第二性权利义务，第一性权利义务是法律规定或合同约定的原有的权利义务，它没有受到人为破坏，不存在违法行为及其所引起的法律责任，也不需要对任何人实施法律制裁；第二性权利义务是在原有权利义务受到侵害条件下形成的权利义务，产生了法律责任，当法律责任带有惩罚性时，法律制裁也会随之出现。[1] 远程医疗侵权法律关系的内容主要是侵权法律关系主体之间的权利义务关系，与合同法律关系中的第一性权利义务关系不同，其主要表现为第二性权利义务关系。

远程医疗侵权法律关系主要包括两个方面：一是患者（P）作为受害人应享有的侵权损害赔偿请求权；二是邀请方医疗机构（H_1）、受邀方医疗机构（H_2、H_3……）以及第三方平台（P_1）作为侵权主体应承担的侵权责任。侵权损害赔偿请求权是作为第二性权利存在的，即是在原有权利受到损害时产生的一种救济权利。受害人可以通过行使侵权损害赔偿请求权，要求侵权人对其因侵权行为所遭受的损失进行赔偿。赔偿的范围包括直接损失和间接损失，应根据案件具体情况进行认定。与第二性权利相对，邀请方医疗机构（H_1）、受邀方医疗机构（H_2、H_3……）以及第三方平台（P_1）应该承担第二性义务，即在实施远程医疗侵权行为后所应承担的责任。在传统侵权法上，尤其是在大陆法系国家，他们倾向于将侵权行为作为债的发生原因之一，在形式上将侵权行为编入债法，在实质上奉行用债的规则解决侵权责任问题。于是，损害赔偿便成为承担侵权责任最主

---

〔1〕 参见张文显主编：《法理学》（第3版），高等教育出版社2007年版，第145页。

要的形式。但是仅有损害赔偿之债的履行或者责任的承担不足以应对现实之情形，还有停止侵害、排除妨碍、消除危险、赔礼道歉等侵权责任承担方式。至于是适用一种侵权责任承担方式，还是合并适用多种侵权责任承担方式，需要结合远程医疗具体类型中的侵权状况最终决定。讨论侵权法律关系的内容，除了强调对受害人的救济之外，还包含对侵权人的否定性评价，无论是财产上的给付，还是非财产上的给付，从法律后果看，实际上都是不利于侵权人的，这与侵权责任法的功能密切联系在一起，实现了受害人的权益保护和侵权行为人的行动自由之间的平衡。

第六章
远程医疗中的民事责任

第一节　远程医疗中的民事责任概述

一、民事责任

民事责任是与行政责任、刑事责任、违宪责任并列的一种法律责任，主要是指由于民事主体实施了违法行为或者违约行为所应当承担的不利后果。我国《民法典》第176条规定，“民事主体依照法律规定或者按照当事人约定，履行民事义务，承担民事责任”。换言之，民事主体对民事义务的违反，就会带来民事责任，至于这种民事义务是法定义务还是约定义务，在所不论。民事责任与民事权利、民事义务具有紧密的联系。民法是私法，确认了民事主体的各种民事权利，这种民事权利无论是法定权利还是约定权利，实际上都依赖于民事义务的全面履行和适当履行，否则民事主体所享有的私法上已经确立的民事权益就难以实现。民事义务的履行既仰赖于民事主体的自觉行动，亦需具有国家强制力的民事责任作为保障，从而对相关的义务主体形成一定的约束和威慑，使其必须履行民事义务，否则就要承担民事责任。从1986年《民法通则》（已废止）开始到当前的《民法典》，我国民事立法确立了“民事权利—民事义务—民事责任”的立法模式，并深深嵌入我国的法律文化之中。

二、远程医疗的民事责任

法谚有云：“无救济，则无权利。”通过前文的分析可以发现，远程医疗中不仅民事主体繁多，而且各自之间的法律关系复杂，既包括合同法律关系，也包括缔约过失法律关系，还包括侵权法律关系。对于患者（P）、邀请方医疗机构（H_1）、受邀方医疗机构（H_2、H_3……）以及第三方平台（P_1）等主体而言，如果是在合同关系已经成立的情况下，其可以寻求违约责任的救济，但是如果违约行为还造成另外一方的固有权利受损，受损害的一方在保有违约救济的同时，仍可选择侵权责任的救济，此时将构成违约责任和侵权责任的竞合。我国《民法典》第186条已经有了明确的规定，“因当事人一方的违约行为，损害对方人身权益、财产权益的，受损害方有权选择请求其承担违约责任或者侵权责任”。当然，在民事主体之间尽管不存在合同关系，但是一方民事主体侵害了另一方的绝对权，也将有可能构成侵权，作为受到损害的一方可以寻求侵权责任救济。在违约责任和侵权责任之外，如果在双方缔结合同的过程中，一方民事主体违反了依据诚实信用原则所产生的先合同义务，给对方造成损害，此时将有可能产生缔约过失责任。当然，这是从整体上进行划分的，如果想清晰厘定和精准剖析这些责任性质、责任主体和责任形态，仍需回归到远程医疗的具体类型，对此笔者将在后文中详细阐述，在此不赘。

第二节　远程医疗中的违约责任

从国家和地方的立法、政策以及当前的实践观察，远程医疗的具体类型主要包括远程病理诊断、远程医学影像（含影像、超声、核医学、心电图、肌电图、脑电图等）诊断、远程监护、远程会诊、远程门诊、远程病例讨论及省级以上卫生健康行政部门规定的其他项目。因此，要讨论远程医疗中的违约责任，必须先行厘清远程医疗各种类型中已经成立的合同法律关系。由于笔者已经在第5章第2节较为详细地分析了远程医疗具体类型中的合同法律关系，为了避免重复，在此仅作总结和概括处理（如表6-1所示），并在此基础上进行违约责任的讨论。需要说明的是，为了避免重点分散和不必要的重复，笔者对远程医疗中的违约行为和违约责任并没有作全面的分析，而是选择其典型样态进行探讨。

表 6－1　远程医疗的类型与各主体之间的合同法律关系

远程医疗的类型	医疗服务合同法律关系	远程医疗合作合同法律关系	咨询服务合同法律关系	技术服务合同法律关系	买卖/租赁合同法律关系
远程病理诊断	P 与 H_1	H_1 与 H_2	H_1 与 H_2	P_1 与 H_1 和/或 H_2	无
远程医学影像诊断	P 与 H_1	H_1 与 H_2	H_1 与 H_2	P_1 与 H_1 和/或 H_2	无
远程监护	P 与 H	无	无	无	P 与 H 或者 P 与 EP、H 与 EP
远程会诊	P 与 H_1	H_1 与 H_2	H_1 与 H_2	P_1 与 H_1 和/或 H_2	无
远程门诊	P 与 H_2（特殊情况下 P 与 H_1）	H_1 与 H_2	无	P_1 与 H_1 和/或 H_2	无
远程病例讨论	P 与 H_1	H_1 与 H_2	H_1 与 H_2	P_1 与 H_1 和/或 H_2	无

注：患者（P）、设立远程监护中心的医疗机构（H）、邀请方医疗机构（H_1）、受邀方医疗机构（H_2）、第三方平台（P_1）、设备供应商（EP）。

一、医疗服务合同与违约责任

（一）医疗服务合同的普遍性

除远程监护中不涉及同时具有邀请方医疗机构（H_1）、受邀方医疗机构（H_2）之外，其他远程医疗的类型均涉及这两类重要的民事主体，而且除远程门诊外，患者（P）与邀请方医疗机构（H_1）、设立远程监护中心的医疗机构（H）之间均存在医疗服务合同。在特殊情况下，远程门诊中的患者（P）与邀请方医疗机构（H_1）亦存在医疗服务合同，只不过此时的医疗服务合同与通常的医疗服务合同存在较大的差异性，其中最为关键的差异性表现为此时的医疗服务合同欠缺核心的诊疗内容，其所凸显的是为患者（P）和受邀方医疗机构（H_2）之间的诊疗提供“平台”服务或者技术服务，其在患者（P）诊疗过程中起到辅助作用，且全过程由邀请方医疗机构（H_1）主导。由此可见，在远程医疗中，其仍然遵循线下就诊的一般规律和原则，患者（P）需要与有关医疗机构建立医疗服务合同关系，这具有一定的普遍性。

（二）违约行为与违约责任

前文已述，由于医疗服务合同在民法上属于非典型合同，其在法律适用中需要按照我国《民法典》第 467 条第 1 款的规定进行处理，即“本法或者其他法律没有明文规定的合同，适用本编通则的规定，并可以参照适用本编或者其他法律最相类似合同的规定”。我国《民法典》合同编第 1 分编第 8 章以专章的形式规定了违约责任。对于普通的医疗行为，患者（P）虽与某一医疗机构存在医疗服务合同，但是由于缺少合同条款的约定，尤其是不能对治疗效果进行约定，在患者（P）或者医疗机构（H）不履行合同义务或者履行合同义务不符合约定时，其仍应当承担继续履行、采取补救措施或者赔偿损失等违约责任，这已经为我国《民法典》第 577 条所确立。在远程医疗涉及医疗美容服务时，医患双方可以通过图片、影像等进行效果上的约定，使医疗服务合同的约定内容更为详细，在一方违约尤其是医疗机构违约时，具有更加广阔的探讨空间。

1. 患者（P）的违约行为与违约责任

远程医疗中患者（P）违约的情况多种多样，在实践中最为突出的表现为患者（P）爽约，如邀请方医疗机构（H_1）已与受邀方医疗机构（H_2）的专家协调好了看诊时间，但患者（P）却没有按照与邀请方医疗机构（H_1）确认或者约定的时间前往医疗机构就诊，使邀请方医疗机构（H_1）与受邀方医疗机构（H_2）蒙受机会成本与时间成本的损失。此时，患者（P）应当如何承担违约责任？一般而言，患者（P）在医疗机构挂号并支付了相应的挂号费，挂号信息已经生成，患者（P）与医疗机构之间的合意已经达成，医疗服务合同即成立并生效，患者（P）有义务按照双方约定的时间前往医疗机构就诊。如果患者（P）违反这一约定义务，其已经支付的挂号费应当如何处理？是否应当由患者（P）承担丧失挂号费的违约责任？关于这一问题，实际情况比较复杂，不可一概而论，而是需要区分是否存在法定的免责事由并对两种场景进行分别讨论。

（1）存在法定的免责事由

在医疗服务合同中，最常见的免责事由就是因为不可抗力不能履行的情况。我国《民法典》第590条规定，“当事人一方因不可抗力不能履行合同的，根据不可抗力的影响，部分或者全部免除责任，但是法律另有规定的除外。因不可抗力不能履行合同的，应当及时通知对方，以减轻可能给对方造成的损失，并应当在合理期限内提供证明。当事人迟延履行后发生不可抗力的，不免除其违约责任”。关于何谓不可抗力，我国《民法典》第180条亦有明确的规定，“因不可抗力不能履行民事义务的，不承担民事责任。法律另有规定的，依照其规定。不可抗力是不能预见、不能避免且不能克服的客观情况”。2020年至2022年疫情期间，当事人不能如约前往医疗机构就诊，大部分是因为新冠疫情管控的原因，关于新冠疫情是否构成不可抗力，最高人民法院曾于2020年4月16日发布《最高人民法院关于依法妥善审理涉新冠肺炎疫情民事案件若干问题的指导意见（一）》，其采取的是分类考虑的思路，[1] 即区分为完全免责和部分免责。医疗机构对此采取较为宽松的认定，只要是因为疫情不能按照约定时间就诊的，一律允许退号，是否需要提交一定的证明或者让相关医师签字，在具体操

---

〔1〕《最高人民法院关于依法妥善审理涉新冠肺炎疫情民事案件若干问题的指导意见（一）》第3条规定，依法妥善审理合同纠纷案件。受疫情或者疫情防控措施直接影响而产生的合同纠纷案件，除当事人另有约定外，在适用法律时，应当综合考量疫情对不同地区、不同行业、不同案件的影响，准确把握疫情或者疫情防控措施与合同不能履行之间的因果关系和原因力大小，按照以下规则处理：（1）疫情或者疫情防控措施直接导致合同不能履行的，依法适用不可抗力的规定，根据疫情或者疫情防控措施的影响程度部分或者全部免除责任。当事人对于合同不能履行或者损失扩大有可归责事由的，应当依法承担相应责任。因疫情或者疫情防控措施不能履行合同义务，当事人主张其尽到及时通知义务的，应当承担相应举证责任。（2）疫情或者疫情防控措施仅导致合同履行困难的，当事人可以重新协商；能够继续履行的，人民法院应当切实加强调解工作，积极引导当事人继续履行。当事人以合同履行困难为由请求解除合同的，人民法院不予支持。继续履行合同对于一方当事人明显不公平，其请求变更合同履行期限、履行方式、价款数额等的，人民法院应当结合案件实际情况决定是否予以支持。合同依法变更后，当事人仍然主张部分或者全部免除责任的，人民法院不予支持。因疫情或者疫情防控措施导致合同目的不能实现，当事人请求解除合同的，人民法院应予支持。（3）当事人存在因疫情或者疫情防控措施得到政府部门补贴资助、税费减免或者他人资助、债务减免等情形的，人民法院可以作为认定合同能否继续履行等案件事实的参考因素。

作上各个医疗机构之间存在一定的差别。在这种情况下，退号是否需要考虑时间节点，即在挂号单上显示的约定就诊时间之前还是之后？实践调研发现，几乎所有的医院都允许办理退号，通常并不区分退号的行为发生在双方约定的就诊时间之前还是之后。之所以将其界定为“通常”情况下，是因为有的患者（P）并非通过现场退号，而是通过平台（如114、京医通）或者医院的APP（应用程序）退号，这些平台会对患者（P）退号的时间节点作出一定的限制。例如，114网上预约挂号平台就曾明确规定，用户在医院规定的取消时限内可以取消预约号，超过退号截止时间系统将限制用户退号，一般截止时间为就诊日期的前一日15：00，就诊当天不能取消当日预约号。如此一来，若患者（P）客观上违反了该规则，就有可能产生不予退费的风险。尽管可以通过各种途径维权，但成本较高，程序亦更为复杂。

（2）不存在法定的免责事由

实践中，有些患者（P）并不存在不可抗力这样的免责事由，此种情况下，如果患者（P）不能在双方约定的就诊时间前往医疗机构就诊，其能否请求医疗机构退还相应的挂号费用？如果患者（P）在双方约定的就诊时间之前明确表示或者以自己的行为表明将不履行合同义务，此时将构成预期违约。按照我国《民法典》第578条的规定，“当事人一方明确表示或者以自己的行为表明不履行合同义务的，对方可以在履行期限届满前请求其承担违约责任”。从学理的角度考察，在没有法定事由且构成预期违约的情况下，患者（P）实际上需要承担违约责任，其无权请求医疗机构退还相应的挂号费用。如果患者（P）没有按照双方约定的就诊时间前往医疗机构就诊，而是申请在就诊时间之后退还挂号费用，与患者（P）在约定的就诊时间之前申请退号退费相比，显然具有更高的苛责性，不予退还挂号费具有更坚实的正当性基础。但是从实务的角度考察，却发生了一定的“错位”。调研发现，在现场退号退费中，无论患者（P）在双方约定的就诊时间之前还是之后进行，几乎均可获得支持。只有在通过平台或者医院APP上挂号时，会受到一定的限制。当然，需要特别注意的是，现实中也有一部分医疗机构掌握更严的原则，即在双方约定的时间之前退号退费是允许的，但是在双方约定的时间之后退费则不能获得支持。

2. 医疗机构的违约行为与违约责任

医疗服务合同是以医疗机构及医务人员提供医疗服务，患者（P）支付医疗费用为内容的有偿合同。其中，医疗机构对患者（P）所承担的交付标的债务可被称为医疗债务，狭义的医疗债务仅仅指提供诊疗服务这一主给付义务，广义的医疗债务还包括在医疗服务过程中对患者（P）所承担的转诊、提供病历资料、保密、说明、保护等义务。因此，医疗债务系由诸多义务所构成的体系，医疗机构及医务人员应依照法律规定或合同约定履行这一义务，否则将构成债务的不完全履行，应承担相应的违约责任。[1] 例如，在远程病理诊断或者远程医学影像诊断中，邀请方医疗机构（H_1）主要负有两大义务：一是启动远程医疗。这里又可分为两种情形：第一，按照患者（P）的要求（有时会具体到受邀方医疗机构的具体专家）由邀请方医疗机构（H_1）启动远程病理诊断或者远程医学影像诊断。第二，患者（P）提交相关的临床资料、病理资料或者医学影像后，邀请方医疗机构（H_1）存在技术能力上的欠缺，其主动向患者（P）说明可以启动远程医疗。简言之，前者属于依据患者（P）申请启动远程医疗，后者属于邀请方医疗机构（H_1）主动启动远程医疗。需要说明的是，无论哪一种方式，都需要经过患者（P）的知情同意。二是结合受邀方医疗机构（H_2）的诊断意见向患者（P）出具最终的诊断意见。医疗机构作为维护自然人生命健康的专业组织，其负有较高的法定义务，主要就是按照法律法规、规章以及诊疗规范的规定作出相应的诊断意见，如果不能达到这一标准，实际上就会导致对该法定义务的违反，构成违约责任。如果在此过程中还对患者（P）造成损害，那么其同时成立侵权责任，属于违约责任和侵权责任的竞合。

如果医疗机构违约，按照我国《民法典》第577条的规定，其应当承担继续履行、采取补救措施或者赔偿损失等违约责任。首先，邀请方医疗机构（H_1）可以继续履行，例如，当患者（P）指定的受邀方医疗机构（H_2）的专家因为各种原因未能参与远程医疗，或者虽然患者（P）指定

---

〔1〕 参见陈绍辉：《医疗损害的法律问题研究》，中国政法大学出版社2019年版，第44－62页。

的受邀方医疗机构（H_2）的专家参与了远程医疗，但是邀请方医疗机构（H_1）未在约定时间内出具最终的诊断意见。此时，邀请方医疗机构（H_1）就可以采取继续履行的方式，如果由此给患者（P）造成损失（如增加交通费等），其负有赔偿责任。其次，当患者（P）指定的受邀方医疗机构（H_2）的专家因为各种原因未能参与远程医疗时，邀请方医疗机构（H_1）在再次征得患者（P）知情同意的情况下，也可以采取更换专家甚至更换受邀方医疗机构（H_2）等补救措施。最后，如果邀请方医疗机构（H_1）已经构成违约，患者（P）不接受其继续履行或者采取补救措施，那么患者（P）可以请求赔偿损失。此外，由于邀请方医疗机构（H_1）履行的义务属于非金钱债务，因此在法律或者事实上不能履行、不适合强制履行或者履行费用过高、患者（P）在合理期限内未请求履行等情形下，如果已经不能实现远程医疗的合同目的，患者（P）也可以请求人民法院终止该医疗服务合同，同时仍可向邀请方医疗机构（H_1）主张违约责任。需要注意的是，在邀请方医疗机构（H_1）构成违约而继续履行或者采取补救措施的过程中，如果还造成患者（P）其他损失，那么患者（P）仍有权向邀请方医疗机构（H_1）主张赔偿损失。换言之，在我国民事立法上，关于违约责任的承担，实际上采用了损失赔偿与其他责任方式。

尽管邀请方医疗机构（H_1）构成违约，患者（P）可以按照实际情况主张继续履行、采取补救措施或者赔偿损失等违约责任，但是这个违约责任并不是没有边界的，而是受到一定范围的限制。按照我国《民法典》第584条的规定，“当事人一方不履行合同义务或者履行合同义务不符合约定，造成对方损失的，损失赔偿额应当相当于因违约所造成的损失，包括合同履行后可以获得的利益；但是，不得超过违约一方订立合同时预见到或者应当预见到的因违约可能造成的损失”。由此可见，可预见性原则是邀请方医疗机构（H_1）违约后限制自身责任的一把利器。在《民法典》颁布之前，由于我国对合同通则的相关内容规定得不够完善，加上医疗服务合同一直游离于典型合同之外，且没有确立违约支持精神损害赔偿的规定，若医疗机构的违约行为对患者（P）造成损害，在违约责任和侵权责任竞合中，患者（P）更倾向于选择侵权法上的诉由进行维权。在《民法典》颁布之后，尽管上述不足得到了一定程度的弥补，但是尚未从根本上得到改变，两种救济路径仍处于不平衡的状态。医疗违约赔偿责任与医疗侵权赔偿责任之间并不存在本质的不同，如果因为选择不同的诉由导致大相径庭的结果将有违公平正义。[1] 笔者认为，这种局面改变之时，就是医疗服务合同典型化之际，只不过这仍需要学界再经过一段时间的共同努力。

需要注意的是，如果患者（P）和邀请方医疗机构（H_1）均存在违约行为，就会发生双方违约的情形，应当各自承担相应的责任。如果当事人一方造成对方损失，对方对损失的发生有过错，可以减少相应的损失赔偿额。例如，患者（P）因为过错没有按照其与医疗机构约定的时间段前往邀请方医疗机构（H_1），其将不能准时到达的信息通知到邀请方医疗机构（H_1），但是邀请方医疗机构（H_1）没有及时通知受邀方医疗机构（H_2）并协调专家的时间，进而导致远程医疗未能在约定的时间进行，此时尽管患者（P）因为其过错行为违约，但邀请方医疗机构（H_1）也存在一定的过错，需要适用违约过失相抵规则。笔者之所以在医疗服务合同中对违约责任的探讨较为详细，是因为一方面医疗服务合同具有普遍性的特点，另一方面远程医疗合作合同、技术服务合同以及买卖或者租赁合同中的违约责任不具有典型性。

二、远程医疗合作合同与违约责任

（一）远程医疗合作合同的基础性

除远程监护外，邀请方医疗机构（H_1）、受邀方医疗机构（H_2）之间均存在远程医疗合作合同关系，需要注意的是，这是我国立法明确规定的内容，即两所医疗机构之间开展远程医疗业务，应当签订远程医疗合作合同/协议，但是这个合同中的内容是框架式、概括式的，通常较为简单和原则，一般仅对双方之间主要的权利、义务、责任作出约定，处于基础性地位。但是在这个框架协议之下，仍有进一步探讨远程医疗具体类型的必要，以便于厘清邀请方医疗机构（H_1）、受邀方医疗机构（H_2）之间具体

[1] 参见余明永主编：《医疗损害责任纠纷》（第3版），法律出版社2017年版，第43-47页。

的合同法律关系。例如，远程病理诊断、远程医学影像诊断、远程会诊、远程病例讨论中，若邀请方医疗机构（H_1）与受邀方医疗机构（H_2）之间已存在远程医疗合作合同法律关系，依据其具体的行为方式和内容，更易将其精确界定为咨询服务合同关系，这亦是笔者将远程医疗合作合同法律关系和咨询服务合同法律关系分别列出的重要理由（如表 6－1 所示）。当然，这主要是从学术的角度进行探究，在实务操作中，远程医疗合作合同关系可以涵盖咨询服务合同关系，不必存在一份独立的咨询服务合同，远程医疗合作合同中的条款可以通过事前约定，尚未约定或者虽有约定但内容不明的，双方当事人还可以按照我国《民法典》第 510 条和第 511 条解决，[1] 最为常见的就是双方通过协商达成补充协议，不能达成补充协议的，可以按照合同相关条款和交易习惯确定。

（二）违约行为与违约责任

远程医疗合作合同具有基础性地位，它是除远程监护之外，远程医疗能够进行的关键。如果说医疗服务合同是从需求端发起远程医疗，那么远程医疗合作合同则是从供给端提供远程医疗，二者具有先后对应关系。在远程医疗合作合同中，邀请方医疗机构（H_1）与受邀方医疗机构（H_2）的权利、义务和责任均可在合同中进行具体约定。若当事人违反该合同约定的义务，则构成违约，这就决定了违约行为的多样性。在远程医疗合作合同中，从主体的角度进行划分，可以分为邀请方医疗机构（H_1）的违约

---

〔1〕我国《民法典》第 510 条规定："合同生效后，当事人就质量、价款或者报酬、履行地点等内容没有约定或者约定不明确的，可以协议补充；不能达成补充协议的，按照合同相关条款或者交易习惯确定。"第 511 条规定："当事人就有关合同内容约定不明确，依据前条规定仍不能确定的，适用下列规定：（一）质量要求不明确的，按照强制性国家标准履行；没有强制性国家标准的，按照推荐性国家标准履行；没有推荐性国家标准的，按照行业标准履行；没有国家标准、行业标准的，按照通常标准或者符合合同目的的特定标准履行。（二）价款或者报酬不明确的，按照订立合同时履行地的市场价格履行；依法应当执行政府定价或者政府指导价的，依照规定履行。（三）履行地点不明确，给付货币的，在接受货币一方所在地履行；交付不动产的，在不动产所在地履行；其他标的，在履行义务一方所在地履行。（四）履行期限不明确的，债务人可以随时履行，债权人也可以随时请求履行，但是应当给对方必要的准备时间。（五）履行方式不明确的，按照有利于实现合同目的的方式履行。（六）履行费用的负担不明确的，由履行义务一方负担；因债权人原因增加的履行费用，由债权人负担。"

行为和违约责任以及受邀方医疗机构（H_2）的违约行为和违约责任。

1. 邀请方医疗机构（H_1）的违约行为与违约责任

在远程医疗合作合同中，邀请方医疗机构（H_1）的首要义务是征得患者（P）的明确同意，并按照双方的约定向受邀方医疗机构（H_2）支付一定的费用。一般情况下，邀请方医疗机构（H_1）会让患者（P）签署书面的知情同意书。对于无民事行为能力或者限制民事行为能力的患者（P），则需要征得其近亲属的同意。医疗行为具有侵袭性，其侵袭性因具备正当性而被法律所容许，若丧失了正当性，医疗行为侵袭性所带来的对人体健康、生命造成的损害就会成为法律所追究的责任基础，而患者（P）的知情同意乃医疗行为的合法性依据之一。[1] 为此，我国《民法典》在原《侵权责任法》仅规定“不宜”的情况下，[2] 还增加了与之平行对应的“不能”情形。[3] 患者（P）的知情同意，在某种程度上说，是开启远程医疗的一把“金钥匙”，尽管也存在没有患者（P）参与的远程医疗的情形，但并不典型。邀请方医疗机构（H_1）向受邀方医疗机构（H_2）付费的标准和方式一般通过远程医疗合作合同予以约定。关于付费金额，其往往还要受到中央和地方价格主管部门的限制。关于方式，有的是按照每项业务进行收费，有的是按照参加远程医疗的时间进行收费，例如，北京某儿科专科医院与北京某医院签订的远程医疗合同中约定，对于普通远程会诊而言，副主任医师按照每30分钟600元/例计算会诊费用，主任医师按照每30分钟700元/例计算会诊费用。调研发现，各省市对远程医疗收费存在较大的差异性（见表6-2与表6-3）。

---

〔1〕 参见乔乐天：《论医疗侵权责任的要件构成》，法律出版社2016年版，第122-124页。

〔2〕 原《侵权责任法》第55条规定：“医务人员在诊疗活动中应当向患者说明病情和医疗措施。需要实施手术、特殊检查、特殊治疗的，医务人员应当及时向患者说明医疗风险、替代医疗方案等情况，并取得其书面同意；不宜向患者说明的，应当向患者的近亲属说明，并取得其书面同意。医务人员未尽到前款义务，造成患者损害的，医疗机构应当承担赔偿责任。”

〔3〕 《民法典》第1219条规定：“医务人员在诊疗活动中应当向患者说明病情和医疗措施。需要实施手术、特殊检查、特殊治疗的，医务人员应当及时向患者具体说明医疗风险、替代医疗方案等情况，并取得其明确同意；不能或者不宜向患者说明的，应当向患者的近亲属说明，并取得其明确同意。医务人员未尽到前款义务，造成患者损害的，医疗机构应当承担赔偿责任。”

表 6－2 北京某大型三甲医院远程医疗收费标准

业务类别	业务内容	专家级别	结算价格
远程影像会诊	非交互式影像诊断，包括放射影像等	知名专家	200 元/例
		主任/副主任医师	150 元/例
远程病理会诊	根据高清扫描仪扫描切片提供诊断意见	知名专家	450 元/例
		主任/副主任医师	300 元/例
交互式临床会诊	通过视频进行临床病例会诊，提供诊疗建议	特级专家（点名）	2000 元/例
		知名专家	800 元/例
		主任/副主任医师	600 元/例
交互式临床会诊（加急）	急诊病例通过视频进行临床病例会诊，需要 48 小时内安排会诊并提供会诊意见	主任/副主任医师	1200 元/例
	特殊情况下的急诊病例	主治医师	500 元/例
多学科会诊	邀请 2 名及以上专家进行临床病例会诊	知名专家	800 元/例/人
		主任/副主任医师	600 元/例/人

表 6－3 四川省远程医疗服务项目收费标准

项目名称	计价单位	价格（元）				计价说明	自付比例
		三甲	三乙	二甲	二乙		
单学科远程会诊（副主任医师）	次	169	144			受邀方限三级医院	0.2
单学科远程会诊（主任医师）	次	303	258			受邀方限三级医院	0.2
双学科远程会诊	次	420	357			双学科会诊三甲医院不超过 420 元，三乙医院不超过 357 元；双学科及多学科会诊不区分医务人员级别；受邀方限三级医院	0.2

续表

项目名称	计价单位	价格（元）				计价说明	自付比例
		三甲	三乙	二甲	二乙		
多学科（3个及以上学科）远程会诊	次	604	513			多学科会诊（3个及以上学科）三甲医院不超过604元，三乙医院不超过513元；双学科及多学科会诊不区分医务人员级别；受邀方限三级医院	0.2
远程病理会诊	次	263	224			“次”为每人次；以2张切片为基数；受邀方限三级医院	0.2
远程病理会诊超过2张每增加1张加收	张	100	85			以2张切片为基数，超过2张每增加1张，三甲医院加收100元/张，三乙医院加收85元/张；受邀方限三级医院	0.2
远程病理会诊（6张及以上切片）	次	663	564			“次”为每人次；6张及以上切片，三甲医院不超过663元，三乙医院不超过564元；受邀方限三级医院	0.2
远程胎心监测	次	29	25	21	18	每次监测时间20分钟，每日不超过2次	0.2

在征得患者（P）的同意之后，邀请方医疗机构（H_1）需要提供患者（P）详细而真实的资料，如病理资料、医学影像资料等，这是受邀方医疗机构（H_2）作出诊疗方案或者意见的基础，也是邀请方医疗机构（H_1）在履行征得患者（P）同意的义务之后的另一重要义务。此外，为了顺利开展远程医疗服务，各医疗机构需要满足《远程医疗服务管理规范（试行）》《国家卫生和计划生育委员会关于推进医疗机构远程医疗服务的意见》规定的基本条件，主要包括医疗机构基本条件、人员基本条件、设备设施基本条件等。在现实中，邀请方医疗机构（H_1）主要是违反前两项义务带来违约责任，因为卫生健康主管部门的监管较严，且受邀方医疗机构（H_2）还具有审查义务，因此邀请方医疗机构（H_1）想蒙混过关的可能性较低。一旦邀请方医疗机构（H_1）构成违约，将按照远程医疗合作合同中

的违约责任条款承担相应的民事责任。在没有约定违约责任或者违约责任约定不明的情况下，双方可以进行协议补充，不能达成补充协议的，可以按照合同的相关条款和交易习惯，依法承担继续履行、采取补救措施或者赔偿损失等违约责任。

在学术界，关于行政违法是否会影响合同效力，长期以来尤其是《民法典》颁布之前，存在巨大争议。在远程医疗合作中，亦存在此种情况。前文已述，邀请方医疗机构（H_1）需要满足《远程医疗服务管理规范（试行）》等规定的基本条件方可开展远程医疗，如果欠缺这些条件，在受邀方医疗机构（H_2）没有审查或者虽然审查但是只进行了形式审查（不排除邀请方医疗机构虚假填报甚至伪造相关资料、超越卫生健康主管部门的医疗科目）而没有发现邀请方医疗机构（H_1）存在行政违法行为的情况下，此时若已经为患者（P）开展了远程医疗服务，该远程医疗合作合同是否无效？有的观点认为，行政违法会直接影响民事合同的效力，主张该合同无效。有的观点主张，行政违法不会影响民事合同的效力，认为该合同有效。我国《民法典》并没有采取“一刀切”的做法，而是采取了个案判断的思路和理念。例如，针对超越经营范围订立的合同效力，我国《民法典》第 505 条明确规定，“当事人超越经营范围订立的合同的效力，应当依照本法第一编第六章第三节和本编的有关规定确定，不得仅以超越经营范围确认合同无效”。第 153 条规定，“违反法律、行政法规的强制性规定的民事法律行为无效。但是，该强制性规定不导致该民事法律行为无效的除外。违背公序良俗的民事法律行为无效”。该条与第 143 条形成衔接和呼应。〔1〕同时，《全国法院民商事审判工作会议纪要》也进一步明确了强制性规定指的是“效力性强制性规定”，违反管理性强制性规定的，人民法院应当根据具体情形认同合同效力，而违反规章时一般不会影响合同的效力。2023 年 12 月 4 日发布的《最高人民法院关于适用〈中华人民共和国民法典〉合同编通则若干问题的解释》第 16 条进一步明确了“该强制性规定不导致该民事法律行为无效的除外”的具体情形。可以说，

〔1〕 我国《民法典》第 143 条规定：“具备下列条件的民事法律行为有效：（一）行为人具有相应的民事行为能力；（二）意思表示真实；（三）不违反法律、行政法规的强制性规定，不违背公序良俗。”

《民法典》的出台，有力地推动了上述学术争议的解决，为司法实践提供了更为精准的指引。因此，即便邀请方医疗机构（H_1）违反了健康法领域的强制性规定，也并不当然地否定远程医疗合作合同的效力。但是通常情况下，邀请方医疗机构（H_1）均不愿以身试法，因为除相关的民事责任外，更为重要的是，它有可能带来更为严厉的行政处罚甚至刑事责任。

按照意思自治原则，邀请方医疗机构（H_1）与受邀方医疗机构（H_2）可以在远程医疗合同中约定具体的违约金条款，具体方式有以下两种：一是约定具体的违约金数额，二是约定违约金的计算方式。但无论哪种方式，实际上均面临着与受邀方医疗机构（H_2）的损失之间的关系处理问题。对此，我国《民法典》第585条提供了明确的指引。如果约定的违约金低于受邀方医疗机构（H_2）的损失，那么受邀方医疗机构（H_2）有权请求人民法院或者仲裁机构予以增加，按照完全赔偿原则，邀请方医疗机构（H_1）应当补齐差额部分，此为“司法酌增”规则。但是实践中也会出现这样的情况，即邀请方医疗机构（H_1）与受邀方医疗机构（H_2）在远程医疗合同中约定的违约金高于给受邀方医疗机构（H_2）所造成的损失，此时法律上应当秉持何种态度和处理方式？具体而言，分为两个层次：一是“一般高于”的情况，二是“过分高于”的情况。对于前者，法律上秉持完全支持的态度；对于后者，法律上则允许邀请方医疗机构（H_1）请求人民法院或者仲裁机构予以适当减少，此为“司法酌减”规则。问题的关键在于，如何判断“一般高于”与“过分高于”的临界点？对此，我国《民法典》没有作出明文规定。《最高人民法院关于适用〈中华人民共和国民法典〉合同编通则若干问题的解释》第65条第2款规定，约定的违约金超过造成损失的30%的，人民法院一般可以认定为“过分高于”造成的损失。由此可见，为了保持司法解释和法律适用的连续性和统一性，其仍然延续了已被废止的《最高人民法院关于适用〈中华人民共和国合同法〉若干问题的解释（二）》第29条第2款的规定，即当事人约定的违约金超过造成损失的30%的，一般可以认定为原《合同法》第114条第2款规定的“过分高于造成的损失”。至于违约责任要受到可预见性原则的限制等，与医疗服务合同中的探讨并无本质差异，为了避免简单重复，在此不赘。

2. 受邀方医疗机构（H_2）的违约行为与违约责任

（1）违反形式审查义务

在远程医疗中，受邀方医疗机构（H_2）一般具有更高的级别、更优势的学科和更强的技术条件，唯有如此方能促进优质医疗资源“自上而下”流动。同时，借助远程医疗进一步实现“精准帮扶”，有利于进一步健全我国的分级诊疗制度，优化“双向转诊”。在远程医疗合作合同中，受邀方医疗机构（H_2）的首要义务是审查，审查的内容主要包括患者（P）的知情同意书、邀请方医疗机构（H_1）开展远程医疗的资质条件等。问题在于，这种审查是形式审查还是实质审查？对此，我国现有的法律法规、部门规章尚无规定，这给实践操作带来了一定的困扰。所谓形式审查，主要是指受邀方医疗机构（H_2）对邀请方医疗机构（H_1）提交的相关材料进行简单的、初步的审查，只要其提交的相关材料完整且符合形式要件，就认为合格。所谓实质审查，主要是指受邀方医疗机构（H_2）不仅要对邀请方医疗机构（H_1）提交的相关材料进行初步的、形式上的审查，而且需要对审查申请材料的真伪负责。笔者认为，由于受邀方医疗机构（H_2）属于民事主体，并非行政主体，其自身并无行政职权，若赋予受邀方医疗机构（H_2）实质审查义务，无疑是一种“沉重的负担”，在运行上容易受阻，进而影响到远程医疗合作项目的开展。因此，笔者主张，在远程医疗合作合同中，受邀方医疗机构（H_2）对邀请方医疗机构（H_1）提交的相关材料仅负有形式审查义务。当然，形式审查并不意味着任何情况下均不涉及材料真实性的审查，鼓励有条件、有精力的受邀方医疗机构（H_2）基于保障医疗安全和患者（P）民事权益的立场，严格把关，从严审查。因此，受邀方医疗机构（H_2）的违约形态之一就是没有尽到必要的形式审查义务。这种情况下，对于邀请方医疗机构（H_1）而言，一般不会造成其现实的财产损失，不会产生较大的民事争议，但是对患者（P）的健康权会构成一定的威胁，如果对患者（P）造成了一定的损害，则有可能会使受邀方医疗机构（H_2）承担一定的违约责任。

（2）违反依法依约作出诊疗意见的法定义务

在远程医疗中，受邀方医疗机构（H_2）负有按照法律、行政法规、规章以及其他有关诊疗规范的规定独立作出诊疗意见的义务，如果没有履行或者不适当履行该义务，就会产生违约责任。在实践中，邀请方医疗机构（H_1）无论是主动启动远程医疗还是依据患者（P）的申请启动远程医疗，一旦受邀方医疗机构（H_2）接受要约，完成承诺，合同成立并生效，就需要按照双方约定的内容组织实施远程医疗。如果原本指定的专家没有按时提供诊疗服务，通常会引起邀请方医疗机构（H_1）尤其是患者（P）的质疑甚至否定，此时受邀方医疗机构（H_2）就会构成违约。此外，无论是按照中央和地方的立法、政策，还是按照邀请方医疗机构（H_1）和受邀方医疗机构（H_2）之间的约定，如果受邀方医疗机构（H_2）没有及时出具相关诊断意见，也会构成履行迟延等问题，同样构成违约。当受邀方医疗机构（H_2）违约时，就需要依法承担继续履行、采取补救措施或者赔偿损失等违约责任。

三、技术服务合同与违约责任

（一）技术服务合同的关键性

除远程监护外，邀请方医疗机构（H_1）、受邀方医疗机构（H_2）至少有一方与第三方平台（P_1）存在技术服务合同关系。归纳起来，需要区分以下四种主要类型：一是邀请方医疗机构（H_1）、受邀方医疗机构（H_2）同时与第三方平台（P_1）存在技术服务合同关系，但是邀请方医疗机构（H_1）通常为基层医疗机构，受邀方医疗机构（H_2）通常为县级以上医疗机构，至于二者之间是否存在“医联体”“医共体”关系，在所不论，整体上形成一种“上下结构”。二是虽然邀请方医疗机构（H_1）、受邀方医疗机构（H_2）同时与第三方平台（P_1）存在技术服务合同关系，但是二者之间并不区分“上下”（级）关系，而是存在“专业优势补充”的关系。这种“专业优势补充”既可以是单向输出，也可以是双向输出，整体上处于一种“水平结构”，并无“上下”（级）关系。三是仅有受邀方医疗机构（H_2）与第三方平台（P_1）存在技术服务合同关系，邀请方医疗机构（H_1）所获得的技术服务被前一技术服务合同所涵盖，这是实践中的常态，具有一定的典型性。换言之，实践中较少出现仅有邀请方医疗机构（H_1）与第三方平台（P_1）订立技术服务合同而进行远程医疗的情形，这在一定程度上是由其医学地位和经济实力所决定的。四是对于经济实力较强、自我研发和运维远程医疗技术的医疗机构而言，其将承担起第三方平台（P_1）的角色和地位，实现了主体重合，二者之间本应存在的技术服务合同关系被二者之间的远程医疗合同关系所涵盖或者吸收，失去了独立存在的基础和必要性。

（二）违约行为与违约责任

笔者在此并不计划将上述四种主要类型的远程医疗技术服务合同进行全面剖析，仅分析其最为典型的模式，即受邀方医疗机构（H_2）与邀请方医疗机构（H_1）处于“上下”（级）关系，此处的“上下”（级）主要是指业务和技术水平上的上下级关系，而非行政隶属上的上下级关系。受邀方医疗机构（H_2）自身并不开发和运维远程医疗平台，而是与第三方平台（P_1）签订技术服务合同。之所以不作全面分析，主要存在两个理由：一是分析该典型样态或者类型已经基本上覆盖了主要的违约行为和违约责任，对其他三种类型具有一定的示范意义；二是如果对该四种类型进行全面分析，除第四种过于简单之外，其他两种会与这里的典型样态产生大量的重复论述，但究其根本，并无实质差别。在远程医疗技术服务合同中，从主体的角度考察，可分为第三方平台（P_1）的违约行为和受邀方医疗机构（H_2）的违约行为，并在此基础上探讨各自的违约责任。

1. 第三方平台（P_1）的违约行为与违约责任

第三方平台（P_1）一般为企业法人或者其他营利性组织，具有商事主体的典型特性，其秉持的核心价值与合同的另一方当事人——受邀方医疗机构（H_2）既存在统一，又存在一定冲突。从统一性上讲，二者都致力于人民的健康事业，都在为人人有权获得同质化的医疗卫生服务而努力，共同提高人民的健康水平。这种统一性，决定了二者合作的基础。从冲突性上讲，受邀方医疗机构（H_2）主要坚持公益性为主营利性为辅，而第三方平台（P_1）则恰好与之相反，主要坚持营利性为主公益性为辅。这种冲突性，就容易产生违约甚至违法行为。第三方平台（P_1）与受邀方医疗机构（H_2）成立远程医疗技术服务合同，其主要义务是提供远程医学硬件设备及系统平台软件，提供安装、调试，并负责远程医学平台系统的日常维护。同时，为邀请方医疗机构（H_1）等提供远程医疗系统平台数据接口，实现互联互通。正是借助第三方平台（P_1）的技术服务，才使受邀方医疗机构（H_2）与邀请方医疗机构（H_1）实现了远程医疗的目的。此外，第三方平台（P_1）还需要为受邀方医疗机构（H_2）以及邀请方医疗机构（H_1）等提供相应的技术培训。因此，第三方平台（P_1）的违约行为通常表现为对上述两项义务的违反，进而产生违约责任。值得注意的是，对于第三方平台（P_1）所提供的技术服务的标准，应该在合同中有明确的约定，否则将难以认定第三方平台（P_1）的违约责任。如原告某卫生院与被告某公司之间的《普放远程医疗云信息服务协议书》服务合同纠纷案中，原告某卫生院认为某公司提供的 X 射线机设备存在故障，无法拍摄出满足诊疗需求的 DR 图片，无法满足就诊和诊疗需求，无法实现合同约定的远程诊疗服务。原告多次要求某公司派员处理问题，但未得到回应。因此，原告解除了涉案合同，并要求某公司承担相应的责任。然而，某公司对此不予认可。首先，合同中未明确约定图片清晰度；其次，某卫生院于 2018 年 10 月提出问题，但某公司已回复处理；最后，某卫生院未能提交证据证明某公司迟延履行合同义务或在合理期限内未履行合同义务。一审法院与二审法院均认为，在本案中原告某卫生院的主张缺乏事实依据，因此驳回了原告的起诉。[1]

需要注意的是，实践中有的远程医疗费用并不是由邀请方医疗机构（H_1）向受邀方医疗机构（H_2）支付，而是由第三方平台（P_1）向受邀方医疗机构（H_2）支付。至于谁向第三方平台（P_1）支付该笔远程医疗服务项目的费用，实践中存在两种模式：一是患者（P）不经过邀请方医疗机构（H_1）而直接向第三方平台（P_1）支付费用；二是患者（P）先向邀请方医疗机构（H_1）支付费用，再由邀请方医疗机构（H_1）向第三方平台（P_1）支付费用。无论哪一种情形，实际上最终均面临着第三方平台（P_1）向受邀方医疗机构（H_2）费用结算的问题，若是第三方平台（P_1）没有按照合同约定及时向受邀方医疗机构（H_2）结算费用，则构成违约行为，应当承担相应的违约责任。调研发现，许多远程医疗技术服务合同都设有违约金条款，有的采取的是固定数额的违约金模式，有的采取的是

〔1〕 案件详情参见北京市第二中级人民法院（2022）京 02 民终 1298 号民事判决书。

违约金的计算模式，如每迟延交付一日，按照每日一定的数额计算违约金。

2. 受邀方医疗机构（H_2）的违约行为与违约责任

受邀方医疗机构（H_2）的主要义务是提供相应的场地和网络，以便第三方平台（P_1）可以安装相应的硬件和软件，同时按照合同的约定积极组织本单位相关的专家资源，为邀请方医疗机构（H_1）及患者（P）提供远程医疗服务，并支付相应的技术服务费用。在具体的远程医疗收费上，受邀方医疗机构（H_2）并不能完全自主决定，会受到物价主管部门一定的限制，并在其规定或者允许的范围内进行适度调节。实践中，受邀方医疗机构（H_2）一般都在远程医疗服务开展之前完成了相应的备案程序，因此发生违约的情形并不多见，而且前文已述，即便其没有完成备案程序，也并不当然影响远程医疗技术服务合同的生效，也通常不会因此造成第三方平台（P_1）的财产损失。受邀方医疗机构（H_2）之所以重视该项义务的履行，主要是因为其忌惮随之而来的行政责任。如果受邀方医疗机构（H_2）违反前述义务，就需要承担继续履行、采取补救措施或者赔偿损失等违约责任。

3. 实践中的新发展

尽管第三方平台（P_1）和受邀方医疗机构（H_2）之间可以订立远程医疗技术服务合同，但是在实践中有可能被实现两次扩展：一是在合同名称上并不将远程医疗技术服务合同独立，而是将其扩展至远程医疗合作合同之中，并且在这种情况下进一步区分受邀方医疗机构（H_2）、邀请方医疗机构（H_1）之间的远程医疗合作合同和受邀方医疗机构（H_2）、第三方平台（P_1）之间的远程医疗合作合同；二是在合同内容（主体的权利义务）上实现扩展。例如，通过对北京某三甲医院的调研发现，第三方平台（P_1）负有与远程合作或指导医院洽谈并收取远程业务费用的义务，同时负有向受邀方医疗机构（H_2）支付相关专家咨询费及管理费用的义务。由于合同贯彻民法上的意思自治原则，允许在不违反强制性规定的情况下进行自由约定，因此在实践中会产生一些新的变化，既有形式上的变化，也有实质上的变化，还有的情况下是二者兼具。但无论如何变化，主体承担违约责任仍然应从合同约定或者法律规定的义务着手，通过权利、义务和责任的互动，实现当事人之间的利益平衡和公平正义。

四、买卖或者租赁合同与违约责任

（一）买卖或者租赁合同的独立性

在远程监护中，由于不存在受邀方医疗机构（H_2），仅存在设立远程监护中心的医疗机构（H），该医疗机构的数据来源依赖于患者（P）的可穿戴设备，这就使患者（P）与医疗机构（H）之间不仅存在医疗服务合同关系，而且有可能存在买卖或者租赁合同法律关系。有疑问的是，二者所形成的医疗服务合同能否涵盖或者吸收二者的买卖或者租赁合同？笔者认为，一般情况下是不能涵盖和吸收的，医疗机构（H）与患者（P）之间就可穿戴设备的买卖或者租赁具有一定的独立性，也是患者（P）自主选择权的体现。此外，虽然患者（P）是同一的，但是其在医疗服务合同和买卖/租赁合同中的角色性质却存在本质的区别，在前者中其属于诊疗行为的接受者，在后者中则属于生活需要的消费者。但是，在某些情况下，尤其是在医疗机构无偿提供可穿戴设备的情况下，医疗机构（H）与患者（P）之间的买卖或者租赁合同独立存在的必要性骤降，此时笔者倾向于仅存在医疗服务合同，且其涵盖或吸收了二者之间的买卖或者租赁合同。因此，在远程监护中，可穿戴设备的买卖或者租赁合同以独立性存在为原则，以被医疗服务合同吸收为例外。

（二）违约行为与违约责任

无论是可穿戴设备的买卖合同，还是租赁合同，均属于我国《民法典》所规定的典型合同，拥有较为完备的制度规则体系。按照主体探讨违约行为和违约责任，可以分为患者（P）的违约行为与违约责任和医疗机构（H）的违约行为与违约责任。

1. 患者（P）的违约行为与违约责任

患者（P）与医疗机构（H）就可穿戴设备通过双方合意订立买卖合同或者租赁合同。结合我国《民法典》第595条的规定，该买卖合同是指医疗机构（H）转移可穿戴设备的所有权于患者（P），患者（P）支付价款的合同。结合我国《民法典》第703条的规定，该租赁合同是指医疗机构构（H）将可穿戴设备交付患者（P）使用、收益，患者（P）支付租金的合同。通常情况下，医疗机构（H）并不生产患者（P）使用的可穿戴设备，其是从其他生产商或者销售商通过另一买卖合同实现了可穿戴设备的所有权转移，然后将可穿戴设备再次出卖或者出租给患者（P），是其行使所有权中处分权能的表现。

（1）患者（P）在买卖合同中的违约行为与违约责任

在买卖合同中，患者（P）作为可穿戴设备的买受人，其主要的义务是按照合同约定支付价款，若患者（P）没有按照约定及时足额支付价款，按照我国《民法典》第579条的规定，医疗机构可以请求其支付，并要求其依法承担违约责任。此外，患者（P）收到可穿戴设备后应当在约定的检验期限内检验，并将可穿戴设备的数量和质量是否符合约定的情形通知医疗机构（H），如果在约定的检验期限内怠于通知，则视为该可穿戴设备的数量和质量符合合同约定（《民法典》第621条）。若双方没有约定具体的检验期限，则患者（P）应当及时检验（《民法典》第620条），如果发现可穿戴设备不符合质量或者数量要求，应当在合理期限内通知医疗机构，如果患者（P）在合理期限内未通知医疗机构，或者患者（P）自收到可穿戴设备之日起2年内没有通知医疗机构，则同样视为该可穿戴设备符合合同约定的数量和质量要求。此时应当由患者（P）承担上述风险。

（2）患者（P）在租赁合同中的违约行为与违约责任

在租赁合同中，医疗机构（H）作为可穿戴设备的所有权人和出租人，将可穿戴设备出租给患者（P）使用、收益，患者（P）支付租金。租赁期限约定在租赁合同之中，没有约定或者约定不明确的，视为不定期租赁。如果成立不定期租赁，在法律上就会产生当事人可以随时解除合同的后果，只需要履行在合理期限内通知对方的义务即可。由于可穿戴设备关系到患者（P）的生命健康，尽管随意解除合同是法律赋予的权利，但受到伦理的约束，即受到医学伦理甚至生命伦理的约束，这亦是医患之间的租赁合同区别于一般租赁合同的原因。患者（P）作为可穿戴设备的承租人，其主要的义务是按照合同的约定向医疗机构（H）支付租金，否则将承担违约责任，医疗机构（H）有权请求患者（P）在合理期限内支付租金，如果超过合理期限患者（P）仍未支付租金，则医疗机构（H）可以行使合同解除权。同时，在租赁期间内，患者（P）负有妥善保管的义务，当租赁期限届满，应当按照合同的约定返还可穿戴设备，若患者（P）保管不善或者没有及时返还可穿戴设备，将构成违约，依法应承担赔偿损失在内的违约责任。

2. 医疗机构（H）的违约行为与违约责任

医疗机构（H）在买卖合同中主要承担的是出卖人或者出租人的角色，其违约行为和违约责任的讨论，也需要回归到合同中的义务和责任体系。

（1）医疗机构（H）在买卖合同中的违约行为与违约责任

医疗机构（H）作为出卖人，其最主要的义务就是按照合同的约定交付标的物——可穿戴设备。医疗机构（H）作为出卖人，首先需要确保对可穿戴设备享有处分权，这一点在实践中遵行较好，医疗机构（H）的信誉度普遍较高，极少出现医疗机构（H）因为欠缺可穿戴设备处分权而承担违约责任的情况。医疗机构（H）在向患者（P）交付可穿戴设备的同时，还应当交付相关的单证和资料，这是医疗机构（H）作为买卖合同出卖人的从合同义务。无论是可穿戴设备产品本身的交付，还是其相关单证和资料的交付，均面临着一个交付时间节点的问题。如果双方在合同中约定了具体的交付时间，就应当按照约定的时间交付，如果没有具体约定交付时间，则可以在交付期限内的任何时间完成交付，否则医疗机构（H）就会构成违约。

医疗机构（H）对可穿戴设备负有物的瑕疵担保义务和权利的瑕疵担保义务。所谓物的瑕疵担保义务是指医疗机构（H）出售给患者（P）的可穿戴设备应当符合双方当事人的质量约定，如果对可穿戴设备的质量没有具体约定，当事人双方可以进行协议补充，不能达成补充协议的，按照合同相关条款或者交易习惯确定。如果按照合同相关条款或者交易习惯仍不能确定，则需要按照《民法典》第 511 条第 1 项的规定进行确定，即“质量要求不明确的，按照强制性国家标准履行；没有强制性国家标准的，按照推荐性国家标准履行；没有推荐性国家标准的，按照行业标准履行；没有国家标准、行业标准的，按照通常标准或者符合合同目的的特定标准履行”。所谓权利的瑕疵担保义务是指医疗机构（H）对患者（P）负有保证第三人对该可穿戴设备不享有任何权利的义务，除非患者（P）在订立合同时知道或者应当知道第三人对可穿戴设备享有权利。当医疗机构（H）违反物的瑕疵担保义务和权利的瑕疵担保义务时，就会产生相应的违约责任，患者（P）可以请求医疗机构（H）承担修理、重作、更换、退货、减少价款或者报酬等违约责任，若医疗机构（H）在履行义务或者采取补救措施之后还造成了其他损失，其还应当承担赔偿损失的民事责任。当然，医疗机构（H）承担违约责任，损失赔偿额需要受到可预见性原则的限制。

（2）医疗机构（H）在租赁合同中的违约行为与违约责任

在租赁合同中，医疗机构（H）的主要义务是按照合同约定交付可穿戴设备给患者（P），并且确保可穿戴设备在租赁期限内符合约定的用途。如果租赁合同没有特别约定，对于可穿戴设备的维修义务，一般配置给医疗机构（H），如果医疗机构（H）未履行维修义务，患者（P）可以自行维修，维修的费用应当由医疗机构（H）承担。在租赁合同中，医疗机构（H）对可穿戴设备同样负有物的瑕疵担保义务和权利的瑕疵担保义务。就物的瑕疵担保义务而言，医疗机构（H）作为出租人应当保证可穿戴设备的产品质量是合格的，是安全的，是健康的，如果可穿戴设备质量不合格，医疗机构（H）就应当承担物的瑕疵担保责任，若这种不安全、不健康威胁到患者（P），即便患者（P）一开始就明知该可穿戴设备不合格，亦不能免除医疗机构（H）物的瑕疵担保义务。就权利的瑕疵担保义务而言，如果在可穿戴设备租赁期间，第三人对可穿戴设备主张权利导致患者（P）不能使用、收益，医疗机构（H）作为出租人就要承担瑕疵担保责任，构成违约，患者（P）作为承租人，可以请求医疗机构（H）减免租金。

第三节　远程医疗中的缔约过失责任

我国民法学家魏振瀛教授认为，“耶林早在 1861 年首次系统、周密且深刻阐述缔约过失责任时的道理至今仍未过时：法律所保护的，并非仅是一个业已存在的合同关系，正在发生中的合同关系亦应包括在内，否则，合同交易将暴露于外，不受保护，缔约一方当事人不免成为他方疏忽或者不注意的牺牲品！”[1] 耶林的这一论述，凸显了对缔约过程全面规制和保护的重要性及必要性。在我国，民事责任除了违约责任、侵权责任之外，还存在缔约过失责任。具体而言，它是介于违约责任和侵权责任之间的一种独立的民事责任。对于远程医疗中的缔约过失责任，学术界鲜为探讨，没有将远程医疗中的缔约过失责任与普通的订立合同过程中的缔约过失责任相区别，在一定程度上阻碍了该问题的深入探讨。

一、缔约过失责任的主体

笔者曾在第5章讨论了缔约过失的适用领域，并且主张将缔约过失责任的法律适用拓展至整个医疗服务领域。如果讨论邀请方医疗机构（H_1）、受邀方医疗机构（H_2）、第三方平台（P_1）三者之间任意两者在订立合同过程中的缔约过失问题，其必要性不大，因为订立远程医疗合作合同/协议、技术服务合同过程中的缔约过失责任，与一般的缔约过失责任没有实质性差别。从缔约过失责任主体考察，尽管患者（P）、邀请方医疗机构（H_1）、受邀方医疗机构（H_2）、第三方平台（P_1）四方主体均有可能成为缔约过失责任的主体，但是该问题的讨论重心应当在患者（P）与邀请方医疗机构（H_1）之间。前文已述（详见表6－1），除远程门诊中患者（P）与邀请方医疗机构（H_1）可能不存在医疗服务合同关系之外，在远程病理诊断、远程医学影像诊断、远程会诊等其他类型的远程医疗中，患者（P）与邀请方医疗机构（H_1）通常需要存在医疗服务合同关系。在缔结医疗服务合同的过程中，无论是作为要约一方的患者（P），还是负有强制承诺义务的邀请方医疗机构（H_1），其均有可能成为缔约过失责任的主体。

二、缔约过失责任的构成要件与适用场景

（一）构成要件

王利明教授认为，“缔约过失责任是在合同订立过程中，一方因违背

[1] 魏振瀛主编：《民法》（第7版），北京大学出版社2017年版，第474页。

其根据诚实信用原则所应负的义务而致另一方信赖利益的损失，并应承担民事责任”[1]。根据我国《民法典》第500条的规定，缔约过失责任主要包括四个构成要件：一是缔约过失发生在合同订立过程中。当然，这里可以作宽泛的理解，既包括合同尚未成立，也包括虽然合同成立但因为不符合法定条件而被确认无效或者被撤销的情形。二是一方当事人违背了依据诚实信用原则所应负的义务（如协助、照顾、保护、通知等），即先合同义务。三是造成了另一方信赖利益损失，即一方违背先合同义务的行为与造成另一方信赖利益损失之间具有因果关系。四是行为人主观上存在过错，至于是故意还是过失，在所不论。

（二）适用场景

1. 患者（P）的缔约过失责任

患者（P）无论是首次前往邀请方医疗机构（H_1）就诊，还是在订立远程医疗合同之前数次前往邀请方医疗机构（H_1）就诊，实际上都是双方磋商的过程，在一定程度上说，其中的一次或者数次就诊就是为即将进行的远程医疗做准备，或者客观上起到了准备的效果。无论患者（P）通过现场、电话、网络等何种方式与邀请方医疗机构（H_1）进行磋商，甚至邀请方医疗机构（H_1）也为患者（P）说明了远程医疗服务的内容、费用等情况，无论患者（P）本人，还是其监护人或近亲属是否签署了知情同意书，都不意味着患者（P）与邀请方医疗机构（H_1）缔结了医疗服务合同关系。因为合同的成立需要经过要约和承诺两个阶段，当患者（P）发起要约，医院予以承诺，合同即成立，一般以挂号单的成功生成作为医疗服务合同成立的标志。

如果患者（P）与邀请方医疗机构（H_1）就远程医疗进行了磋商，尤其是经过多次反复磋商，已经就医疗服务合同中的一些细节进行了确定，如远程医疗的时间、受邀方医疗机构（H_2）的名称（甚至专家名单）等，为了促成远程医疗的实现，邀请方医疗机构（H_1）就会向受邀方医疗机构（H_2）发出邀请，内容包括邀请事由、目的、时间安排、患者（P）的

---

〔1〕王利明：《违约责任论》，中国政法大学出版社1996年版，第706页。

相关病历摘要及拟邀请医师的专业和技术职务任职资格等。由于二者之间存在远程医疗合作合同/协议，通常情况下受邀方医疗机构（H_2）不会拒绝，若确需拒绝（不接受邀请），则应及时告知邀请方医疗机构（H_1）并说明理由。如果受邀方医疗机构（H_2）接受了邀请方医疗机构（H_1）的邀请，其就会开启远程医疗的准备工作。如果患者（P）最终决定放弃远程医疗，那么按照诚实信用原则，其应当及时通知邀请方医疗机构（H_1）取消，如果患者（P）主观上存在故意或者过失没有及时通知邀请方医疗机构（H_1），那么邀请方医疗机构（H_1）将无从知情，也就不可能及时通知受邀方医疗机构（H_2）。换言之，邀请方医疗机构（H_1）因为相信其与患者（P）会成立医疗服务合同，所以产生了一定的信赖，进而会因为患者（P）的过错行为产生一定的信赖利益损失，如支付给受邀方医疗机构（H_2）的远程医疗服务费用。需要注意的是，如果患者（P）已经与邀请方医疗机构（H_1）订立了医疗服务合同，那么就不应当按照缔约过失责任来处理，而是按照违约责任处理，这是二者的重要区别，也应成为实务认定的关键要点。

2. 医疗机构的缔约过失场景

与患者（P）存在缔约过失责任的场景相比，邀请方医疗机构（H_1）承担缔约过失责任的情形更为普遍。这是因为，医疗资源具有一定的稀缺性，对于远程医疗而言，患者（P）往往主观上高度重视，不会轻易放弃缔约。但是有些邀请方医疗机构（H_1）则不同，尤其是一些民营医疗机构，其与受邀方医疗机构（H_2）存在远程医疗合作关系是一项宣传亮点，出于“生存”或者“营利”的动机，其往往在普遍宣传（如医院 APP、官网、宣传册等）中或者在患者（P）就诊的过程中对患者（P）进行夸大甚至虚假宣传。基于医疗的专业性以及患者（P）就医心切等因素的综合影响，患者（P）就容易因为邀请方医疗机构（H_1）故意隐瞒与订立医疗服务合同有关的重要事实或者提供虚假情况而陷入错误的认识，并且基于这种错误的认识，做出与邀请方医疗机构（H_1）订立医疗服务合同的决定，该合同要么没有成立，要么虽然成立，但患者（P）依据《民法典》第 148 条撤销该医疗服务合同。质言之，在远程医疗中，邀请方医疗机构（H_1）负有遵循诚实信用的原则向患者（P）进行如实告知的义务，应当告知而不告知则构成主观上的过错，且其过错行为会导致患者（P）信赖利益的损失。在实践中，邀请方医疗机构（H_1）可能虚构了（一部分）远程医疗合作单位，这就导致其与患者（P）事前磋商的远程医疗服务主体发生了重大变动，或者在有的情况下，虽然远程医疗合作的受邀方医疗机构（H_2）没有变动，但是具体执行服务行为的医务人员发生了重大变动。无论是哪一种变动，都可能造成患者（P）原初目的不能实现，其会选择行使撤销权，进而让邀请方医疗机构（H_1）承担返还、补偿等民事责任。由于患者（P）出于对磋商中邀请方医疗机构（H_1）的信赖，其会进行一些准备工作，进而产生一些花费，就会产生信赖利益的损失，如挂号费、交通费、误工费等（包括上述费用的利息），邀请方医疗机构（H_1）应予赔偿。

三、缔约过失责任的赔偿范围

无论是患者（P）存在缔约过失行为，还是邀请方医疗机构（H_1）存在缔约过失行为，如果该有过错的行为没有造成对方的任何损失，则不需要承担赔偿责任。但实践中常常造成了一定的损失，这就涉及缔约过失责任的赔偿范围问题。前文已述，缔约过失责任主要赔偿信赖利益的损失，因此应将其作为赔偿的基本范围。有疑问的是，无论是患者（P）还是邀请方医疗机构（H_1），因为一方的缔约过失行为有可能会产生直接损失和间接损失，那么另一方所遭受的信赖利益的损失是仅包括直接损失还是二者均包括？从实际情况来看，发生缔约上过失赔偿的时候，许多合同都尚未成立，已成立的也有不少尚未履行，有的甚至连成立的条件也没有具备，在这种情况下，以履行利益（间接损失）作为损害赔偿标准，显然是不合理的，也常常会导致对信赖利益受损害的一方当事人产生不公平的结果。[1] 因此，学界的通说认为，这里的信赖利益的损失仅限于直接损失，而且必须强调合理，即如果造成的损失虽然属于直接损失的定性，但是范围不合理，则需去除不合理的部分，试图在救济受损和防止过分苛责之间

---

〔1〕 参见李静：《论缔约过失责任制度下信赖利益的保护》，载《西南政法大学学报》2004年第3期。

寻求一种平衡。总之，缔约过失责任的赔偿范围不能超过合同正常履行所获得的履行利益，否则就会失去公平性。

第四节 远程医疗中的侵权责任

由于笔者已经在第5章第4节对远程医疗的侵权法律关系尤其是侵权责任的构成要件进行了简要分析和阐述，因此，笔者在此重点讨论以患者（P）权益保护为核心的远程医疗侵权责任主体与侵权责任形态问题。所谓侵权责任主体，是指承担侵权责任的民事主体，有时是单一主体，有时则是多元主体；有时是表面责任主体（需要进一步厘定最终责任主体），有时是最终责任主体。所谓侵权责任形态，是指在侵权法律关系中，根据不同的侵权行为类型的要求，将侵权责任在不同的当事人之间进行分配的表现形式。换言之，即侵权责任由侵权法律关系中的不同当事人按照侵权责任承担规则承担责任的基本形式。[1] 由此可见，侵权行为形态不同于侵权责任形态（如表6－4所示）。需要说明的主要有两点：一是对于一些共性的侵权责任主体和侵权责任形态，笔者将简要述之；二是在远程病理诊断、远程医学影像（含影像、超声、核医学、心电图、肌电图、脑电图等）诊断、远程监护、远程会诊、远程门诊、远程病例讨论等侵权责任讨论的基础上，增加了远程医疗手术中的侵权责任讨论，将其按照临床应用场景进行了必要的类型化讨论。

表6－4 侵权行为形态与侵权责任形态对应关系[2]

<table>
<tr><th>类型</th><th colspan="2">侵权行为形态</th><th>侵权责任形态</th></tr>
<tr><td rowspan="3">自己责任与替代责任</td><td colspan="2">为自己负责的侵权行为</td><td>自己责任</td></tr>
<tr><td rowspan="2">替代责任</td><td>为他人负责的侵权行为</td><td>对人的替代责任</td></tr>
<tr><td>为物件损害负责的侵权行为</td><td>对物的替代责任</td></tr>
</table>

〔1〕参见杨立新：《侵权责任形态研究》，载《河南省政法管理干部学院学报》2004年第1期。

〔2〕参见杨立新：《中国侵权行为形态与侵权责任形态法律适用指引——中国侵权责任法重述之侵权行为形态与侵权责任形态》，载《河南财经政法大学学报》2013年第5期。

续表

<table>
<tr><th>类型</th><th colspan="3">侵权行为形态</th><th>侵权责任形态</th></tr>
<tr><td rowspan="4">单方责任与双方责任</td><td rowspan="2">单方侵权行为</td><td colspan="2">加害人负责的侵权行为</td><td>加害人责任</td></tr>
<tr><td colspan="2">受害人负责的侵权行为</td><td>受害人责任</td></tr>
<tr><td rowspan="2">双方侵权行为</td><td colspan="2">与有过失</td><td>过失相抵</td></tr>
<tr><td colspan="2">双方均无过错的行为</td><td>公平分担损失</td></tr>
<tr><td rowspan="9">单独责任与共同责任</td><td colspan="3">一般侵权行为</td><td>单独责任</td></tr>
<tr><td rowspan="7">多数人侵权行为与共同责任</td><td rowspan="2">共同侵权行为</td><td>普通的共同侵权行为</td><td>连带责任</td></tr>
<tr><td>混合的共同侵权行为</td><td>单向连带责任</td></tr>
<tr><td rowspan="2">分别侵权行为</td><td>典型的分别侵权行为</td><td>按份责任</td></tr>
<tr><td>叠加的分别侵权行为</td><td>连带责任</td></tr>
<tr><td rowspan="3">竞合侵权行为</td><td>必要条件的竞合侵权行为</td><td>典型的不真正连带责任</td></tr>
<tr><td>提供机会的竞合侵权行为</td><td>相应的补充责任</td></tr>
<tr><td>必要条件+政策考量的竞合侵权行为</td><td>先付责任</td></tr>
<tr><td colspan="3">第三人侵权行为</td><td>第三人侵权责任</td></tr>
</table>

一、远程病理诊断中的侵权责任主体与侵权责任形态

通过前文对各主体之间的合同法律关系可知，在远程病理诊断中，患者（P）与邀请方医疗机构（H_1）之间通常存在医疗服务合同法律关系。作为具体提供诊断服务的医务人员，如果其违反注意义务，则通常主观上存在过错，若该诊断行为客观上造成患者（P）的损害，且诊断行为与损害之间存在因果关系，那么该医务人员将构成侵权行为，但按照我国《民法典》第1218条的规定，由邀请方医疗机构（H_1）承担替代责任，[1] 即医疗机构对其所管理聘用的医务人员的侵权行为承担侵权责任，属于行为

〔1〕 我国《民法典》第1218条规定，患者在诊疗活动中受到损害，医疗机构或者其医务人员有过错的，由医疗机构承担赔偿责任。

主体和责任主体的分离。在医患格局中，由于患者（P）处于相对弱势的地位，其通常没有过错，在现实中常表现为加害人即邀请方医疗机构（H_1）负责的侵权行为，属于加害人的责任。这种情况较为简单，因为它并不涉及其他主体的参与。疑难的问题在于，受邀方医疗机构（H_2）、第三方平台（P_1）能否加入对患者（P）的侵权之中？要想回答这一疑问，就需要在分类的基础上进一步讨论和厘定。

首先，在远程病理诊断中，由于第三方平台（P_1）与患者（P）并不存在任何合同法律关系，既难以发生违约，亦难以对患者（P）的债权造成侵害，因此在通常情况下，其并不会对患者（P）的权益造成侵害。但是由于第三方平台（P_1）承担了将患者（P）的临床资料和病理资料传输给受邀方医疗机构（H_2）的功能和角色，其在履行自身与受邀方医疗机构（H_2）或邀请方医疗机构（H_1）所签订的技术服务合同约定的义务的过程中，不可避免地接触到患者（P）的隐私和个人信息，根据我国《民法典》的规定，隐私和个人信息被作为一种人格权益进行绝对权保护，这就可能成为第三方平台（P_1）侵害患者（P）权益的客体，进而构成侵权行为，承担侵权责任，至于其主观上是否以营利为目的，在所不论。从这个方面来说，第三方平台（P_1）对患者（P）的侵权仍然是自己责任，是单方侵权行为引起的加害人责任。值得注意的是，《个人信息保护法》与《民法典》将对隐私与个人信息的保护在私人利益与公共利益中进行了平衡，《民法典》第 1036 条对处理个人信息的免责事由作出相关规定，除此之外，只要有泄露或者未经患者（P）同意公开其信息的，即承担侵权责任，而不再将患者（P）存在损失作为必备条件。[1] 实践中，第三方平台（P_1）能否与邀请方医疗机构（H_1）或者受邀方医疗机构（H_2）对患者（P）构成共同侵权，尽管在理论上难以排除，但在实践中较为罕见，因为这些主体对患者（P）的隐私和个人信息均采取了较为严格的保密措施，监管部门亦给予了较严格的准入条件，如果不是外来人员侵入系统或者存在医疗机构内部工作人员与外在需求者“内外勾结”或“幕下交易”的情况，患者（P）的隐私和个人信息权益是难以受到侵害的。但是由于现

---

〔1〕参见赵新河：《医疗侵权法律问题研究》，社会科学文献出版社 2022 年版，第 124 – 129 页。

代远程医疗大部分借助网络运行，网络的开放性、共享性等特点加剧了这一风险，一旦造成侵权，将构成大规模侵权（mass tort），产生大量受害者，无论是受害程度，还是社会的关注度，均会产生聚焦效应，值得注意。

其次，在远程病理诊断中，由于邀请方医疗机构（H_1）和受邀方医疗机构（H_2）之间主要是咨询服务合同法律关系，因此受邀方医疗机构（H_2）并不直接针对患者（P），受邀方医疗机构（H_2）一旦接受邀请方医疗机构（H_1）的邀请，就需要认真负责地安排具备相应资质和技术能力的医务人员，按照相关法律、法规和诊疗规范的要求，提供远程医疗服务，及时将诊疗意见告知邀请方医疗机构（H_1），并出具由相关医师签名的诊疗意见报告。邀请方医疗机构（H_1）根据患者（P）的临床资料，参考受邀方医疗机构（H_2）的诊疗意见，谨慎决定诊断与治疗方案。换言之，无论是邀请方医疗机构（H_1），还是受邀方医疗机构（H_2），其对患者（P）的民事权益均负有法定注意义务，如果这两所医疗机构的医务人员在远程病理诊断活动中未尽到与当时的医疗水平相适应的诊疗义务，实际上就可以认定其存在过错。笔者拟分以下几种情况进行讨论：

第一，邀请方医疗机构（H_1）完全否定受邀方医疗机构（H_2）的诊断意见，自行作出针对患者（P）的治疗方案。此时由于受邀方医疗机构（H_2）对邀请方医疗机构（H_1）、患者（P）并无直接控制力，也不会产生医疗决策上的影响，即便造成患者（P）损害，也因无因果关系而切断受邀方医疗机构（H_2）的侵权责任。当然，两所医疗机构最终是否需承担责任，还需要求证其是否存在过错，即是否按照法律的规定和合同的约定履行了相应的注意义务。如果二者均履行了，则均无责任；如果邀请方医疗机构（H_1）履行但受邀方医疗机构（H_2）没有履行注意义务，受邀方医疗机构（H_2）仅需向邀请方医疗机构（H_1）承担违约责任，对患者（P）并不承担侵权责任；如果邀请方医疗机构（H_1）没有履行但受邀方医疗机构（H_2）履行了注意义务，此时无论是违约责任还是侵权责任，均由邀请方医疗机构（H_1）承担，患者（P）也只能向邀请方医疗机构（H_1）而非受邀方医疗机构（H_2）主张权益救济。

第二，邀请方医疗机构（H_1）完全采纳受邀方医疗机构（H_2）的诊断意见，邀请方医疗机构（H_1）依据受邀方医疗机构（H_2）的诊断意见作出针对患者（P）的治疗方案，并且该治疗方案给患者（P）造成了损害，其侵权责任主体如何判断？此时情况相对复杂。如果受邀方医疗机构（H_2）和邀请方医疗机构（H_1）均履行了相应的注意义务，则二者均不构成侵权。如果受邀方医疗机构（H_2）没有履行或者不完全履行相应的诊疗义务，造成远程病理诊断错误，邀请方医疗机构（H_1）依据这份错误的远程病理诊断作出诊疗决策，继而造成患者（P）损害，受邀方医疗机构（H_2）是否应当承担侵权责任？笔者认为不能一概而论，应当区分以下两种情况分别考量：一是受邀方医疗机构（H_2）与患者（P）之间不存在医疗服务合同关系，现实中的表现就是患者（P）没有在受邀方医疗机构（H_2）挂号，受邀方医疗机构（H_2）所作出的远程病理诊断针对的是邀请方医疗机构（H_1）的咨询，而非患者（P）的就诊，因此受邀方医疗机构（H_2）对患者（P）既不能形成直接控制力，也不能对其产生直接的医疗决策影响，此时受邀方医疗机构（H_2）不应对患者（P）承担侵权责任，而应对邀请方医疗机构（H_1）承担违约责任。二是受邀方医疗机构（H_2）与患者（P）之间成立医疗服务合同关系，现实中的表现就是患者（P）同时在受邀方医疗机构（H_2）和邀请方医疗机构（H_1）挂号，此时受邀方医疗机构（H_2）对患者（P）将会形成一定的控制力，也会产生一定的医疗决策影响，这种控制力的强弱和医疗决策影响的大小，取决于邀请方医疗机构（H_1）和受邀方医疗机构（H_2）之间的关系。前文已经作出过分析，当二者处于一种“水平结构”时，受邀方医疗机构（H_2）对患者（P）的控制力较弱，医疗决策影响较小，此时让受邀方医疗机构（H_2）成为侵权责任主体，略显牵强，仍应由邀请方医疗机构（H_1）独立承担侵权责任，是一种自己责任，是一种因单方侵权行为引起的加害人责任。当二者处于一种（业务上）“上下”（级）关系时，受邀方医疗机构（H_2）对患者（P）的控制力较强，医疗决策影响较大，此时笔者主张受邀方医疗机构（H_2）应当成为侵权责任主体之一，与邀请方医疗机构（H_1）形成多数人侵权。问题在于，二者之间成立的是何种类型的多数人侵权？由表6-4可知，多数人侵权行为可分为共同侵权行为、分别侵权行为和竞合侵权行为。理论上，按照共同侵权的数人之间有无主观上的共同过错

(共同故意或者共同过失)，可将共同侵权分为两类，即有意思联络的共同侵权和无意思联络的共同侵权，前者强调二人以上共同故意或者共同过失致人损害，后者则不强调共同故意或者共同过失，而是强调行为的“直接结合”产生同一损害后果。由于共同侵权要求行为主体共同实施，那么此时邀请方医疗机构（H_1）和受邀方医疗机构（H_2）是否构成共同实施呢？笔者认为不构成，因为二者的行为具有相继性和独立性，受邀方医疗机构（H_2）作出错误的远程病理诊断行为在前，邀请方医疗机构（H_1）参照错误的远程病理诊断作出诊疗决策行为在后，前者成为后者造成患者（P）损害的一个原因力，但是无论是邀请方医疗机构（H_1）的行为，还是受邀方医疗机构（H_2）的行为，均不足以引起患者（P）的损害后果，是二者行为的结合才造成了患者（P）的整体损害。因此，二者不属于共同侵权行为，而是属于分别侵权行为，构成典型的分别侵权行为，受邀方医疗机构（H_2）与邀请方医疗机构（H_1）按照各自的原因力比例承担按份责任。需要注意的是，这种原因力比例在实践中的判断十分困难。按照我国《民法典》第1172条的规定，当无法厘定受邀方医疗机构（H_2）与邀请方医疗机构（H_1）对患者（P）损害的原因力比例时，二者应当平均承担侵权责任。换言之，我国《民法典》兼顾了精准性和公平性，旨在为受害者即患者（P）提供充分的救济和保护。

第三，当邀请方医疗机构（H_1）只是部分采纳受邀方医疗机构（H_2）的远程病理诊断意见，而因其诊疗方案给患者（P）造成了损害时，受邀方医疗机构（H_2）是否需要承担侵权责任？笔者认为，这个问题看上去复杂，实际上却较为简单。只要把受邀方医疗机构（H_2）的远程病理诊断意见一分为二即可，即区分邀请方医疗机构（H_1）采纳的部分和邀请方医疗机构（H_1）否定的部分。对于采纳的部分，应当比照适用“邀请方医疗机构（H_1）完全采纳受邀方医疗机构（H_2）诊断意见”的情况处理，对于否定的部分，则应比照“邀请方医疗机构（H_1）完全否定受邀方医疗机构（H_2）诊断意见”的情况处理。

现实中，仍需要考虑两种情况：一是在邀请方医疗机构（H_1）、受邀方医疗机构（H_2）以及二者的医务人员构成分别侵权行为之时，尽管对患者（P）承担按份责任，但是如果患者（P）对自身损害的发生或者扩大有过错，此时可以减轻二者的责任；二是患者（P）不存在过错，但是邀请方医疗机构（H_1）存在过错，如在“杜某与山西省某医院医疗损害责任纠纷案”中，[1] 因为邀请方医疗机构（H_1）传输的图像有问题导致受邀方医疗机构（H_2）的远程诊断出现错误，如果受邀方医疗机构（H_2）不存在医疗过错，其应当免责，如果其存在医疗过错，也应当适用与有过失责任，以减轻受邀方医疗机构（H_2）的侵权责任。只有合理的担责、分责、减责和免责，才能符合权利、义务、责任一致原则，才能契合公平正义的价值追求。

二、远程医学影像诊断中的侵权责任主体与侵权责任形态

远程医学影像诊断与远程病理诊断仅在诊断对象上存在不同，其法律构造与远程病理诊断并无实质性差异，因此对其侵权责任主体和侵权责任形态问题，没有独立探讨的必要，否则就会构成重复论述。一言以蔽之，其完全适用远程病理诊断中的侵权责任主体与侵权责任形态。

三、远程监护中的侵权责任主体与侵权责任形态

远程监护与其他远程医疗类型最大的不同在于，其增加了设备供应商（EP）这一民事主体。实践中，患者（P）通常从设立远程监护中心的医疗机构（H）获取可穿戴设备，至于获取的方式，一般可分为三种：一是通过买卖合同实现可穿戴设备的所有权转移；二是通过租赁合同实现可穿戴设备使用权在一定期限内的转移，实现所有权和使用权的分离，即医疗机构（H）在一定期限内虽然保有所有权，但是这种所有权并不是完整的所有权，而是将其中的使用权在一定期限内分离出去，待期限届满患者（P）返还时，该所有权才恢复至圆满状态；三是医疗机构（H）免费为患者（P）提供所需的可穿戴设备，如果到期需要返还，二者属于借用合同法律关系，这是当前的常态。如果到期无须返还，则二者之间成立赠与合同法律关系。就上述三种类型而言，第一种、第二种情形是通过价款、租金等有偿的方式获得可穿戴设备的使用，第三种情形则是通过无偿的方式

---

[1] 周斌：《律师办案实录：我打医疗官司》，中国法制出版社2004年版，第52页。

获得可穿戴设备的使用。需要注意的是，如果可穿戴设备的使用被患者（P）与医疗机构（H）之间的医疗服务合同所吸收，就会成为其一项具体的权利义务，医疗服务合同本身属于有偿合同，因此不宜再将患者（P）使用可穿戴设备纳入无偿之列。需要特别注意的是，医疗机构（H）通常不是可穿戴设备的生产者和销售者，其在法律上仍处于使用者的地位，只不过可穿戴设备进入医院之后具体的使用人会发生一定的改变，即形式上的使用人是医疗机构（H），实质上的使用人是患者（P），尤其是在前述三种情形中的后两种情形，这一特点表现得更加充分。至于提供远程医疗技术服务的第三方平台（P_1），其角色和功能没有发生改变，仍是为医疗机构（H）开展远程监护等远程医疗活动提供技术服务。

首先，与远程病理诊断、远程医学影像诊断等远程医疗类型一样，患者（P）与第三方平台（P_1）通常并不存在任何合同法律关系，这就决定了在远程监护中，患者（P）与第三方平台（P_1）处于“陌生人”的关系之中，一般不存在接触的必要和可能，尤其是不存在缔约事宜，存在目的上的欠缺，因此二者之间不会发生违约或者缔约过失的问题。但是由于第三方平台（P_1）在为医疗机构（H）提供技术服务的过程中，不可避免地接触到患者（P）的隐私和个人信息，无论是基于法律规定，还是基于二者之间的合同约定，第三方平台（P_1）均负有保密义务，其对该条款的违反，一方面需要向医疗机构（H）承担违约责任，另一方面由于第三方平台（P_1）有可能构成对患者（P）的人格权等绝对权益的侵害，需要承担侵权责任。就侵权责任形态而言，第三方平台（P_1）属于自己责任，是因单方侵权行为产生的加害人责任。

其次，医疗机构（H）对患者（P）承担的医疗侵权责任。除医疗产品责任外，我国的医疗侵权责任采取的是过错责任原则。现实中，医疗机构有时的确存在过错，常表现为过失。例如，医疗机构（H）对于可穿戴设备传输的危急情况没有及时重视和处理，导致患者（P）因为延误治疗产生了损害，在二者之间存在因果关系的情况下，成立一般的过错责任。这种过错责任与第三方平台（P_1）一样，属于自己责任，属于因单方侵权行为产生的加害人责任。换言之，医疗机构（H）是在为其医疗管理过失或者医务人员医疗技术过失所产生的损害“埋单”。在没有加入可穿戴设备存在缺陷致害时，处理起来相对简单。问题在于，当可穿戴设备本身存在缺陷导致患者（P）出现损害，各主体又应如何承担侵权责任呢？笔者认为，应当先对可穿戴设备的法律性质进行一定的区分，即可穿戴设备是否经过审批而进入了医疗器械的范畴？之所以要先做这种区分讨论，是因为它直接关系到法律适用的依据不同。具体而言，如果该可穿戴设备经过药品监督主管部门的审批进入医疗器械的范畴，因缺陷引起的损害属于医疗产品责任，应当以《民法典》第 1223 条为依据进行法律适用。更进一步讨论，根据我国《医疗器械监督管理条例》，缺陷医疗器械主要指医疗器械不符合强制性国家标准或者强制性行业标准等。具体而言，可做如下分析：先看医疗器械是否符合强制性国家标准或者强制性行业标准，再看医疗机构是否严格按照规定的方法和规范的要求使用该医疗器械，当前者为否而后者为是时，二者适用的是不真正连带责任；当前者为是而后者为否时，医疗机构为真正的责任主体，此时不必按照不真正连带责任来处理；若二者均为否，此时更符合分别侵权，整体上承担按份责任，不能厘定责任大小的，平均承担责任。[1] 反之，如果该可穿戴设备尚未进入医疗器械的范畴，那么其应以《民法典》侵权责任编第 4 章“产品责任”为依据进行法律适用，属于普通产品责任。尽管二者的规则基本相同，但是责任主体的处理存在一定的差异，最为显著的是在医疗产品责任中，医疗机构（H）明确作为不真正连带责任的主体，而在普通产品责任中，在立法技术上无法亦不宜将医疗机构（H）作为责任主体，“规定医疗损害”只能将医疗机构（H）作近似于销售者的处理，适用准用产品责任中销售者承担责任的规则。但是医疗机构（H）毕竟不属于销售者，其具有较强的公益性或者非营利性，尤其在《基本医疗卫生与健康促进法》颁布之后，更是如此。该法第 3 条规定，“医疗卫生与健康事业应当坚持以人民为中心，为人民健康服务。医疗卫生事业应当坚持公益性原则”。只有在部分民营医疗机构中，其营利性特点才更接近于销售者，这亦是《民法典》区分普通产品责任和医疗产品责任的主要原因之一。根据我国《民法典》第 1223 条的规定，“因药品、消毒产品、医疗器械的缺陷，或者输入

[1] 参见白松、许学敏编著：《医疗纠纷法理与实务》，中国法制出版社 2019 年版，第 107－109 页。

不合格的血液造成患者损害的，患者可以向药品上市许可持有人、生产者、血液提供机构请求赔偿，也可以向医疗机构请求赔偿。患者向医疗机构请求赔偿的，医疗机构赔偿后，有权向负有责任的药品上市许可持有人、生产者、血液提供机构追偿”。由此可见，医疗机构（H）尽管有可能并非最终的责任主体，但是因为缺陷产品导致患者（P）损害时，其需要先行承担赔偿责任，然后取得对其他销售者、生产者的追偿权。这是因为考虑到很多时候造成患者（P）损害的缺陷医疗产品的生产者或者销售者在异地甚至外国，受害者难以获得法律救济，于是出于方便受害患者（P）行使求偿权，保障受害患者（P）能够及时地获得法律规定的损害赔偿的目的而作出的规定。[1] 在侵权责任形态上，其属于多数人侵权项下因竞合侵权行为引起的不真正连带责任。

再次，设备供应商（EP）对患者（P）承担的医疗侵权责任。因属于医疗器械的可穿戴设备存在缺陷导致损害的，在对患者（P）的赔偿上，设备供应商（EP）无论是以生产者的角色出现，还是以销售者的角色出现，均承担无过错责任，患者（P）均可以向设备供应商（EP）或者医疗机构（H）寻求赔偿。如果患者（P）直接向设备供应商（EP）请求赔偿，设备供应商（EP）依法赔偿后，其所有的责任均告消灭，因为生产者的责任属于最终责任。但是在实践中，出于“近因”原则和维权便利性的考虑，患者（P）通常不会直接向生产者索赔，而是寻找与之更具密切联系的医疗机构（H）索赔。在非医疗器械的可穿戴设备存在缺陷致患者（P）损害的案件中，患者（P）则会寻找销售者，无论是医疗机构（H）还是销售者，其实际上承担的均是表面责任，或者说中间责任，其承担赔偿责任之后，如果属于生产者责任，再向生产者行使追偿权。如果属于自身原因导致的缺陷，与生产者的生产缺陷无关，那么销售者或者医疗机构（H）将承担最终责任。按照我国《民法典》第1204条的规定，“因运输者、仓储者等第三人的过错使产品存在缺陷，造成他人损害的，产品的生产者、销售者赔偿后，有权向第三人追偿”。因此，生产者、销售者、医疗机构（H）在可穿戴设备因为运输者、仓储者等第三人的过错使产品存

[1] 参见梁慧星：《侵权责任法若干问题》，载《北航法律评论》2011年第1辑。

在缺陷时，在承担表面责任后，仍可向运输者、仓储者等第三人行使追偿权。法律之所以作出这样的制度安排，尤其是将医疗机构纳入首位赔偿责任主体，主要是为了及时、充分地救济患者（P），尤其是在设备供应商（EP）具有涉外因素的情况下，让患者（P）寻求权利救济，无疑是非常困难的，而医疗机构（H）的维权能力比患者（P）更强，专业性更高。当医疗管理过失责任或者医疗技术过失责任和（医疗）产品责任并存时，需要进一步分清责任，医疗机构（H）承担医疗管理过失或者医疗技术过失导致的损害，设备供应商（EP）承担产品缺陷导致的损害，构成分别侵权行为，整体上承担按份责任，不能厘定责任大小的，应当平均承担责任。

最后，在远程监护中，患者（P）也有可能对医疗机构（H）构成侵权。前文已述，患者（P）通常从医疗机构（H）获得可穿戴设备，除通过买卖合同或者赠与合同外，无论是有偿的租赁，还是无偿的借用，患者（P）享有的只是一定期限的使用权，当这种期限届满时，患者（P）应当按照双方合同约定及时返还。在租赁和借用期间，患者（P）负有妥善的保管义务，如果患者（P）违反这种妥善的保管义务，就有可能对可穿戴设备造成损害，即对医疗机构（H）享有的可穿戴设备的所有权造成侵害，构成侵权行为，应当承担损害赔偿责任。换言之，在远程监护中，患者（P）也会成为侵权责任主体之一，其在侵权责任形态上属于自己责任，因单方侵权行为（加害人负责的侵权行为）产生的加害人责任。

四、远程会诊中的侵权责任主体与侵权责任形态

笔者曾经在第5章第2节“远程医疗中的合同法律关系”中对远程会诊进行了概念界定，并将其区分为机构内远程会诊和机构外远程会诊，这种区分对于讨论其侵权责任主体和侵权责任形态具有十分重要的意义。

（一）机构内远程会诊

机构内远程会诊，是指参加会诊的无论是本学科的医务人员，还是多学科的医务人员，实际上均属于医疗机构的工作人员，属于“雇员”。由于这些工作人员统一受到医疗机构的调度和指挥，因此其从事的远程会诊

属于从事职务的行为，这些相同或者不同的职务行为，共同汇聚成医疗机构向患者（P）提供的远程医疗行为，在对外的主体和责任上，医务人员均不具有独立性，统一由医疗机构享有权利、履行义务和承担责任。因此，对于机构内远程会诊而言，由于不存在受邀方医疗机构（H_2），因此其责任主体比较简单，如果是因为医疗机构管理过失或者医务人员技术过失导致患者（P）损害，则由医疗机构承担过错责任，但是在责任形态上需要区分以下两种：一是医疗机构对自己的医疗管理过失承担自己责任，二是医疗机构对医务人员的医疗技术过失承担替代责任。无论是上述哪一种，它们有一点是共通的，即属于单方侵权行为引起的加害人责任。不过在某些特殊情况下，患者（P）虽然受到医疗损害，但是其自身也存在一定的过错，此时完全让医疗机构承担医疗损害责任并不公平，而需要按照衡平观念让患者（P）自担与其过错相适应的部分责任，从另一个侧面而言，就是减轻侵权人（医疗机构）的侵权责任。若是从患者（P）的角度观察，该行为虽然也属于单方侵权行为，但是却属于受害人负责的侵权行为，成立受害人责任。若是从医疗机构的医疗损害责任和患者（P）的受害人责任这一整体结构考察，双方构成与有过失，属于双方侵权行为，在侵权责任形态上表现为过失相抵。

（二）机构外远程会诊

与机构内远程会诊相比，机构外远程会诊更加复杂，最直接的表现之一就是参与主体的增多。在临床实践中，邀请方医疗机构（H_1）根据患者（P）的需求或者自身专业的判断，有时会邀请一所医疗机构，有时会邀请数家医疗机构，至于作出何种选择，则需要充分考虑患者病情的严重或者复杂程度、患者（P）的负担能力等诸多因素。本着对患者（P）的最佳利益考虑，贯彻医学伦理学中的有利原则，受邀方医疗机构（H_2、H_3……）并非越多越好或者越少越好，而是足量适中即可，在专业解决和患者（P）负担中寻求一种良性的平衡。

首先，机构外远程会诊与其他远程医疗的类型相似，第三方平台（P_1）在为邀请方医疗机构（H_1）、受邀方医疗机构（H_2、H_3……）提供远程医疗技术服务的过程中，不可避免地接触了患者（P）大量的隐私和个人信息，其如果未经患者（P）同意擅自披露、加工、买卖上述信息，就会构成侵权行为，应当承担过错的侵权责任，属于为自己负责的侵权行为导致的自己责任和加害人负责的侵权行为产生的加害人责任。

其次，本书第5章第2节在远程会诊中的合同法律关系中曾经指出，邀请方医疗机构（H_1）、受邀方医疗机构（H_2、H_3……）之间存在咨询服务合同法律关系。一般情况下，患者（P）仅与邀请方医疗机构（H_1）之间成立医疗服务合同关系，与受邀方医疗机构（H_2、H_3……）之间并不存在医疗服务合同关系。受邀方医疗机构（H_2、H_3……）只是根据邀请方医疗机构（H_1）提供的资料进行讨论，独立自主作出诊疗意见，并按照法定或者约定及时反馈给邀请方医疗机构（H_1），邀请方医疗机构（H_1）综合所有受邀方医疗机构（H_2、H_3……）的会诊意见作出诊断决策独立作用于患者（P），因此在一般的情况下，仅应由邀请方医疗机构（H_1）对患者（P）负责，在侵权法上则表现为邀请方医疗机构（H_1）因违反注意义务而存在过错，并且该过错的医疗行为导致了患者（P）受损，应当承担侵权责任，属于自己责任和加害人责任。值得思考的是，是否在任何情况下均是如此？笔者认为，上述结论成为一个判定侵权责任的原则没有问题，但是亦应适度考虑一定的例外情形。如果邀请方医疗机构（H_1）和受邀方医疗机构（H_2、H_3……）并不是处于“水平结构”，而是具有业务指导上的“上下”（级）关系，尤其是在二者存在医联体、医共体关系时，邀请方医疗机构（H_1）的自主性受到很大影响，受邀方医疗机构（H_2、H_3……）的医疗决策就会强有力地穿越邀请方医疗机构（H_1）影响到患者（P），尽管其与患者（P）在形式上不具有医疗服务合同关系，却在实质上产生了一定的控制力，此时如果让受邀方医疗机构（H_2、H_3……）完全免责，则不具有充足的正当性，表现为权利、义务、责任的失衡，即收取费用但并不承担责任，也不利于其谨慎提供切实可行且符合诊疗规范的医学意见。不过，需要注意的是，认定受邀方医疗机构（H_2、H_3……）构成侵权责任仍要论证其是否满足侵权责任的构成要件，并且从严适用，否则就会阻碍远程医疗制度的适用与运行，走向过分苛责的另一个极端。邀请方医疗机构（H_1）、受邀方医疗机构（H_2、H_3……）均构成侵权的情况下，其侵权责任形态为按份责任，即按照原因力大小进行责任划分。因为在实践中，邀请方医疗机构（H_1）对受邀方医疗机构（H_2、H_3……）出具的医学意见既可以全部采纳、部分采纳，也可以不予采纳。

最后，患者（P）在远程会诊中若存在过错，如没有完整地、如实地主诉自身的病情，导致出具的诊疗意见出现一定的偏差，尽管医疗机构可能存在一定的过错，但是患者（P）此时也存在一定的过错，因此构成双方侵权行为中的与有过失，将会产生过失相抵的法律效果和责任形态。

五、远程门诊中的侵权责任主体与侵权责任形态

在远程门诊中，患者（P）与受邀方医疗机构（H_2）之间存在医疗服务合同法律关系，但是又与医疗机构通过信息技术直接向患者（P）提供远程医疗不同，前者强调患者（P）前往邀请方医疗机构（H_1），由于邀请方医疗机构（H_1）与受邀方医疗机构（H_2）之间存在远程医疗合作协议，患者（P）借助邀请方医疗机构（H_1）的软硬件设施实现受邀方医疗机构（H_2）对患者（P）的诊疗，此时受邀方医疗机构（H_2）对患者（P）具有主要的控制力，而且其所作出的医疗决策直接作用于患者（P），具有全部的影响力。因此，如果受邀方医疗机构（H_2）违反法律规定或者合同约定的注意义务，且造成了患者（P）的损害，就会成立侵权行为，应当承担侵权责任，属于自己责任和加害人责任。至于为邀请方医疗机构（H_1）与受邀方医疗机构（H_2）提供技术服务的第三方平台（P_1）所承担的加害人责任，以及患者（P）存在一定过错导致自身损害可能产生的受害人责任或者过失相抵，与远程监护的情况基本相同，为避免不必要的重复，在此不赘。后者则是提供远程医疗信息技术的医疗机构直接造成患者（P）损害。但在后者的情况中，往往也会有第三方平台（P_1）的存在。例如，患者张某因心脏不适曾多次于A医院就诊，初期诊断为心律失常、室早，后患者张某又到B医院住院治疗，医生梁某为其管床医生之一，其让患者张某下载某APP并称有任何不适都可以通过该平台向梁医生远程问诊，经治疗张某出院，出院后有不适也在该APP上向梁医生进行询问并得到梁医生解答，但后来患者张某出现一过性黑矇，再通过该平台联系梁医生均没有得到回复，后患者张某死亡。在张某死亡后，其家属对A医院、B医院、APP开发公司以及医生梁某提起诉讼。本案中的争议焦点

是对于 B 医院梁医生行为的定性，最终法院认定梁医生通过 APP 回答患者问题的行为是 B 医院诊疗行为的继续，最终判定 B 医院承担责任。本案另一争议焦点即对第三方平台（P_1）责任的认定：APP 开发公司取得了《互联网医疗保健信息服务复核同意书》及电信与信息服务业务经营许可证，具有提供互联网医疗保健信息服务的经营资质，并对梁某的医生执业资质进行了审核，梁某的执业地点虽非 B 医院，但其确系 B 医院的医生，故 APP 开发公司在其 APP 平台上将梁医生标注为 B 医院医生，并无不当。且 APP 开发公司在"用户协议"中指出，"咨询建议仅为依据提问者描述而提供建议性内容，不能作为诊断及医疗的依据"，并明确提示"医生回复仅为建议，具体诊疗请前往医院进行"，故法院难以认定 APP 开发公司存在过错。[1]

有疑问的是，远程医疗中患者（P）有没有可能在与受邀方医疗机构（H_2）之间已经存在医疗服务合同的基础上，和邀请方医疗机构（H_1）也存在医疗服务合同关系？笔者认为，尽管存在这种可能，但是邀请方医疗机构（H_1）与患者（P）之间成立的医疗服务合同具有一定的特殊性，其通常并无具体的诊疗行为，只是接受患者（P）、受邀方医疗机构（H_2）的委托，将患者（P）的相关资料借助第三方平台（P_1）的技术服务传输至受邀方医疗机构（H_2），然后由受邀方医疗机构（H_2）独立地作出诊疗意见。如果邀请方医疗机构（H_1）也作出了一定的诊疗意见，此时并不能认为是受邀方医疗机构（H_2）诊疗意见的延伸，否则就会和远程会诊相混淆，而只能认为其独立作出了另外一项诊疗意见，至于邀请方医疗机构（H_1）是否采纳或者在多大程度上采纳受邀方医疗机构（H_2）的诊疗意见，并不能直接影响对邀请方医疗机构（H_1）的行为定性。如果邀请方医疗机构（H_1）和受邀方医疗机构（H_2）均存在医疗过错且造成了同一损害，此时不存在意思联络，因此成立无意思联络的数人侵权问题，属于典型的分别侵权行为，应当按照各自医疗行为的原因力比例承担责任，在侵权责任形态上应当是按份责任，当这种原因力比例无法精确厘定时，应当平均承担侵权责任。需要注意的是，尽管邀请方医疗机构（H_1）和受邀方

---

〔1〕 案件详情参见北京市朝阳区人民法院（2016）京 0105 民初 34091 号民事判决书。

医疗机构（H_2）有可能均存在医疗过错，但是二者并非造成同一损害，此时并不构成一个独立的无意思联络的数人侵权，而是成立两个独立的单独侵权行为。因此，在侵权责任形态上成立两个独立的自己责任和加害人责任。

六、远程病例讨论中的侵权责任主体与侵权责任形态

笔者曾经在第 5 章第 2 节对远程病例讨论进行了有无患者（P）参与的区分，在讨论侵权责任主体和侵权责任形态时，依然具有这种区分的意义。如果患者（P）未参与的远程病例讨论发生在诊疗结束后，且仅为提升医疗技术或者改进管理而进行，其所形成的医学意见并不会作用于患者（P），因此不会因为医疗行为对患者（P）造成损害，这种情况较为简单，并不会构成侵权行为。需要注意的是，在远程病例讨论的过程中，邀请方医疗机构（H_1）、受邀方医疗机构（H_2）和第三方平台（P_1）因各自的功能和角色获取了患者（P）的隐私和个人信息，尽管没有医疗行为的存在而不能成立医疗侵权，但是三者完全可以基于对患者（P）的隐私权和个人信息权益的侵害成立侵权行为。在三者构成侵权行为的情形下，关于侵权责任形态的讨论是比较复杂的，至少应当区分以下三种情况：一是第三方平台（P_1）的侵权比较简单，其主要涉及的是单独侵权，一般不会与邀请方医疗机构（H_1）、受邀方医疗机构（H_2）中的任一主体合谋的情况，即不构成共同侵权行为。二是对于邀请方医疗机构（H_1）、受邀方医疗机构（H_2）而言，其通常也不会存在合谋的情况，主要基于自身安全管理制度存在缺陷或者医务人员疏忽大意造成患者（P）隐私和个人信息的侵害，应当单独承担侵权责任，彼此并无关联。三是在特殊情况下，邀请方医疗机构（H_1）、受邀方医疗机构（H_2）会存在合谋侵害患者（P）隐私和个人信息的情况，这一方面为法律法规所不允许，另一方面也严重违背了医务人员的道德伦理规范，因为保密是医疗机构及其医务人员肩负的一项重要义务。在二者合谋的情况下，邀请方医疗机构（H_1）、受邀方医疗机构（H_2）将成立共同侵权，在侵权责任形态上表现为连带责任。

七、远程手术中的侵权责任主体与侵权责任形态

远程手术在国家卫生计生委于 2014 年颁布的《关于推进医疗机构远

程医疗服务的意见》中并没有被明确列出，可以将其归类于省级以上卫生健康行政部门规定的其他项目，国家卫健委、国家中医药管理局于2018年颁布的《远程医疗服务管理规范（试行）》对此没有规定，但中央与地方均有相关政策对远程手术作了规定（如表6－5所示）。

表6－5　远程医疗的相关政策

文件名称	发布机关	发布时间	主要内容
《关于深入组织实施创业带动就业示范行动的通知》	国家发改委办公厅、教育部办公厅、工信部办公厅等	2021年	开展第五代移动通信技术应用试点，建设云计算基础设施、人工智能基础服务平台，提供人工智能应用所需的基础数据、计算能力和模型算法，为市场主体开发同步课堂、远程手术、远程监护、数字旅游、实时调控、演艺直播、高清视频通讯社交等应用提供支撑
贵州省人民政府办公厅《关于加快推进全省5G建设发展的通知》	贵州省人民政府办公厅	2019年	发展远程医疗，推进远程会诊、远程手术、远程超声、医学影像上云。建设互联网医院，开展在线问诊、智能问药，与实体医院线上线下紧密结合
《重庆市人民政府关于新形势下推动服务业高质量发展的意见》	重庆市人民政府	2020年	发展智慧医疗，建设智慧医院，推广远程会诊、远程手术、远程超声、远程监护等远程医疗服务
《江苏省“十四五”数字政府建设规划》	江苏省人民政府办公厅	2021年	规范建设互联网医院，推进远程诊疗、远程手术、互联网健康咨询等广泛使用，推动高水平医疗机构与基层医疗机构开展在线医疗合作

目前，远程手术已经得到了大量的现实应用。1999年，世界上首例实验性远程手术成功进行，中国于2001年首次成功利用机器人进行远程脑外科手术，经过多年的发展与实践，其应用范围不断拓展。例如，2019年全国首例基于5G的远程人体手术——帕金森病“脑起搏器”植入手术在

中国人民解放军总医院海南医院成功完成。[1] 同年，天津市第一中心医院骨科远程手术中心在中国电信天津分公司、华为技术有限公司的协助下，通过远程系统控制平台与北京积水潭医院连接，完成了天津首个骨科机器人5G远程手术，[2] 同时，该研究还对山东、江苏的患者实现“一对多”同时治疗，证实了中国境内5G网络在远程手术中的可行性及发展潜力。国内远程手术进入5G模式后发展迅速，并由单中心、少样本的探索模式向多中心、大样本的临床研究模式转型。2020年9月，青岛大学附属医院牛海涛团队完成了全世界首例5G超远程机器人辅助腹腔镜手术，为身处近3000公里外的贵州省安顺市西秀区人民医院的71岁的膀胱癌患者实施了膀胱根治性切除手术。结果初步证明，5G的高速、机器人的精准、虚拟显示设备的逼真，已向我们打开了新世界的大门，即使在超远程距离下，远程手术也可以安全、顺畅地进行。[3] 2024年11月，法国外科医生尤尼斯·阿哈拉尔博士使用上海企业研制的图迈机器人，在上海为远在12000公里外的摩洛哥卡萨布兰卡一名患者成功实施了机器人远程前列腺癌根治手术。这次手术完全以远程操作完成，双向通信距离超过30000公里，单向延时仅100余毫秒，创造了距离最远的远程人体手术世界纪录且在本次手术中甚至并未使用5G网络。卡罗林斯卡医学院教授、机器人手术专家彼得·维克隆德表示，未来，远程手术将在全球广泛应用，极大地改变外科手术的实施方式和教育培训模式。[4]

远程手术主要分为两种类型：一种是邀请方医疗机构（H_1）的医务人员亲自操作，但是同步接受受邀方医疗机构（H_2）专家的指导；另一种是受邀方医疗机构（H_2）的专家亲自操作，同时需要邀请方医疗机构（H_1）医务人员的辅助。无论哪一种远程手术类型，受邀方医疗机构

---

〔1〕参见罗国金、宗睿：《解放军总医院成功进行世界首例5G远程操控颅脑手术》，载人民网，http://military.people.com.cn/n1/2019/0317/c1011-30979688.html。

〔2〕参见付光宇、张建新：《天津首个骨科机器人5G远程手术顺利完成》，载中国政府网，https://www.gov.cn/xinwen/2019-08/27/content_5425043.htm。

〔3〕参见张雪茹：《全球首例！青大附院5G超远程机器人辅助腹腔镜手术创下世界纪录》，载青岛新闻网，https://news.qingdaonews.com/qingdao/2020-09/24/content_22364785.htm。

〔4〕参见《距离创世界纪录！国产手术机器人在上海为非洲患者实施癌症手术》，载腾讯网，https://news.qq.com/rain/a/20241118A07IJ300。

（H_2）专家对患者（P）的控制力均较强，其所作出的医疗行为或者医疗决策对患者（P）产生直接影响，二者的不同之处在于，后一种类型的远程手术比前一种类型的远程手术对患者（P）的控制力更强，其医疗决策对患者（P）具有更为直接的影响。虽然邀请方医疗机构（H_1）和受邀方医疗机构（H_2）是按照二者之间的远程医疗合作合同进行的远程医疗服务，或许已将对患者（P）造成损害后的责任承担问题进行了约定，但并不影响其侵权责任的讨论。因为当患者（P）以侵权作为请求权基础主张权利时，对损害责任的合同约定只能解决邀请方医疗机构（H_1）和受邀方医疗机构（H_2）之间的内部责任分配问题（最终责任），却无法解决其对外责任承担的责任问题（表面责任和最终责任），二者不能相互替代。

在远程手术中，无论受邀方医疗机构（H_2）的专家是通过远程指导参与邀请方医疗机构（H_1）的手术体系，还是亲自操作进而参与邀请方医疗机构（H_1）的手术体系，其对患者（P）的生命、健康、身体等人身权益均负有谨慎的注意义务，如果因其违反了这一注意义务且邀请方医疗机构（H_1）已尽充分注意义务的情况下导致患者（P）发生损害，其应当构成一般侵权行为，适用过错责任原则，属于一种单方侵权行为引起的单方责任。邀请方医疗机构（H_1）和受邀方医疗机构（H_2）之间关于责任分配的约定，不能阻断患者（P）侵权责任的主张。

需要注意的是，由于患者（P）在远程手术中均与邀请方医疗机构（H_1）存在医疗服务合同，这就决定了邀请方医疗机构（H_1）需要向患者（P）提供符合法律规定或者合同约定的医疗服务，这种医疗服务与一般的医疗服务不同，其并不是独立提供，而是在受邀方医疗机构（H_2）专家的指导或者直接参与下完成，如果邀请方医疗机构（H_1）或者医务人员存在过错，无论是主观上存在意思联络，还是客观上的行为结合，他们共同作用于患者（P）的损害，因此成立共同侵权，二者应当承担连带责任。需要说明的是，如果受邀方医疗机构（H_2）想限制责任或者防范风险，其可以在与邀请方医疗机构（H_1）签订的远程医疗合作合同/协议中约定医疗损害责任由邀请方医疗机构（H_1）承担，但是在对患者（P）赔偿的侵权责任上，其不能依据与邀请方医疗机构（H_1）的协议约定进行抗辩。如果两所医疗机构作出这样的约定，对于受邀方医疗机构（H_2）而言，其权利、义务和责任是失衡的，其合同条款的公平性将受到质疑，亦会影响到该具体条款的法律效力。此外，随着科学技术的发展和进步，大量的人工智能开始参与到远程医疗尤其是远程手术中，并呈现出“面广点深”的趋势，为患者（P）带来了巨大福祉，例如，手术机器人已广泛应用于外科（如泌尿、胃肠、肝胆等）领域，与人类相比，它具有更加灵活的机械臂和更为清晰宽广的视野，对患者（P）的创伤可以做到最小化。但是这项高新技术的应用，也在实践中出现了损害患者的案例，以当前最为成熟的、应用最为广泛的达芬奇通用机器人为例，该机器人手术在 2000 年至 2013 年共涉及 144 人的死亡，其中头部、颈部、心胸手术的风险几乎 10 倍于其他形式的手术。[1] 在人工智能参与远程手术的情况下，侵权责任主体和侵权责任形态的确定亦会相对复杂。

笔者认为，应当实现两个层次上的区分：一是人工智能是否存在缺陷；二是人工智能是否经有关行政部门审批进入医疗器械的范畴，这一点与远程监护中的可穿戴设备具有一定的相似之处。人工智能是否存在缺陷是极为专业的事务，当事人双方要么是因为知识上的欠缺不具有认定能力，要么是虽具有认定能力但因为与自身存在利益关系而缺乏中立性和公信力，这种情况下一般需要借助具有中立地位的第三方专业主体进行鉴定或者认定。现实中，也的确存在人工智能本身没有问题，完全是医疗机构或者医务人员的管理过错或者技术过错而导致患者（P）遭受损害的情况，此时手术机器人等人工智能无论性质如何，实际上都是医疗机构的工具，其功能是辅助医务人员提供更佳的医疗服务。因此，应当由使用人工智能的医疗机构承担侵权责任，作为人工智能的生产者、销售者等主体，无须承担侵权责任。但是如果医疗机构或者医务人员不存在管理过错或者技术过错，患者（P）的损害是人工智能的缺陷所致，此时就要厘定人工智能的法律属性，这与远程监护中需要对可穿戴设备进行定性相似，其所产生的侵权责任主体与侵权责任形态与可穿戴设备相似，笔者不再赘述。

---

[1] 参见皮勇：《论医疗人工智能的刑法问题》，载《法律科学（西北政法大学学报）》2021 年第 1 期。

如果受邀方医疗机构（H_2）已经尽到了充分的注意义务，而邀请方医疗机构（H_1）因为医疗过错对患者（P）造成损害，此时二者之间不成立共同侵权。具体而言，此时受邀方医疗机构（H_2）不构成侵权行为，不应当承担侵权责任；邀请方医疗机构（H_1）构成单方侵权行为，在侵权责任形态上表现为自己责任和加害人责任。与远程病例讨论相似，邀请方医疗机构（H_1）、受邀方医疗机构（H_2）、第三方平台（P_1）对患者（P）的隐私、个人信息、肖像等人格权益负有保密义务，其擅自披露、出卖等行为均有可能构成侵权。此外，患者（P）在远程手术中也可能存在自身过错，进而产生或者加重一部分损害，此时患者（P）应当适当分担责任，从另一个层面考察，其将会在一定程度上减轻邀请方医疗机构（H_1）、受邀方医疗机构（H_2）等主体的侵权责任。

八、立法评价与思考

（一）立法评价

1.《远程医疗服务管理规范（试行）》关于侵权责任的立法评价

在《基本医疗卫生与健康促进法》等上位法对远程医疗仅作出原则性规定的情况下，并无相应的行政法规对远程医疗作出更为细致的规定，尤其是有关民事责任的分配问题。《远程医疗服务管理规范（试行）》作为专门规制远程医疗的部门规章，其重要意义是不言而喻的，但其对民事责任的问题不仅规定较少，而且比较原则。该规范主要在三处提到远程医疗的民事责任问题：一是医疗机构之间的远程医疗合作合同中要对“各方责任权利义务、医疗损害风险和责任分担等事项”进行约定；二是医疗机构与第三方机构合作发展远程医疗服务的，要通过协议明确各方权利、义务和法律责任；三是明确规定“远程会诊由邀请方承担相应法律责任，远程诊断由邀请方和受邀方共同承担相应法律责任”。这些规定无疑是进步的，但也存在一些缺陷或者不足。具体而言，《远程医疗服务管理规范（试行）》中关于民事责任的规定比较原则，不能对远程医疗实践产生直接的指导作用。更为重要的是，该规范只是提及远程会诊和远程诊断（包括病理诊断、医学影像诊断）两种类型，但是对于远程监护、远程门诊、远程病例讨论、远程手术等情形存在一定的缺失，其对远程会诊和远程诊断的法律责任认定主要存在两个方面的问题：一是不能对远程监护、远程门诊、远程病例讨论、远程手术等情形构成法律适用上的示范；二是在远程会诊和远程诊断内部，其没有进一步类型化讨论，而是试图用一个统一的结论覆盖所有的远程会诊和远程诊断类型，实际上是存在偏差的，对于司法实践的指导有限。

2.《民法典》关于远程医疗侵权责任的立法评价

我国《民法典》是在21世纪的第二个十年诞生的一部重要法典，其必然会受到当前时代特征的影响，网络信息就是显著的时代特征之一，因此《民法典》规定了许多电子商务、网络侵权等方面的内容，如《民法典》第512条规定了电子合同的交付时间，第1194条规定了网络侵权责任等。由于我国医疗服务合同没有被典型化，因此关于医疗的规定主要集中在《民法典》第7编（侵权责任）第6章（医疗损害责任）中。《民法典》对医疗侵权规定的基础是建立在线下诊疗场景，对于与之对应的虚拟"面对面"诊疗的远程医疗，则关注不足。我国《民法典》侵权责任编是在2009年出台的《侵权责任法》及其相关司法解释的基础上编纂的，侵权责任编对原《侵权责任法》"医疗损害责任"一章的继受，主要体现在"医疗损害责任"的规范设计上：一方面，沿用了"民事责任"的概念术语，将其规定为"医疗损害责任"；另一方面，并未再另行创设其他规范类型，仍将其作为特殊侵权责任的一种，规定在侵权责任编的第6章之中。[1]从最终立法条文的内容考察，其整体变动不大，但是远程医疗损害侵权的问题，曾经在2010年至2023年这十余年间时有发生，立法机关曾试图对此有所回应。例如，全国人大常委会法工委2018年4月公开的《民法典·侵权责任编（草案）》（征求意见稿）第66条指出，受邀方"仅提供咨询意见"的，由邀请方承担责任；属于"共同医疗行为"的，由邀请方与受邀方承担连带责任。遗憾的是，该条文未能在《民法典》的正式条文中得以保留。2017年12月14日施行、2020年12月23日修正的《最高人民法院关于审理医疗损害责任纠纷案件适用法律若干问题的解释》第20条规定，"医疗机构邀请本单位以外的医务人员对患者进行诊疗，因

---

〔1〕参见麻昌华、张罡：《医疗损害责任的规制逻辑与适用路径——以〈民法典〉与"医事法"的协调为视角》，载《河北法学》2022年第2期。

受邀医务人员的过错造成患者损害的，由邀请医疗机构承担赔偿责任”。该司法解释虽未明确提及远程医疗的应用场景，但是从该条文的适用对象考察，其不仅适用于线下诊疗，也适用于远程诊疗。事实上，除了最高人民法院以司法解释的方式探索远程医疗的侵权责任之外，各地方的高级人民法院也进行了有益的探索，具有地方“先行”的特点。例如，2011 年 11 月 22 日，安徽省高级人民法院公布了《关于审理医疗纠纷案件若干问题的指导意见》，其第 6 条的本旨是被告的确定，但是其第 5 项所代表的司法态度对远程医疗具有重要的借鉴意义和参考价值，即“医疗机构外请专家进行医疗活动产生的医疗纠纷，以邀请医疗机构为被告”。2013 年 11 月 23 日施行的《湖北省高级人民法院关于审理医疗损害责任纠纷案件若干问题的意见》在第 2 章（当事人）第 7 条第 5 项规定，“医疗机构外请专家进行医疗活动产生的医疗纠纷，以邀请医疗机构为被告”。与之相对的是，大部分省、自治区、直辖市没有对（远程）会诊的侵权责任问题作出规定。笔者认为，尽管《民法典》这一强调抽象性、概括性和稳定性的民事基本法不适合对远程医疗的侵权责任问题作出细致规定，但是应当设立承担责任的一般条款，体现时代性。对于司法解释而言，其应当在《民法典》一般条款的基础上作出更加细致的规定，以为各省市人民法院的司法裁判提供指引，增加法律适用的统一性。

（二）思考

探讨远程医疗的侵权责任（尤其是侵权责任主体和侵权责任形态）问题，既要遵循侵权责任法的一般原理，也要充分考虑各主体在远程医疗中的角色和地位，以及基于这种角色和地位所呈现出的对患者（P）的控制力和医疗决策的影响力，因此这就涉及以下两个方面的考量：一是权利、义务和责任一致性考量问题，二是权益保护和科技发展的利益平衡问题。

1. 权利、义务和责任一致性考量

马克思曾言，“没有无义务的权利，也没有无权利的义务”。这说明，权利和义务都不可能孤立地存在和发展，[1] 两者具有十分紧密的联系。

---

〔1〕 参见舒国滢主编：《法理学导论》（第 3 版），北京大学出版社 2019 年版，第 54 页。

在远程医疗中，民事主体较多，且处于不同的法律关系之中，因此他们之间所享有的权利和承担的义务是不同的，但是在具体的一种法律关系中，他们之间的权利、义务又是相对确定和清晰的，甚至违约责任的数额或者计算方法亦可通过事前约定进行限定。对于一般侵权行为而言，义务主体违反了法定或者约定的注意义务导致患者（P）损害，其在侵权法上就会产生相应的侵权责任。但是在实施医疗行为的过程中，哪些主体处于自身独立的医疗组织体系之中，还是已经超越了其自身控制范围转而处于其他医疗组织体系之中，其在这个过程中是否存在过失、存在何种类型的过失以及过失程度大小等，这些因素都会影响责任的初步分配和最终承担。在构建远程医疗侵权责任规则时，应当准确把握权利、义务和责任一致原则，除非法律有特别规定或者其他可以证成的正当性理由，否则任一主体不能仅享有权利却不承担相应的义务和责任。例如，根据《民法典》第1218条的规定，医疗机构应当为医务人员的医疗侵权行为承担替代责任，因为医疗机构同为医疗行为的受益主体，且医务人员接受其指示和调度处于其组织体系之中，让其承担替代责任，具有风险受益一致的正当性基础。至于医疗机构向患者（P）承担赔偿责任之后能否向有过错的医务人员追偿，我国《民法典》第1218条没有规定，其能否适用《民法典》第1191条第1款的规定，[1] 理论界和实务界存在一定的争议，但是即便是不适用追偿权制度，[2] 亦会对医务人员的绩效、晋升等产生重要影响，因为医疗机构可以对有过错的员工行使用人单位的惩戒权，基本上实现了追偿权的社会效果。至于是通过侵权责任法上的追偿权还是通过劳动法上

---

〔1〕《民法典》第1191条第1款规定："用人单位的工作人员因执行工作任务造成他人损害的，由用人单位承担侵权责任。用人单位承担侵权责任后，可以向有故意或者重大过失的工作人员追偿。"

〔2〕参见陈龙业：《医疗损害责任的规则创新与司法适用——关于民法典医疗损害责任一章修改规定的解读》，载《中国应用法学》2020年第6期。

的用人单位惩戒权去实现惩罚和预防，从根本上讲是一种价值选择的结果。[1]

传统的医疗侵权责任体系除解决医疗纠纷、实现补偿功能外，也希望达到威慑和预防的效果，通过使医疗机构就其过失向患者（P）承担责任，促使医务人员更为审慎地实施医疗活动，避免医疗过失。随着科学技术的发展，现代社会中的治疗风险更多来源于人类自身对技术的过度或者不合理利用。[2] 因此，在未来远程医疗相关立法问题上，应当充分体现预防原则，不仅要致力于风险损害后果的救济，而且要参与到减少风险与消解风险中，从源头上防范风险。

2. 权益保护和科技发展的利益平衡

远程医疗中的侵权责任规则需要平衡好患者（P）的权益保护与科技发展之间的关系。侵权责任法的重要功能在于损害填补和预防类似侵权行为发生，既要对具体受害的患者（P）施以充分、及时的救济，又要不同程度地警示其他主体以最大化避免其“再犯”。因此，当患者（P）出现损害时，哪些主体应当承担表面责任，哪些主体应当承担最终责任，哪些主体之间应当承担连带责任，哪些主体之间应当承担按份责任，均需得到合理设定，否则就会导致远程医疗中的一些主体在侵权责任上出现畸轻畸重的失衡局面，挫伤相关主体的积极性，进而阻碍远程医疗等科技的发展与进步。同时，医疗损害责任与一般侵权责任相比，其特殊性在于医疗技术风险的不确定性，这对于医患双方都有程度不一的不可知性，故一般侵权责任规则难以适应与医疗技术风险有实际性关联的医疗纠纷。[3] 因此，

---

〔1〕 早在《侵权责任法》立法过程中，关于是否规定用人单位追偿权存在很大争议，最终《侵权责任法》没有规定。有的专家认为，在《侵权责任法》中规定追偿权是一把“双刃剑”。参见黄薇主编：《中华人民共和国民法典释义及适用指南》（下册），中国民主法制出版社 2020 年版，第 1816 页。还有的专家提出，单位是否有追偿权不是民法要解决的问题，而是单位内部管理的问题。承担侵权责任的单位内部是否对其员工进行处分、追偿或其他处理，而演变为内部劳动人事关系问题，特别是该追偿权是否实现等问题，与侵权法中的受害人关系不大，在民事法律关系中可以不予考虑。参见中国审判理论研究会民事审判理论专业委员会编著：《民法典侵权责任编条文理解与司法适用》，法律出版社 2020 年版，第 105 页。

〔2〕 参见满洪杰：《风险社会视角下医疗损害责任立法之反思——兼评〈民法典侵权责任编（草案）〉的相关规定》，载《山东大学学报（哲学社会科学版）》2019 年第 4 期。

〔3〕 参见孟睿偲：《医疗损害侵权责任研究》，法律出版社 2020 年版，第 69－74 页。

在确认医疗侵权责任时，将医疗技术风险纳入考量之中对远程医疗等科技的发展与进步有很大益处。无论是患者（P）权益保护还是科技发展与进步，这两种价值取向均非常重要，但若二者存在冲突，又该如何抉择？笔者认为，此时应当坚持患者（P）权益保护优先，主要基于以下两个方面的原因：一是基于远程医疗的专业性和虚拟性，患者（P）在远程医疗中处于比实地医疗更为弱势的地位和处境，因此法律上应当给予更多的保障和关怀，以弥补两种就医环境的实质性差异。二是本着“科技向善”的原则，科技发展与进步的最终目的是造福人类而非伤害人类，根据“线上线下一致”原则，医疗机构及其医务人员作为专业机构和专业人士，其注意义务并不随着“实地”向“远程”的转移而降低，因此其需要对自身的（医疗）行为负责。在远程医疗中，绝不允许以科技发展之名为自身的侵权行为免责，除非其存在我国《民法典》第 1224 条第 1 款规定的三种情形，同时在“患者或者其近亲属不配合医疗机构进行符合诊疗规范的诊疗”时，还必须具备医疗机构或者其医务人员也没有过错的条件。在侵权责任形式中，核心是损害赔偿，若是这种医疗风险和赔偿风险足以影响医疗服务的提供者——医疗机构的安全，其应当跳出二者对立的格局，寻找损害赔偿责任的分解机制。

第七章
远程医疗损害的分解机制

第一节　概　　述

一、民事责任的立法传统

1986年颁布的《民法通则》通过专章（第6章）对民事责任进行规定，在制定2017年《民法总则》之时，民法学界就民事责任是否需要延续《民法通则》的做法进行专章规定，曾经引发一定的争论。持肯定说的学者认为，《民法总则》应当规定“民事责任”一章，因为《民法通则》有规定民事责任的传统，而且在民法的基本逻辑上必然遵循“权利—义务—责任”的关系，但是不能规定像《民法通则》那样的大民事责任制度，而应当规定比较简洁的、具有概括性的民事责任一般规则。[1] 持否定说的学者认为，《民法通则》依“主体—行为—权利—责任”的思路，于民事主体、民事法律行为、民事权利之后，专设民事责任一章。《民法通则》制定当时，尚无《侵权责任法》；合同法制亦残缺不全，因此民事责任一章采用大民事责任模式，将违约责任和侵权责任同列其中。此种将违约责任和侵权责任归并于一章的模式，在各国民法中颇为罕见，一度被视作中国民法的独创。但以今日视角观之，此种模式不过是合同法和侵权法荒芜年代的过渡性安排而已，虽有其历史价值，但在《合同法》《侵权责任法》大体完备的情况下，此种模式已丧失效用。[2] 立法机关最终采纳了肯定

---

〔1〕参见杨立新：《〈民法总则〉民事责任规定之得失与调整》，载《比较法研究》2018年第5期。

〔2〕参见李宇：《民法总则要义：规范释论与判解集注》，法律出版社2017年版，第841－842页。

说，认为《民法总则》应当规定民事责任，这有利于引导民事主体强化自觉履行法定或者约定义务的意识，预防并制裁违反民事义务的行为，切实保护权利人的民事权益。[1] 因此，《民法总则》在第8章专章规定了民事责任，2020年颁布的《民法典》再次以第1编第8章专章的形式规定了民事责任，初步形成了我国民事责任专章立法的传统，成为区别于大部分大陆法系民法典将民事责任分散规定的显著特色，具有较为鲜明的中国本土元素。

二、民事责任形式与适用

关于民事责任形式，主要是指民事责任的承担方式，是民事主体因为违反法律规定或者当事人约定所应当承担的不利后果，主要包括停止侵害，排除妨碍，消除危险，返还财产，恢复原状，修理、重作、更换，继续履行，赔偿损失，支付违约金，消除影响、恢复名誉，赔礼道歉。在这些责任方式中，有些仅适用于合同领域，如修理、重作、更换，支付违约金等，有些则适用于侵权责任领域，如停止侵害，排除妨碍，消除影响、恢复名誉等，有些则适用于违约责任、侵权责任和缔约过失责任，如赔偿损失。当然，如果法律明确规定可以适用惩罚性赔偿，则依照法律规定即可。例如，在食品安全、药品安全、商品房买卖、环境污染、知识产权等领域，均有法律明文规定。同时，针对远程医疗具体违约行为、侵权行为的实际情况，还可以单独适用一种民事责任方式或者合并适用多种民事责任方式。在这些民事责任方式中，有些需要侵权人亲自履行，如赔礼道歉，如果由其他主体代行，就失去了其应有的效果。就上述民事责任方式而言，绝大部分是不能或者不适宜通过一定的机制予以分解的，但是对于赔偿损失而言，其并不强调人身属性，因此可以通过一定的机制予以分解，由第三方履行相关义务和责任，实现大致相同的社会效果。

三、民事损害的分解机制

依据前文所述的风险社会理论，在疾病诊疗过程中，风险同样普遍存

[1] 参见扈纪华编：《民法总则起草历程》，法律出版社2017年版，第115页。

在。由于疾病具有复杂性，人类不可能掌控所有疾病，医疗技术又有局限性，这导致诊治结果具有不可控性，不可能形成尽善尽美或完全正确的诊治结果，必然存在医疗风险。医疗活动涉及人的生命和身体健康，一旦发生医疗损害，可能危及患者的生命健康，产生极其严重的后果，损害赔偿金额巨大，可能超出侵权方的承受能力。另外，在风险社会中，存在侵权责任主体模糊或缺位的情况，受害方无法弥补自身损失。因此，必须建立多元化的医疗损害救济机制，分散医疗风险，实现社会化分担。这样有利于减轻侵权方负担，保障受害方得到及时的救治，进而缓和医患矛盾。[1]

民事损害除依法追究违约主体、侵权主体的违约责任和侵权责任外，还可以通过一些机制进行分解，通常包括保险、基金等，但是无论是哪一种机制均无法完全取代违约责任和侵权责任的功能。主要原因是：保险、基金的开发和设立是一项系统工程，其最终能否成功面世取决于诸多因素。例如，以保险为例，由于保险人通常为各类保险公司，其提供的保险产品能否盈利是其作为商事主体最为看重的方面，如果收费过低，虽然容易形成一定的客户，但是其盈利的目标难以（完全）实现。反之，如果收费过高，投保人又不愿意参保，因为保险主要遵循的是自愿原则，即便是推行了某保险产品，最终也会因为成本收益的问题而停止甚至终止。此外，还有一个重要的原因，即无论是保险的赔付，还是基金的赔付，出于风险控制和稳定管理的需要，通常都会在赔偿的情形、条件、数额等方面设定一定的限制，最为典型的就是设定一定的免赔额和限赔额。其中，限赔额赔偿又分为单人的限额赔偿和累计的限额赔偿。虽然保险公司通过这样的制度设计和条款内容较好地控制了自身的风险，但对因为（远程）医疗所造成的受害人损害，实际上处于一种不确定性之中，这就意味着在有些情况下，受害者可以通过保险、基金的赔付覆盖自身的损害，而在有些情况下，受害者则无法通过保险或者基金的赔付覆盖自身的损害。因此，侵权责任的厘清仍具有十分重要的意义，即受害人可以在保险、基金等赔付不足以覆盖自身损害的情况下，向侵权人主张赔偿责任。

社会保险、商业保险对侵权法损害赔偿功能具有调节作用，这种作用

[1] 参见陈萍：《医疗损害救济的社会化分担机制研究》，载《民商法争鸣》2018 年第 1 期。

随着保险市场的扩大而逐渐强化，特别是无过错保险方案的实践对侵权法产生了强烈冲击。然而，保险对侵权法的冲击存在限度，一方面，侵权法面对冲击进行自我调适，即从以个人主义观念为基础的过失制度逐渐转向对被告公共责任的关注；另一方面，社会保险的性质和商业保险遵循的市场原则限制了保险对损害赔偿问题的解决力度。保险与侵权法在互动过程中形成了相对的边界。[1] 侵权责任与保险、基金等风险分担机制的互动与衔接，仍是未来社会一种主流的形式，只是在不同的领域会有不同程度的表现而已。从未来发展来看，用一种制度取代其他制度并不可取，应着力于不同制度之间的协调机制建设，既要考虑不同制度的优势与短板，又要充分考虑社会资源的合理分配，通过各个制度之间的相互协调，共同构筑一套合理的、能够及时有效地补偿受害人损失的制度，以期合理地分配社会资源，保障社会安全。[2]

四、医疗损害风险分解机制的现有规定

2007 年，卫生部、国家中医药管理局、中国保监会联合发布了《关于推动医疗责任保险有关问题的通知》（卫医发〔2007〕204 号）。该通知明确指出，各级卫生、中医药管理部门要充分认识到医疗责任保险的重要性，积极引导医疗机构转变观念，提高风险防范意识，充分利用保险等经济手段，化解医患矛盾，处理医疗纠纷。各地保险监管部门要积极推动医疗责任保险工作的开展，引导保险企业积极进行产品创新，充分考虑医疗卫生服务的特点，以“公平公正、保本微利”的原则，加强与卫生、中医药管理部门及医疗机构的协商合作，合理设计条款、科学厘定费率，满足多样化医疗责任保险需求。

2010 年，卫生部、中央编办、国家发展改革委、财政部、人力资源社会保障部 5 部门联合发布了《关于公立医院改革试点的指导意见》，其出台的背景是贯彻《中共中央　国务院关于深化医药卫生体制改革的意见》（中发〔2009〕6 号）和国务院《医药卫生体制改革近期重点实施方案

---

〔1〕 参见陈皓：《保险对侵权法损害赔偿功能的冲击与限度》，载《社会科学辑刊》2014 年第 3 期。

〔2〕 参见林嘉：《社会保险对侵权救济的影响及其发展》，载《中国法学》2005 年第 3 期。

(2009—2011 年)》两个重要医改文件精神，明确提出要建立医患纠纷第三方调解机制，积极发展医疗意外伤害保险和医疗责任保险，完善医疗纠纷调处机制，严厉打击“医闹”行为。与《关于推动医疗责任保险有关问题的通知》相比，其在医疗责任保险的基础上增加了医疗意外伤害保险的内容。

2014 年，国家卫生计生委、财政部、中央编办、国家发展改革委、人力资源社会保障部 5 部门联合下发了《关于推进县级公立医院综合改革的意见》(已失效)，其在“强化服务监管”部分明确指出，“积极发展医疗责任保险和医疗意外保险，探索建立医疗风险共担机制”。由此可见，该意见较好地吸收了《关于公立医院改革试点的指导意见》的政策规定，进一步巩固了医疗责任保险和医疗意外保险的地位。

2018 年，国务院出台了《医疗纠纷预防和处理条例》，其第 7 条规定，“国家建立完善医疗风险分担机制，发挥保险机制在医疗纠纷处理中的第三方赔付和医疗风险社会化分担的作用，鼓励医疗机构参加医疗责任保险，鼓励患者参加医疗意外保险”。可以说，《医疗纠纷预防和处理条例》充分吸收了《关于推动医疗责任保险有关问题的通知》《关于公立医院改革试点的指导意见》《关于推进县级公立医院综合改革的意见》的相关规定。更为重要的是，它实现了医疗风险分担机制由政策规定向法律规范转变，具有十分重要的意义。

2019 年，我国《基本医疗卫生与健康促进法》经十三届全国人大常委会第十五次会议表决通过，其第 47 条规定，“国家完善医疗风险分担机制，鼓励医疗机构参加医疗责任保险或者建立医疗风险基金，鼓励患者参加医疗意外保险”。与《关于推动医疗责任保险有关问题的通知》《关于推进县级公立医院综合改革的意见》《医疗纠纷预防和处理条例》相比，其最大的变化在于明确了医疗风险基金在风险分解机制中的法律地位。

2021 年，我国《医师法》经十三届全国人大常委会第三十次会议通过，其第 52 条规定，“国家建立完善医疗风险分担机制。医疗机构应当参加医疗责任保险或者建立、参加医疗风险基金。鼓励患者参加医疗意外保险”。与《医疗纠纷预防和处理条例》第 7 条、《基本医疗卫生与健康促进法》第 47 条相比，《医师法》第 52 条将“鼓励”修改为“应当”，突出了强制性，初步建立起我国医疗风险分担机制。

从我国对医疗损害风险分解机制的政策和法律规定考察，其主要呈现出两个趋势：一是风险分担机制不断丰富，从最初单一的医疗责任保险发展到当前多类型的医疗责任保险、医疗意外保险、医疗风险基金等；二是从最初的探索医疗风险分担机制，到鼓励建立医疗风险分担机制，再到强制性建立医疗风险分担机制。应当说，无论是医疗风险分担机制的种类，还是医疗风险分担机制的推进力度，尤其是从政策上升为法律，均实现了质的飞跃。但是也应当看到，这种强制性只是初步的定性，医疗机构最终能否通过这些保险实现医疗风险的分担，不仅取决于“量”，还取决于“质”。这是因为，在现实中，如果医疗机构仅仅是为了“应对”法律法规的强制性参保要求，其可以选择参与最低的保险，满足了形式上的要求，但并不能实现有效抵御医疗风险的社会实效。因此，我国的医疗风险分担机制迫切需要从数量向质量提升，实现高质量发展。

第二节　医疗责任保险

一、医疗责任保险的发展现状

医疗责任保险，是指医疗机构及其医务人员因为过失行为、错误、疏漏或业务错失，违反其业务上应尽的责任，直接导致病人身体受伤或死亡，依应承担的赔偿责任为保险标的的责任保险，在保险期间内，承保该业务的保险公司负责赔偿。

医疗责任保险兴起于20世纪初，第二次世界大战后得到了迅速发展。时至今日，许多国家均建立了强制的医疗责任保险制度。[1] 我国目前尚未建立全国性的医疗责任保险制度，最早的医疗责任保险制度可以追溯到1989年中国人民保险公司在广西邑宁县推出的医疗责任保险。1991年云南省率先出台了有关医疗责任保险的规范性文件，北京、上海、深圳及其

---

〔1〕 参见蒋永辉：《美、日、英、德四国医疗责任保险发展模式介绍》，载《中国保险》2021年第3期。

他省市随后相继开展了医疗责任保险的实践探索。[1] 同期，尽管国家卫生、保险主管部门及地方政府一直在积极推动，但医疗责任保险的发展依旧比较缓慢，医疗机构的实际参保意愿和参保率均较低。[2] 这与我国医疗责任保险并非强制性保险之险种定位密切相关。

（一）域外医疗责任保险发展现状

1. 美国医疗责任保险制度

美国的医疗责任保险制度肇始于19世纪末期，因医患矛盾紧张、医疗风险高发而产生并获得发展，至今已有100多年的历史，已相对完善。其主要目的包括两个方面：一是奖励医疗行为提供者的积极、有效行为；二是通过惩罚医疗行为提供者的过失行为而补偿受害患者。[3] 美国的医疗卫生机构以私营为主，同时医师也是一种自由职业，并不固定为某个医疗机构工作，相应地，美国的医疗责任保险并未被纳入其社会保障之内，而是采取近乎完全商业化的运作模式，不管是私人医疗机构，还是作为自由职业者的医生，均可以自行购买医疗责任保险，成为医疗责任保险的责任主体。[4] 在这种高度商业化的医疗责任保险模式下，美国的医疗责任保险机构根据医生的不同专业、出现责任风险的概率大小等因素或标准，确定医务人员的保险费率及保险保障范围，再由医生或医疗机构自行出资购买。

---

〔1〕2015年，贵州省卫生主管部门启动了全省医疗责任保险统保工作，是全国范围内第一个全省推进的省份，目前已实现医责险在全省二级以上公立医疗机构的100%全覆盖。详见田丰稷：《关于完善我国医疗风险分担机制的研究——基于医疗意外险的视角》，载《黑龙江人力资源和社会保障》2021年第21期。根据中国人保财险北京分公司经理李文斌先生介绍，医疗责任保险在北京覆盖面比较广，二级以上医疗机构覆盖面达到了90%，包括部队医疗机构，公立和私立。为了推进医疗责任保险工作，北京市卫生和计划生育委员会、中国保险监督管理委员会北京监管局分别于2016年、2017年联合发布了《关于进一步推进医疗责任保险工作的通知》《关于加强医疗责任保险与医疗意外险管理的通知》。

〔2〕参见邓莹：《医疗责任保险立法的实施模式选择》，载《中南民族大学学报（人文社会科学版）》2021年第4期。

〔3〕参见吕群蓉：《美国医疗责任保险制度困境的破解之道及其启示》，载《法商研究》2014年第31期。

〔4〕参见王毓纶：《医疗责任保险制度的国际比较——兼论我国医疗保险制度的发展进程及对策》，中国海洋大学2008年硕士学位论文，第18-19页。

虽然美国作为联邦制国家，各个州关于医疗责任保险的法律规定并不相同，但是整体而言，医疗责任保险已成为医疗机构开业和医务人员执业的前置性条件。美国约有 10 个州（如佛罗里达州、科罗拉多州等）的法律规定，参加医疗责任保险是医务人员的法定义务，医疗责任保险属于法定强制责任保险。在加利福尼亚州、密苏里州等，医疗责任保险是医疗机构取得执业执照的重要参考因素。在印第安纳州、新墨西哥州等，医疗责任保险虽然没有强制的色彩，但法案提倡医务人员参加医疗责任保险。[1]医疗卫生消费作为一种个人意义上的消费，医疗消费者或者患者也普遍将是否购买医疗责任保险作为就医选择的重要参考标准。

综上，美国是自保型商业医疗责任保险的典型代表，这契合其自身国情，同时又通过相关法律规定，确保医生与医疗机构投保医疗责任保险，从而使该保险制度得到广泛应用，进而发挥其应有的作用。同时，相关研究表明，美国农村实施远程医疗服务存在障碍，原因之一就是医疗保健/医疗补助下远程医疗可选择的保险范围有限，[2] 且并未就远程医疗所涉及的保险类型进行具体说明。

2. 日本医疗责任保险制度

日本的医疗责任保险制度起源于 20 世纪 70 年代，为了缓解当时不断增加的医疗过失侵权诉讼数量，日本医师会[3]于 1973 年引入“医师责任保险制度”来应对。[4] 日本是行业组织投保型商业医疗责任保险的代表性国家。日本法律不强制要求医师参加医疗责任保险，但是许多医疗机构和执业医师为了应对高额医疗损害赔偿请求均会购买医疗责任保险。

日本医师会为其会员提供医疗责任保险，属于一种行业自治组织，建立了全国范围的社团法人——日本医学协会，以都道府县为范围的都道府

---

〔1〕 参见任婷：《中外医疗责任保险法律制度的比较研究》，中国海洋大学 2009 年硕士学位论文，第 4－12 页。

〔2〕 See Dorsey ER, Topol EJ, *State of telehealth*, N Engl J Med, Vol. 375, p. 154 - 161 (2016).

〔3〕 日本医师会，英文名为 Japan Medical Association，简称 JMA，国内部分学者将其译为日本医师协会、日本医学协会等。

〔4〕 参见［日］畔柳达雄：《日本医疗事故诉讼（纠纷）的新趋势》，杨丽君译，载《环球法律评论》1995 年第 3 期。

县医学协会有47个。日本的医生取得医师资格注册后，就可自由参加各地的医学协会。日本医学协会作为一个团体与保险公司（由东京海上火灾保险公司等5家损害保险公司承保）签订合同，作为总承保人对已参加保险的会员医生的医疗过失承担赔偿责任。同时，日本47个都道府县医学协会还与保险公司另设立了一种补充责任保险作为责任保险的保障。[1]另外，学术团体或医师个人还可以直接向商业保险公司购买医师医疗责任保险。补充医疗责任保险和商业医疗责任保险的保险单均以事故发生为基础确立，即必须由第三人在保险期届满前向被保险人提出赔偿请求，并由被保险人在保险期内或期满后一定期限内，向保险公司提出赔偿请求。[2]

大多数医师在购买医疗责任保险的同时，也购买补充保险。但是，由于医疗责任保险的保险费率低于商业保险，日本大多数医生会选择此种保险形式。由此可见，日本的医务人员医疗责任保险制度是以行业组织投保型商业医疗责任保险为基础、以个人直接投保商业保险的形式为补充的多层次保险体系。

日本远程医疗的发展始于20世纪90年代初。尽管业界对其发展抱有信心，给予了许多支持，也取得了一些成果，但进展却十分缓慢，不尽如人意。其中，国家保险系统的资金支持影响着国家医保资金的分配，需要通过调查了解社会的实际需求，对医疗保健做出统筹规划。然而，实践中还未就远程医疗的医疗责任保险制度进行规范立法。[3]

3. 英国医疗责任保险制度

英国的医疗责任保险制度采取的是强制与自愿相结合的发展模式。原则上，英国实施的是互助型医疗责任保险的组织制度，该制度主要由医生维权联合会（MDU）、医生保护协会（MPS）和国民医疗服务诉讼委员会（NHSLA）提供，其宗旨在于为被起诉的医生提供法律咨询和服务，承担

---

〔1〕参见姜凤武：《医疗损害责任制度比较研究》，大连海事大学2012年博士学位论文，第114－115页。

〔2〕参见蒋永辉：《美、日、英、德四国医疗责任保险发展模式介绍》，载《中国保险》2021年第3期。

〔3〕See Takashi Hasegawa, *The promotion of Telemedicine: What is the problem?* Gunma University Hospital, Telemedicine in Japan, p. 49－51 (2013).

因医疗过失而引起病人索赔所产生的辩护费用以及损失赔偿责任，捍卫医疗行业的声誉，提高医院医疗服务水平。英国互助医疗责任保险机构是非营利性机构，其主要运转的资金来源是会员缴纳的会费，且无股东利润分成，因此医疗事故发生时，往往不考虑医疗机构的经济效益而注重达到互助效果，充分保障了院方的根本利益。与此同时，无论会员因医疗事故造成多大程度的损失赔偿，互助性医疗责任保险机构对其均没有赔偿额度的限制，一律予以赔偿，而且相对于传统商业保险还具有保险费用低的优势，不会出现像商业保险一样使用诸多条文设定责任限额与责任免除的情形。

作为成员的医生是完全自愿加入互助性责任保险的，法律并不要求医生必须加入或购买商业责任保险。英国国家卫生部强制要求国立医院医务人员及与国家签约、承诺免费为国民提供救助服务的医生加入互助性责任保险机构或购买相应的商业性责任保险。唯有保证其具有充分的经济能力承担行医者的执业责任，方可受聘用或与卫生行政部门签约。因此，当下的英国医疗责任保险制度也可归属于强制性责任保险制度的范畴。对于某些高危险的手术和行业，医生互助医疗责任保险机构也乐于与商业银行合作，相当于再保险，在相当大程度上保障了医务工作者的权益。[1]

英国关于远程医疗的规定对保险领域的影响尚不清楚，由于远程医疗的相关医事法仍具有不确定性，其对保险费率的影响仍不清楚。[2] 一些保险公司认为，远程医疗鼓励医生间的合作，因此可为患者提供更全面的治疗方案，进而减小医疗事故的总体风险。但质疑仍然存在：（1）技术改进会提高患者期望，这可能会导致额外的医疗事故索赔；（2）与面对面的问诊、检查相比，电信的性质可能增大远程医疗实践的治疗风险；（3）数据传输不正确、不完整等技术问题可能会产生负面影响。保险费还可能因司法管辖区而异，使问题进一步复杂化。[3]

---

〔1〕 参见张瑞纲、余想：《我国医疗责任保险制度建设研究》，载《西南金融》2019 年第 5 期。

〔2〕 See Brown，Nancy A，*Information on telemedicine*，Journal of Telemedicine & Telecare，Vol. 11:3，p. 117 – 126（2005）.

〔3〕 See Brian Darer，*Telemedicine：A State – Based Answer To Health Care In America*，https：//www. tatrc. org/www/default. html.

4. 德国医疗责任保险制度

由于德国既有健全的全民社会医疗保险制度，又有非常发达的商业保险制度，其医疗责任保险采取法定强制为主、私人自愿为辅的方式。从20世纪70年代起，德国医疗纠纷诉讼数量急剧增加。不断攀升的损害赔偿费用不仅使医务人员因害怕担责而采取保守诊疗，更严重的是开始威胁到德国的医疗保险制度。为此，从1975年开始，德国建立了隶属于医生协会的全国性医疗纠纷调解与鉴定机构——调停委员会和鉴定委员会，以解决医患之间的医疗纠纷赔偿问题。该机构与承保医疗责任保险的保险公司合作，保险公司设有行业协会监管委员会，负责对签订责任保险协议的医院医务人员的医疗行为进行监管抽查，并对医务人员进行信用评估。

不过，凡从业的医务人员要投保医疗责任保险，必须加入医生协会。当发生医患纠纷时，先由隶属医生协会的调停委员会进行调解。如果医患双方接受调解，在认定医生存在责任的情况下，由医疗责任保险公司负责赔偿患者的损害；当医患双方对调解有异议时，可由鉴定委员会对医生是否存在过错做进一步鉴定。在鉴定医生有过错后，由医疗责任保险公司根据调停委员会确定的赔偿额度负责赔偿。德国医疗责任保险的承保范围广泛，甚至就诊患者在医院厕所里摔倒碰伤所引起的民事赔偿责任也可以得到支持，但为了保障医疗责任保险的正常运行，德国调停委员会设定赔偿限额，限额以内的，根据鉴定结果由保险公司赔偿；超过限额的，患者可以通过诉讼途径要求致害的医疗机构或医生赔偿。[1]

5. 其他国家医疗责任保险制度

新西兰、加拿大所实行的是国家垄断式医疗责任保险制度，其最大优势在于覆盖面广，整个国家的医疗机构和医师都能被医疗责任保险所覆盖，而且此类医疗责任保险大多保险费较低或直接由税收支持，大大减轻了医疗机构和医师的财政压力，绝不会出现由于交不起医疗责任保险保费而不得不退出的情况。新加坡的医疗责任保险制度是在政府的主导下，通过向社会公民强制收费而设立专门的储蓄医疗保险基金。储蓄医疗保险基金范围广泛，不仅包括医疗责任保险，还包括医疗保险，即公民生病住院

---

〔1〕 参见蒋永辉：《美、日、英、德四国医疗责任保险发展模式介绍》，载《中国保险》2021年第3期。

后产生的开支，也由该基金进行支付。[1]

作为世界上较早实施强制性医疗责任保险制度的国家，法国的医疗责任保险采取与美国类似的模式，即医生购买商业医疗责任保险，在出现医疗事故产生医疗纠纷后，患者诉至法院，法院如果不能从中调解双方的分歧，就作出相应的判决以解决争议。《法国保险法》将医疗责任保险列为强制险，具体规定体现在《法国保险法》第 L251－1 条第 1 款：《法国公共卫生法》第 L1142－2 条中独立执业的医疗专业人员、医疗机构、保健服务和组织，国家以外的从事预防、诊断或护理的任何独立法人，以及第 L5311－1 条中的保健产品的代理商、贸易商和供应商（该保健产品为成品，但该条中的第 5 项除外，第 5 项中的活动须受第 L1229－9 条第 11、14、15 项限制），当第三方遭受损害或由他们在预防、诊断或护理活动范围内导致的人身伤害的，他们有义务对为此必须承担的第三方责任或行政责任投保。[2]

2004 年法国相关法律即授权远程医疗作为一种医疗实践，将其视为传统医疗行为的替代品，但由于医疗保险不报销这些行为，而且技术支持对私人诊所来说很昂贵，因此对其发展构成一定阻力。在新冠疫情期间远程医疗得到了更充分的发展，国家放宽了其实施的条件，医疗保险制度的变革便利了远程医疗的报销。[3]

综合各国实践经验来看，责任保险以专业的风险管理经验推动各国医疗行业的发展，政府加大财政扶持力度，积极提供专业化的理赔服务，并相继建立了以医疗强制责任保险为主体、多元化的医疗责任分担体系，针对医疗机构与医务人员不同的风险分担需求，建立相应风险分担机制。[4]医疗责任保险不应单纯依靠市场调节机制，成为保险公司纯粹的商业行

---

〔1〕 参见杨春治：《医疗责任保险法律制度研究》，中国政法大学出版社 2021 年版，第 120－121 页。

〔2〕 参见梁研：《医疗责任保险法律制度研究》，吉林大学 2010 年博士学位论文，第 73－74 页。

〔3〕 Duguet M. A.，Thanks to the derogatory development during the COVID－19，telemedicine in France is better legally regulated and more accessible，Revista de Bioética y Derecho，Vol. 57，p. 15－32（2023）.

〔4〕 参见王琬、孙纽云：《医疗风险分担机制的国际比较与经验借鉴》，载《湖北大学学报（哲学社会科学版）》2012 年第 6 期。

为，这一制度设计不仅要保障患者在医疗事故发生后及时获得赔偿，分散医疗机构的经营风险，还应当充分考量该制度在社会救济中的重要作用，强调其公益性。[1] 同时还需重视行业协会的作用，一方面对医疗机构和医务人员进行行业培训和监督管理，另一方面与保险公司展开合作，在利用保险公司专业风险管理经验的同时，依托行业协会提供技术指导，[2] 以保障公民健康利益为出发点，发展公共医疗卫生事业的总体框架，为我国医疗责任保险提供完善的制度设计。

（二）国内医疗责任保险发展现状

全国范围内试点的医疗责任保险，大致可以分为两大类：第一类以北京、上海等为代表，主要特点是“政府组织筛选保险服务商和建立第三方调解机制以及医院自愿、独立投保”的医疗责任保险制度模式；第二类以天津、河南、浙江、广东等省市为代表，借助保险经纪人实施保险共同体承保，各投保医院通过保险经纪公司投保，没有独立选择权，由保险中介参与第三方调解的医疗责任保险模式。这两大类又基于医疗事故认定机构和医疗责任保险的强制性与否，可以分为不同类型的医疗责任保险。

1. 云南模式

我国最早在省级范围内推广医疗责任保险的是云南省，1999 年开始生效的《云南省医疗损害事件处理规定》（现已废止）标志着医疗责任保险的正式实施。该医疗责任保险是由云南省卫生厅统筹组织，具体的承保机构为中国人民保险公司（云南省分公司）和太平洋保险公司（昆明分公司），在县级以上卫生行政部门的具体组织下，省内各医疗机构积极投保医疗责任保险。[3]

云南省的医疗责任保险的主要内容包括保费的承担主体和保险责任的范围两个方面。其一，就保费的承担主体而言，包括医疗机构和医务人员。前者缴纳保费的金额主要取决于医疗机构的规模和性质，包括科室的设

---

[1] 参见完颜瑞云、孙祁祥：《医疗责任保险研究评述》，载《保险研究》2016 年第 10 期。

[2] 参见王伟：《域外医疗责任保险中的强制性规则及其借鉴》，载《云南财经大学学报》2016 年第 3 期。

[3] 参见冯西南、焦龙：《云南开办医疗责任保险》，载《中国保险》2001 年第 4 期。

置、病床的数量、国有还是私营等考量因素，具体的数额从 1000 元至 30 万元不等；后者缴纳保费的金额有两个特点，即影响因素较为复杂、数额较低。具体的影响因素包括所在医疗机构的性质和规模、所在科室所面临的医疗风险的大小、所从事的具体职务等，具体的数额从 1 元至 20 元不等。其二，就保险责任的范围而言，云南省将医疗损害事件分为医疗事故、医疗差错和医疗意外，医疗责任保险只针对医务人员有过失的医疗事故和医疗差错进行承保。具体的赔偿金额视医疗机构和医疗损害事件而定，医疗事故的赔偿金额要高于医疗差错的赔偿金额。

2. 上海模式

2002 年 9 月 1 日，《上海市医疗事故责任保险实施方案（试行）》正式生效，意味着医疗事故责任保险在上海进入制度化实施层面。医疗事故责任保险是指医疗机构作为投保主体，保险公司根据《医疗事故责任保险条款》的规定，承担以医疗机构医疗事故民事赔偿责任为保险标的的责任保险业务。该方案所针对的投保对象可分为两类：一是上海市各区、县辖区内公立医疗机构和城镇职工基本医疗保险定点医疗机构；二是其他对社会开放的医疗机构。前者要求强制投保，后者可视情况自愿投保。

此外，该文件还规定，医疗机构是事故险的投保人和被保险人。事故险的投保由医疗机构向保险人办理。医疗机构应当根据《医疗事故处理条例》《医疗事故责任保险条款》等规定，做好本机构医疗风险的防范工作，并配合保险人做好医疗事故争议处理工作。事故险保险费包括医疗机构保险费和医务人员保险费，由医疗机构统一按年缴纳。其中，医疗机构保险费从医疗机构业务收入中提取，计入医疗机构成本；医务人员保险费原则上由医务人员负担（见表 7－1）。《上海市医疗事故责任保险实施方案（试行）》还指出，保险赔付主要包括三个方面：（1）医疗事故人身损害的经济赔偿；（2）减少损失、消除事故影响的费用；（3）因保险事故支付的诉讼费、律师费、咨询费和鉴定费等事先征得保险人书面同意的法律费用，但该项费用不得超过每次事故每人赔偿限额的 10%。

表7－1　医务人员的年度保险费（人/年）[1]

医疗机构类别＼医务人员岗位	医生类	卫技、医护类
一级医院	120	60
二级医院	240	120
三级医院	360	180
无病床医院、诊所、门诊所	240	120

发生医疗事故争议后，投保医疗机构应当按照《医疗事故处理条例》的规定做好证据保存、报告、调查等工作，并立即通知保险公司的处理机构。保险公司的处理机构接到出险通知后，应当及时组织调查并主持医患双方按照《医疗事故处理条例》的规定协商认定医疗事故争议的性质。双方对处理机构作出的医疗事故争议性质认定不一致的，可以按照《医疗事故处理条例》的规定申请医疗事故技术鉴定、行政处理或提起民事诉讼，确定医疗事故争议的性质。根据双方协商认定、医疗事故技术鉴定或行政处理确定为医疗事故的，处理机构应当主持医患双方按照《医疗事故处理条例》的规定，协商确定赔偿数额。协商一致并经处理机构认可的，医患双方应当签署协议书。协商不成的，医患双方可以按照《医疗事故处理条例》的规定申请行政处理或提起民事诉讼。处理机构应当代理医疗机构参加行政处理或民事诉讼。对于不是医疗事故的，医疗机构不承担赔偿责任，保险公司也不承担责任险的保险责任。

3. 深圳模式

继上海之后，广东省深圳市于2004年1月发布了《深圳市医疗执业风险保险管理办法》（已废止），标志着医疗责任保险开始在深圳市正式实施。深圳市的医疗责任保险具体为“医疗执业责任保险”，深圳市卫生行政部门退出了医疗责任保险合同的具体事宜，医疗责任保险合同“由医疗机构和保险公司直接签订”，[2] 这也是深圳模式的特色所在，在此只对

〔1〕参见谭申生、马志刚、沈成良：《上海市实施医疗事故责任保险的实践》，载《中国医院管理》2004年第8期。

〔2〕参见芮琳、申曙光、肖尚福等：《国内医疗责任保险统保模式比较分析》，载《中国医院》2006年第1期。

“医疗执业责任保险”的特殊性进行分析。

（1）承保范围较广。《深圳市医疗执业风险保险管理办法》规定，深圳市内的非营利性医疗机构必须投保“医疗执业责任保险”，其他医疗机构可自愿参保。与其他地区的医疗责任保险的不同之处在于，其不再区分医疗事故、医疗意外和医疗差错，规定凡是因医务人员过失造成的医疗损害，都由保险公司承担一定比例的损害赔偿责任，对传统的医疗责任保险的承保范围是一个很大的突破。

（2）打破了限额赔偿制，对患者的赔偿最高不封顶。医疗机构和医务人员所造成的承保范围以内的医疗损害事件，给患者造成人身损害的，均属于“医疗执业责任保险”的责任范围；此外，还赋予了受害患者及其家属的直接请求权，要求由保险公司直接向其支付赔偿费用，赔偿数额不设定最高限制。

（3）在医务人员的保费缴纳上进行创新，引入了激励机制。“医疗执业责任保险”的保费由医疗机构的固定保费和医务人员的个人风险储备金共同构成，其中个人风险储备金与医务人员的个人利益挂钩，形成激励机制。[1] 如果医务人员所导致的医疗损害赔偿达到一定数额，其个人缴纳的风险储备金将会用于经济赔偿，甚至会取消其从业资格；如果执业过程中未造成任何医疗损害，在其因正当理由离开单位时，可以将其从业期间缴纳的个人风险储备金一次性返还给医务人员本人。由此，形成了一种激励机制，促使医务人员谨慎执业，履行注意义务。

4. 北京模式

2005 年 1 月 1 日，《关于北京市实施医疗责任保险的意见》正式生效，医疗责任保险在北京全面启动。相较而言，北京医疗责任保险推出较晚，可以借鉴其他地方医疗责任保险模式的有益经验，制度更具有可操作性。“截至 2006 年年底，累计承保医疗机构 393 家，承保医务人员 6.4 万名，实现保费收入 2548.9 万元，支付赔款 1596.8 万元。2006 年累计受理医疗纠纷 1412 件，医疗纠纷调解成功率不仅保持了 2005 年 62% 的较高水平，

---

〔1〕 参见乔世明：《我国医疗责任保险模式之探讨》，载《中南民族大学学报（人文社会科学版）》2006 年第 3 期。

而且平均结案时间还由过去的36天缩短到1个月以内。"〔1〕 2017年9月21日，北京市卫生和计划生育委员会、中国保监会北京监管局发布《关于加强医疗责任保险与医疗意外险管理的通知》，该通知明确指出，"由于医学的局限性、疾病发展的不确定性，在疾病诊治过程中可能出现各种医疗意外。对于这些医疗意外，有的是因医疗机构存在过错引起的，有的是医疗机构完全遵循有关规范、没有任何过错情况下发生的。对于医疗机构存在差错的，按照国家卫生计生委、司法部、财政部、中国保监会、国家中医药管理局发布的《关于加强医疗责任保险工作的意见》（国卫医发〔2014〕42号）和北京市卫生和计划生育委员会、中国保监会北京监管局发布的《关于进一步推进医疗责任保险工作的通知》（京卫医〔2016〕162号）要求，我市公立医疗机构应通过购买医责险予以赔付，购买医责险的费用由医疗机构全额承担；对于医疗机构没有过错的，患者可通过自愿购买医疗意外险来获得相应补偿，以减轻或缓解继续治疗的经济压力"。2019年1月18日，北京市司法局、北京市卫生健康委员会、北京市财政局、北京市公安局、北京市高级人民法院、中国银保监会北京监管局发布的《关于加强医疗纠纷人民调解工作的意见》指出，"医疗机构应当制定医疗纠纷处理规程和突发事件处置预案，主动参加医疗责任保险，发挥保险机制在第三方赔付和医疗风险社会分担中的作用。发生医疗纠纷，参加医疗责任保险的医疗机构应当如实向承保的保险机构提供医疗纠纷有关情况。承保的保险机构可以调查核实相关情况并按照医疗纠纷人民调解委员会的工作程序参加调解"。相较于其他地方，北京市的医疗责任保险具有以下特点：

（1）在保险公司的选择上，引入了市场机制，组织专家对保险公司进行招标予以确定。由医疗卫生、保险、法律等专业领域内的专家对投标的保险公司进行选择，目的是选出市场上具有最优竞争力的保险公司，提供最优质的服务，最终获得承保资格的是中国太平洋财产保险股份有限公司北京市分公司和中国人民财产保险股份有限公司北京市分公司。这种情况下，既保证了医疗机构投保的数量和规模，又避免了保险公司间的价格竞争，推进了保险公司经营医疗责任保险的长效机制的建立。

---

〔1〕 辛红：《北京医疗责任保险试点范围还将扩大》，载新浪网，https：//news. sina. com. cn/c/h/2007－02－05/082412230327. shtml。

（2）在医疗纠纷的处理上，北京模式给予足够重视，两家保险公司分别与相关专业机构进行合作，建立了专门的医疗纠纷调解中心。其中，中国太平洋财产保险股份有限公司北京市分公司与北京市医学教育协会合作统一调解医疗纠纷，调解不成的，由北京市医学教育协会参与到医疗纠纷诉讼中，提供专家意见；还依托雄厚的教育资源，对医疗机构进行医疗法律法规的培训，尽量减少医疗侵权事件的发生。中国人民财产保险股份有限公司北京市分公司与北京市卫生法学会合作，对医疗责任纠纷进行调解处理，调解不成的由其出具专家意见，作为保险赔付的重要依据。[1]

综上所述，全国各地方对医疗责任保险的实践模式已经日趋成熟，在很多方面都有规律可循，这些都是各地对医疗责任保险不断进行探索的结果。比如，政府在医疗责任保险的实施中发挥了不可忽视的作用，各地的医疗责任保险都是由政府的规范性文件宣告开始的；投保的主体可分为两类，公益性的医疗机构强制投保医疗责任保险，其他性质的医疗机构可以自愿参保；保险公司不断进行行业研究，推出更符合医疗机构需求的保险产品，这是医疗责任保险的范围不断扩大的根本所在。具体而言，地方性的医疗责任保险实践在内容上有以下共同点：

首先，在保费的承担主体上，各地规定基本相同，都是由医疗机构和医务人员共同承担。其中，医疗机构承担大部分保费，直接从其业务收入中扣除即可；医务人员的医疗行为是其职务行为，因此医务人员不是法律上的首要责任主体，但为了防止道德风险，需要对其收取一定的保费，以提供正向的行为激励。

其次，在保险责任的范围上，医疗责任保险的赔偿范围经历了一个从小到大的蜕变过程：开始阶段只对医疗行为造成的人身损害进行赔偿，后来扩大到将鉴定费用、法律费用、医疗机构因采取防止损失扩大的措施所花费的费用都包括在内；[2] 医疗责任保险不仅具有赔偿功能，还应赋予其补偿功能，对医疗意外造成的损害也应该给予受害者一定的经济补偿。

---

〔1〕参见杨春治：《医疗责任保险法律制度研究》，中国政法大学出版社 2021 年版，第 43－50 页。

〔2〕参见曾言、李祖全：《医疗责任强制保险制度研究》，湖南师范大学出版社 2009 年版，第 144 页。

最后，在医疗纠纷的处理机制上，医疗责任保险经历了一个从无到有、从主观到客观的发展过程。最初，云南模式下的医疗纠纷是由医院自身对医疗损害进行鉴定，对受害患者明显不公；从上海模式到北京模式，医疗纠纷的处理机制不断趋向专业化，一旦出现医疗纠纷，先由专业的医疗机构进行调解，调解不成再由其出具专家意见，作为保险理赔的重要依据，从而保障了纠纷处理机制的专业性、客观性和权威性。

二、远程医疗责任保险的挑战和机遇

远程医疗作为医疗和技术相结合的产物，尽管已非新兴事物，但是由于其改变了传统的就医模式，确实需要一个让民众渐进接受的过程。前文已述，我国医疗责任保险发展不充分，这给远程医疗建立医疗责任保险带来了一定的挑战。但是笔者认为，远程医疗也面临着一定的机遇，具体而言，主要包括以下三个方面：

（一）远程医疗应用的患者接受度越来越高

综观国内外，远程医疗是伴随着技术的发展不断发展的，更是随着技术尤其是通信技术的更新迭代获得了质的飞跃。当前，人们正处于网络信息时代，对网络环境更加熟悉，这为远程医疗的整体接受度夯实了基础。新冠疫情的全球大流行，出于对生命安全和身体健康的保护需要，人们的行动自由受到一定的限制，患者前往医疗机构实地就诊遇到一定的困难。远程医疗既在很大程度上满足了患者的一部分就医需求，又减少了现场聚集感染的风险，尤其是减少了人员跨区域传播的风险，这对医务人员和患者而言，同样是一种健康保护。因此，经历过新冠疫情的全球流行，对于患者接受远程医疗这种新的就医方式有较大的助推作用。

（二）医疗机构及其医务人员的法律风险意识不断增强

1978 年改革开放之前，我国的医疗服务主要是福利性的，因此很少发生纠纷，医疗机构及其医务人员的法律风险意识较低，这与当时没有相关立法亦有一定关系。1978 年改革开放之后，尽管不断有医疗投诉产生，但医疗纠纷案件数量仍然很少，医疗机构及其医务人员仍然与法律保持距离，认为医疗服务不需要法律的介入。尽管这一时期的法律风险意识有所提高，但整体上依然不高。进入21世纪以来，尤其是2002年《医疗事故处理条例》颁布以来，患者的权利意识得到了显著提升。随着医疗纠纷和投诉案件的不断增多，作为医疗服务的提供者（医疗机构及其医务人员）也开始反思自身的执业行为，不断优化管理流程和完善预防措施，以避免产生不必要的医疗纠纷。2009年《侵权责任法》的颁布，虽然在客观上解决了赔偿的统一性问题，但是并无相应的分解机制，医疗机构的赔偿责任风险依然很大，医务人员的人身安全受到一定的威胁，产生了医患纠纷没有得到妥善解决的“异化”结果。除职业医闹或者无理取闹之外，医患之间的医疗纠纷在本质上主要是民事赔偿问题，如何通过保险将赔偿责任予以分解，将医疗纠纷由院内引向院外，保障正常的医疗秩序和医务人员的人身安全，是医疗机构乃至政府追求的目标。

（三）保险产品开发越来越丰富和精细

保险公司作为一个商事主体，其对市场的敏感度较高。随着远程医疗应用的患者接受度越来越高，医疗机构及其医务人员的风险意识也不断增强，保险公司比之前更愿意开发相应的医疗责任保险。由于远程医疗包括远程病理诊断、远程医学影像（含影像、超声、核医学、心电图、肌电图、脑电图等）诊断、远程监护、远程会诊、远程门诊、远程病例讨论，以及省级以上卫生健康行政部门规定的其他项目。因此，与之对应的远程医疗责任保险亦可进一步精细化，以满足临床的实际需求。

笔者认为，对于作为保险产品中主要因素之一的保费，应当考虑下列因素：医疗机构的级别、医疗机构每年开展远程医疗的例数、开展远程医疗的具体科室、远程医疗的具体服务项目与风险程度、当地的经济发展水平等。尽管医疗责任保险具有商业险的基本属性，但它又有别于一般的商业险，应当遵循“保本微利”的原则，以公益性为导向，不断提高覆盖面，否则该保险产品将难以在广大医疗机构中得到推广。在客观上，需要保险公司开发出更多的保险产品与之对应或者匹配。例如，四川银保监局指导保险公司不断创新、拓展保险范围，按需定制保险方案，并在医疗责任险原有保障基础上增加医疗机构场地责任，外请、进修医务人员执业过失，手术意外等附加险品种，实现了对医疗风险多角度、全方位覆盖。

三、远程医疗责任保险的法律构造和规则设计

（一）远程医疗责任保险的法律构造

1. 相关法律关系主体

（1）投保人

投保人，是指与保险人订立保险合同，并按照合同约定负有支付保险费义务的人。远程医疗责任保险以医疗机构的赔偿责任为保险标的，因此系财产保险业务的范畴，投保人通常为医疗机构。医务人员是医疗机构的工作人员，其与医疗机构是劳动者和用人单位的关系，其所从事的医疗行为或者提供的医疗服务属于职务行为，因此在主体上对外不具有独立性，一般不能成为远程医疗责任保险的投保人。然而，我国当前缺少相应的政策和法律规范，导致实践中存在一些医疗责任保险的投保人是医务人员的情况，这些保险的保费支付模式有两种：一是由医疗机构支付，二是由医疗机构和医务人员共同支付，至于二者承担的具体比例，各地做法不一。需要注意的是，实践中还存在与医疗责任保险相似的医师责任保险，它以医师本人作为投保人，医疗机构一般不参与保费的支付。由此可见，医疗责任保险和医师责任保险的主要区别在于投保人范围、交费主体上的不同，但是二者在功能上差别不大。医疗责任保险重在分解医疗机构承担的损害赔偿责任，医师责任保险重在分解医务人员因为过错导致的医疗损害赔偿责任。当其与医疗责任保险并存时，专指医疗责任保险不能覆盖的损害赔偿责任。

（2）保险人

保险人，又称承保人。在远程医疗领域，保险人是指从事远程医疗责任保险业务的保险公司。当前，有许多保险公司（如太平洋保险、平安保险等）承保医疗责任保险业务，但是专门承保远程医疗责任保险业务的保险公司则寥若晨星，相信未来这一领域将会有进一步拓展适用的空间。

（3）被保险人

被保险人，是指其财产或者人身受保险合同保障，享有保险金请求权的人。投保人可以同时为被保险人。因此，在远程医疗责任保险中，投保

人可以是其他第三人，也可以是被保险人。实践中，被保险人多数为医疗机构及其医务人员。

（4）保险受益人

保险受益人，是指享有赔偿请求权的人，其确定主要是基于被保险人或者投保人的指定。无论是在医疗责任保险中，还是在医师责任保险中，保险受益人既可以是医疗机构或者医务人员，也可以是患者本人。

（5）保险代理人

根据我国《保险法》第117条第1款的规定，保险代理人是根据保险人的委托，向保险人收取佣金，并在保险人授权的范围内代为办理保险业务的机构或者个人。

（6）保险经纪人

根据我国《保险法》第118条的规定，保险经纪人是基于投保人的利益，为投保人与保险人订立保险合同提供中介服务，并依法收取佣金的机构。

由此可见，在远程医疗责任保险中，会出现多个主体（见图7－1），存在多重合同法律关系。其中，投保人和保险人是保险合同当事人，被保险人和保险受益人为保险合同关系人，保险合同关系人的典型特点是受合同影响但并未参与保险合同订立。需要注意的是，当被保险人、保险受益人为投保人时，应当将其作为保险合同当事人对待。保险代理人、保险经纪人属于保险合同辅助人，除此之外，保险辅助人还包括保险公估人。

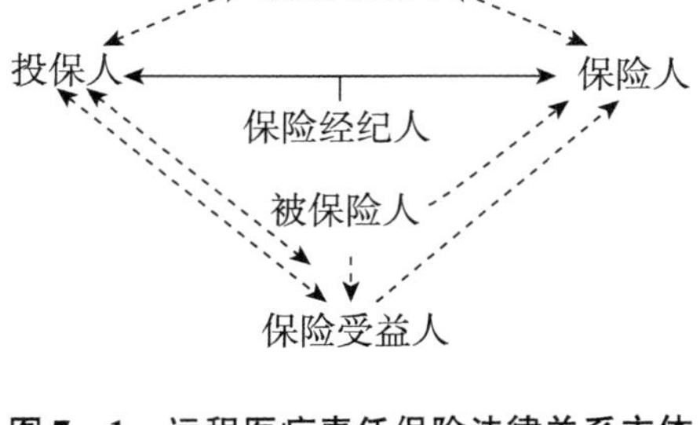

图7－1 远程医疗责任保险法律关系主体

2. 各主体之间的民事法律关系

在远程医疗责任保险中，投保人（医疗机构或者医务人员）与保险人（保险公司）之间成立保险合同，二者形成保险合同法律关系。保险人与保险代理人之间成立代理关系，其法律效果由保险人承担；保险经纪人利用自己的专业技能接受投保人的委托，为其设计保险方案，并协助投保人与保险公司达成保险合同，因此保险经纪人与投保人之间成立中介合同。按照我国《民法典》第966条的规定，中介合同若没有规定的，可以参照适用委托合同的有关规定。

（二）远程医疗责任保险的规则设计

远程医疗责任保险的规则涉及方方面面，但其中有三个重要部分需要着重考虑：一是风险系数的确定，二是免赔额和限赔额的设定，三是免责事由的法定和约定。

1. 风险系数的确定

远程医疗责任保险的规则设计首先与医疗机构的类型存在密切关联。按照我国《医疗机构管理条例实施细则》第3条的规定，我国的医疗机构包括综合医院、中医医院、中西医结合医院、民族医医院、专科医院、康复医院、妇幼保健院等类型，不同类型的医院在主要业务上存在一定的差别，也存在不同程度的风险。实践中，许多地区关于医疗责任保险的设计就充分考虑了医疗机构的类型。例如，重庆市将风险较大的妇科专科医院和妇幼保健院的风险系数设为1.2，而风险相对较小的中医医院则设为0.8,[1] 这种设计具有一定的示范和指导意义。医疗机构的类型仅在宏观层面影响医疗责任保险的风险系数，在医疗机构内部，不同的医师类型（医师、护士、药师、技师等）、不同的科室（内科、外科、妇科、儿科等）则从更为微观的层面具体影响远程医疗责任保险的风险系数。这些均是保险经纪人和保险公司考虑的重要因素。

2. 免赔额和限赔额的设定

在实践中，保险公司等保险人为了控制自身的风险，经常会在保险合同中约定免赔额和累计限赔额等相关条款。作为投保人的远程医疗机构或者医务人员之所以能够接受这样的条款，实质上是合同双方当事人利益衡量、相互妥协的结果。如果不允许保险人作出这样的风险控制条款，有可

---

[1] 参见张瑞纲、王昱国：《我国医疗责任保险制度建设发展研究——基于深圳市、重庆市和南京市经验分析》，载《中国医疗保险》2022年第7期。

能导致保险合同无法成立，即便合同成立，也可能因无盈利而难以持久。因此，从供方的角度观察，其无相应的保险产品向远程医疗机构提供；从需方的角度观察，由于其要建立相应的医疗风险分担机制，而医疗责任保险又是其中重要的内容，医疗机构或者医务人员可选择的范围受到严重压缩，导致其最后支出的成本高于接受保险人的免赔额和限赔额等相关条款的支出成本。但无论是合同的哪一方，免赔额和限赔额等相关条款的设定均应当保持一个大致的公平性，否则就会被市场淘汰。在实践中，作为投保人的医疗机构并不处于弱势地位，一方面其业务体量较大，另一方面其员工人数众多，因此保险人为了促成保险业务，也不会将免赔额和限赔额等相关条款设计得过于不公，甚至在有些情况下还对投保人更为有利，这就是为何有的保险公司指派业务专员进驻医疗机构办公的原因，保险人看重的不仅仅是医疗责任保险一项业务，还包括其他保险产品的推广。

免赔额通常包括两种：一是绝对免赔额，二是相对免赔额。绝对免赔额是指保险人和投保人约定，如果保险标的的损失没有达到合同约定的免赔数额，那么保险人将不负任何赔偿责任。例如，保险人和投保人约定绝对免赔额是 10000 元，当远程医疗发生损害或者出现医疗事故，造成损失 8000 元，此时该 8000 元由投保人自己承担，保险人不承担赔偿责任。但是当远程医疗造成 12000 元损失时，保险人也不是就 12000 元整体承担赔偿责任，其需要减去绝对的免赔额。换言之，此时保险人仅承担 2000 元的保险赔偿责任。相对免赔额是指保险人和投保人在保险合同中约定了具体的保险责任起点数额，如果远程医疗造成的损失没有超过该起点数额，那么该保险公司将不承担任何赔偿责任。如果远程医疗造成的损失超过该起点数额，保险公司需要就整体的损失数额承担赔偿责任，并不减去起点数额。例如，作为投保人的远程医疗机构与作为保险人的保险公司约定，其相对免赔额为 10000 元，如果远程医疗发生的损失或者出现医疗事故造成的损失是 8000 元，那么保险公司不负保险赔偿责任，这一点与绝对免赔额相似，但是不同的是，如果远程医疗发生的损失或者出现医疗事故造成的损失是 12000 元，即超过了双方约定的 10000 元相对免赔额时，保险公司应当承担 12000 元的赔偿责任，而非 2000 元的赔偿责任。

限赔额与免赔额不同，限赔额是保险人和投保人在保险合同中约定的限额，超过该限额的损失，保险人不予赔付。免赔额常适用于按次计算，限赔额常适用于按累计计算。例如，在远程医疗责任保险中，如果保险人和投保人在保险合同中约定的限赔额（常常是累计限赔额）是200万元，在保险合同期限内，远程医疗损害达到了220万元，那么保险人最高的保险赔偿额为200万元，对于超出的20万元，保险人不负有赔偿责任。当然，这种限赔额也可以适用于单次保险赔偿，其原理与累计限赔额相似。至于限赔额的设定，还需要具体参照诸多因素，同时借助精算完成，其与保费、参保主体数量、保险事故发生率等因素密切相关。

3. 免责事由的法定和约定

免责事由会引起责任免除的法律后果。所谓责任免除，又称除外责任，是指财产保险合同中保险人不承担保险金赔偿责任的风险范围或种类。保险实务中，责任免除条款多采用列举的方式，在保险条款中明文列出保险人不承担赔偿责任的范围，主要有两部分：（1）明确列入责任免除条款的情形，如战争、敌对行为、军事行为、武装冲突或罢工、核反应、核辐射、放射性污染及非放射性污染等；（2）不属于保险责任范围内的损失和费用。[1] 免责事由除了法律规定之外，还允许投保人和保险人在保险合同中具体约定，当出现免责事由时，尽管有可能造成一定的损害，但是保险人也有权提出不予赔偿的抗辩。

第三节　医疗意外保险

医疗行为具有风险性的特点，尽管绝大部分的医疗机构及其医务人员会按照法律法规、规章和诊疗规范提供医疗服务，但是仍会出现患者遭受损害的情况，无论医疗机构是否违反了注意义务，医疗纠纷的发生对医患双方均产生了诸多负面影响。医疗责任保险是从医疗服务提供方（医疗机构及其医务人员）的角度设立的保险，而医疗意外保险则是从医疗服务接受方的角度设立的保险。无论是2018年颁布的《医疗纠纷预防和处理条例》，还是2021年颁布的《医师法》，均鼓励患者参加医疗意外保险。

---

[1] 参见范健、王建文、张莉莉：《保险法》，法律出版社2017年版，第253页。

一、医疗意外保险的概念界定

有学者认为，医疗意外是指在医疗活动中，现有医学技术条件下无法预见、避免和克服的风险所致的医疗损害，或由于患者病情或体质特殊所导致的医疗损害，或医疗行为中无过错输血感染及不可抗力造成的不良后果。医疗意外的发生具有客观性、偶然性、损害结果的灾难性及不可归责性等特征。[1] 根据相关学者研究，国际上公认的医疗确诊率为70%，急症抢救成功率为70%—80%，这说明在医疗活动中，医疗意外风险是客观存在的。

2014年11月5日，国家卫生计生委、国家发展改革委、人力资源社会保障部、国家中医药管理局、中国保监会联合发布了《关于推进和规范医师多点执业的若干意见》，该意见明确规定，“医师多点执业过程中发生医疗损害或纠纷，应当由发生医疗损害或纠纷的当事医疗机构和医师按照有关法律法规处理，其他非当事医疗机构均不承担相关的医疗损害或纠纷处理责任。医疗机构和医师应当通过合同或协议明确发生医疗损害或纠纷时各自应当承担的责任及解决方法。支持医疗机构和医师个人购买医疗责任保险等医疗执业保险，医师个人购买的医疗执业保险适用于任一执业地点”。随着医师多点执业的推进，远程医疗中也开始出现多点执业医师的参与，在带来优质技术和服务的同时，也在一定程度上增加了一些不可控的因素和风险，需要建立相应的风险分担机制。

虽然多点执业医师本人可以通过医疗责任保险或者医师责任保险分担赔偿责任风险，但是这些保险是建立在医疗机构或者医务人员存在过错需要承担医疗损害责任的基础之上的，有些风险不是医疗机构或者医务人员的过错所致，属于医疗意外，此时不会触发医疗责任保险或者医师责任保险机制，该风险完全由患者自担，患者往往不能承受其重。如果医疗意外保险缺失，尤其是在患者家庭支付能力有限的情况下，“因病致贫”“因病返贫”的问题就会出现，这是患者及其家庭、医疗机构及其医务人员、社会和国家均不愿意看到的现象。有学者认为，医疗意外险是一种借鉴航空

---

[1] 参见碗旭照、肖鹏：《我国医疗意外保险的不足及完善对策》，载《中国医学伦理学》2018年第1期。

意外险的保险模式，可以建立医疗、手术、产科、特殊检查、治疗等意外保险。患者通过购买各类医疗意外险，增强医疗风险防范意识，降低就医期望值，达到预防和有效处理医疗纠纷的效果。无须经过责任认定、鉴定，只要出现医疗意外，患者就可获得补偿。[1]

二、医疗意外保险的发展现状

早在20世纪90年代，我国业内人士及学者已就医疗意外保险制度的建立开展了相关理论研究，之后国内个别医疗机构也开始试点推行医疗意外保险，但是部分媒体关于其不利影响、与保险公司“寻租”行为等相关报道，在舆论上对医疗意外保险的广泛推广造成了不利影响。[2]

中国医学科学院阜外医院是全国较早开展医疗意外风险保险的医院之一。2005年4月，该医院推行了第一份手术医疗意外伤害保险，通过与保险公司建立长期合作关系，逐步在心脏外科手术、心内科介入推广医疗意外保险。[3] 与医疗责任保险相比，医疗意外保险显得更加“小众”，如在江苏省，目前只有中国人寿在运营医疗意外保险这一项目，已经引入的医院多是综合实力较强的三级医院。[4]

调研发现，医疗机构中的医务人员对医疗责任保险比较熟悉，但是对医疗意外保险的知晓率并不高，这就直接导致其在为患者提供（远程）医疗服务的过程中，实际上存在告知不足的问题。患者虽然近些年的权利意识有了较大提升，但是受限于信息接收途径，其往往很难了解到医疗意外险。具体而言，一是从供方的角度而言，能够为患者提供医疗意外保险的保险公司及保险产品数量有限；二是患者如何获知这些保险公司和保险产品，亦存在渠道不畅的问题。事实上，（远程）医疗机构的医务人员无论是在提供医疗服务之前，还是在提供医疗服务的过程中，其向患者告知医

---

〔1〕参见刘鑫、陈伟、张宝珠编著：《中华人民共和国医师法理解与适用》，中国法制出版社2022年版，第266页。

〔2〕参见周文杰：《手术意外险遭遇“意外”》，载《世界医学杂志》2005年第4期。

〔3〕参见王卫东、李文斌、林芳芳：《推行医疗意外保险 创建和谐医患关系》，载《中国卫生法制》2017年第2期。

〔4〕参见朱甬倩、凡豪志、朱国蓉等：《医院医疗意外险实施前景调查——以江苏三级综合医院为例》，载《中国农村卫生事业管理》2022年第5期。

疗意外保险，似乎并不符合其职业定位。由于是患者付费，其难以在短时间内转变观念，甚至会认为其角色“错位”，即由一位提供医疗服务的工作者演变成一位推销保险的工作者，公益性和营利性交错，在不同程度上阻碍了医务人员向患者告知医疗意外保险的动力和热情，甚至游走于合法与非法的边缘。[1] 当然，现实中也有一部分医院在医疗意外险方面取得了初步的成效，[2] 但是总体上发展并不充分。

三、医疗意外保险的运行模式与评价

在现实中，医疗意外保险的运行模式主要包括两种：一是医疗意外保险作为医疗责任保险的附加险存在；二是医疗意外保险作为一种独立的医疗风险分担机制，具有独立险种的地位。

（一）医疗意外保险的运行模式

1. 医疗责任保险的附加险模式

医疗意外保险如果是作为医疗责任保险的附加险出现，那么此时该险种的投保人不是患者，而是医疗机构，被保险人是医疗机构及其医务人员，而不是患者。换言之，当患者在医疗机构接受医疗服务的过程中遭受

---

〔1〕 2008 年 11 月 21 日发布的《卫生部办公厅关于医疗机构不得宣传、推销和代售麻醉意外险等保险产品的通知》指出，各级各类医疗机构及其医务人员不得通过医疗服务宣传、推销和代售保险产品，不得接受保险产品经营单位为推销产品而给予的馈赠。医疗机构要进一步加强管理，立即开展相关清理和自查自纠工作，严格禁止保险产品经营商利用各种手段在医疗机构内进行保险产品的推销活动。该文件的发布，对医疗意外险的推广和宣传产生了重要影响。2018 年出台的《医疗纠纷预防和处理条例》彻底改变了这一局面，明确提出“鼓励患者参加医疗意外保险”。由于患者对医疗意外险知晓率不高，且医务人员在告知该保险项目时存在一些障碍，导致医疗意外险制度一直运行不畅。

〔2〕 南京鼓楼医院医务处副处长钱雷曾在接受采访时表示，医疗意外保险首先在鼓楼医院心胸外科、神经外科和普外科进行试点，由于这些科室的手术风险较高，在手术前，医护人员会向患者及家属告知手术风险，风险管理服务中心的工作人员再对患者及家属进行二次宣教，患者及家属可以到窗口了解相关保险内容，由患者、家属自愿选择是否购买医疗意外保险。在患者选择保险承担的情况下，“足不出院”就能得到一份保障。医疗意外险在南京鼓楼医院试运行的 3 个月来成效比较明显，正逐步向全院其他科室推广。详见李森颖：《南京试点推行医疗意外保险　建立完善医疗风险分担机制让患者更放心》，载百度网 2022 年 8 月 2 日，https：//baijiahao. baidu. com/s? id = 1740010580253575490&wfr = spider&for = pc。

了损害，首先需要判断医疗机构或者医务人员是否存在过错责任，如果存在过错责任，则启动医疗责任保险；如果医疗机构或者医务人员不存在医疗过错，此时才启动医疗意外保险。但是由于投保人和被保险人均是医疗机构，此时患者并不能直接向保险公司索赔，而只能通过医疗机构向保险公司索赔。

2. 医疗意外保险的独立险种模式

与作为医疗责任保险的附加险不同，如果医疗意外险作为一种独立的险种，其投保人是患者本人，同时患者也是被保险人和受益人，当按照保险合同的约定，出现相应的保险事故时，患者一般不需要通过医疗机构，而是持有相应的票据资料，直接向保险公司索赔，同时不需要考虑医疗机构或者医务人员是否存在医疗损害责任。通过调研发现，由于医疗意外保险并不是强制而是鼓励，因此各医院的患者参加医疗意外险的情况并不相同。以北京市为例，一般都是三级医院（也有部分二级医院）的患者参加了医疗意外保险，如中国医学科学院阜外医院、首都医科大学附属北京安贞医院等。

（二）模式评价

医疗意外保险的不同模式之所以存在，是因为其背后具有多重合理性。但是随着医疗业务和保险业务由数量向质量的提升，医疗意外保险作为医疗责任保险附加险的模式已经逐渐显现出一定的局限性：首先，尽管其作为医疗责任保险的附加险一度在解决医疗纠纷中发挥了很重要的作用，但附加险的地位也限制了其发展。由于患者无法直接向保险公司索赔，需要通过医疗机构才能实现，这就决定了保险公司理赔之前的矛盾纠纷仍然停滞在医疗机构，并没有实现因为保险公司的参与将医疗纠纷从院内引向院外的目标，而且耗时更长。其次，如果医疗意外保险作为医疗责任保险的附加险，医疗机构作为投保人其支付的保费非常有限，仅是作为医疗责任保险的一种补充进行对待，这在一定程度上决定了保险赔付的金额有限，能否真正实现填补患者意外损害和化解医疗纠纷的目的，实际上是存在许多不确定性的。以厦门市某三甲医院为例，其2011年至2015年医疗意外保险的每例纠纷理赔限额是6万元，累计理赔限额是60万元，而医疗责任保险分别是30万元和200万元。[1] 由此可见，作为附加险的医疗意外保险，在抵御医疗风险和分担医疗意外损害方面的功能呈现出一定的缺陷和不足。换言之，将医疗意外保险作为医疗责任保险的附加险，是在医疗风险分担机制探索过程中的一种尝试，并不具有典型的意义，其使命已经基本完成。

医疗意外保险作为一种独立的险种，确实有其优越性，一方面，它赔付的额度更大，能在客观上实现分担患者意外损害的目的；另一方面，由于患者可以直接向保险公司索赔，因此它成功地将医患纠纷由院内引向院外，给医疗机构秩序的维持和医务人员人身安全的保护提供了一种保障。但是医疗意外保险作为一种独立的险种也不是完美无缺的，其最大障碍就是患者认识上的不足。前文已述，医疗是一个具有风险性、探索性和不确定性的行业，加之新医疗技术的应用和患者特殊体质等因素，患者在接受医疗服务的过程中出现了损害，有的是医疗机构或者医务人员的医疗过错引起的，也有一些与医疗机构或者医务人员无关，属于医疗意外，但是由于患者一直置身于医疗机构这一场景，容易偏颇地认为所有的医疗损害均与医疗机构或者医务人员有关，顺理成章地认为医疗意外保险不应由其购买，而应由医疗机构购买，这就导致了一个悖论：如果医疗机构购买，其就会成为带有一定强制性的医疗责任保险的附加险，就会呈现出前文所分析的各种缺陷和不足；如果医疗机构不购买，患者也不购买，一旦出现损害，医患之间的纠纷解决多将成为一场“持久战”，而结果往往是一种“双输”的局面，即医疗机构付出了巨大的精力处理患者的索赔事宜，患者通过调解、诉讼等方式并没有获得相应的赔偿或者补偿，或者赔偿数额较低，难以实现及时有效救济自身的目的。

四、医疗意外保险的法律构造

（一）相关法律关系

在医疗意外保险中，其法律关系的主体主要包括医疗机构、患者和保

---

〔1〕参见李凯彦、范薇、陈燕华：《医疗意外险运行模式研究》，载《卫生软科学》2017年第1期。

险公司。在（远程）医疗中，患者是否与医疗机构存在医疗服务合同法律关系，笔者已经在第5章“远程医疗的民事法律关系”中进行了详述，在此不赘。但一般而言，患者和（邀请方）医疗机构之间存在医疗服务合同法律关系，对于线下实地医疗更是如此。具体到医疗意外保险，在其作为医疗责任保险的附加险时，医疗机构和保险公司成立保险合同法律关系，医疗机构是投保人和被保险人，保险公司是保险人。在医疗意外保险作为一种独立的保险种类时，患者和保险公司之间成立保险合同法律关系，患者和保险公司是保险法律关系的主体，患者既是投保人，也是被保险人和受益人，保险公司是保险人。至于保险代理人、保险经纪人、保险公估人等保险合同关系人，与医疗责任保险相似，在此不作重复讨论。

（二）免赔额和限赔额

保险公司可以按照患者接受的医疗机构不同科室的医疗服务，与患者约定是否设置免赔额，甚至也可以约定一定的免赔额。与免赔额不同的是，在医疗意外险中，保险公司出于风险可控性的考虑，一般会设置单例的最高赔付限额，即限赔额。限赔额的确定具有一定的专业性，它与患者交付的保费、参保患者的数量、意外的发生率、患者年龄与病情等因素密切相关。但是在实务操作中，一般都表现为一种探索的状态，因为保险公司对于分科细密的医疗行业整体上也是陌生的，需要不断地了解、沟通和调研，最后借助“大数法则”设定一个相对科学合理的赔付机制和数额，然后再根据上一年度的实际运行情况进行动态调整。

（三）免责事由

与医疗责任保险不同，医疗意外保险强调结果导向，既不需要进行责任认定，也不需要进行相应的责任鉴定，只要出现了双方在保险合同中约定的意外结果，那么患者就有权向保险公司申请赔付，这也有效避免了患者及其近亲属在医疗机构滞留，有利于医疗纠纷的快速处理。通常情况下，尽管医疗意外保险合同中的当事人可以约定具体的免责事由，但这些约定一般要受到一定的限制，如果限制过多，就失去了医疗意外保险的本质属性和特征，也会在一定程度上影响保险公司的赔付效率。需要注意的是，在远程医疗中，由于其具有一定的虚拟性，在某些方面或许会呈现出更大的风险性，这不仅会影响保险费的测算，还可能因为多主体的参与而设定更多或者更细致的免责事由。

第四节　医疗风险基金

一、医疗风险基金概述

（一）医疗风险基金的现有法律规定

2019 年 12 月 28 日，我国《基本医疗卫生与健康促进法》经十三届全国人大常委会第十五次会议表决通过，其第 47 条规定："国家完善医疗风险分担机制，鼓励医疗机构参加医疗责任保险或者建立医疗风险基金，鼓励患者参加医疗意外保险。"2021 年 8 月 20 日，我国《医师法》经十三届全国人大常委会第三十次会议通过，其第 52 条规定："国家建立完善医疗风险分担机制。医疗机构应当参加医疗责任保险或者建立、参加医疗风险基金。鼓励患者参加医疗意外保险。"这是国家层面的法律对医疗风险基金的规定，整体上比较原则。在这一点上，地方立法进行了许多有益的探索。例如，河南、江西、重庆、四川、江苏、福建等就通过省一级或者省辖市一级制定了相关的政策文件，其中对医疗风险基金进行了必要的规定。

1. 河南省

2020 年 9 月 5 日，河南省卫生健康委、河南省财政厅、河南省人力资源社会保障厅、河南省医保局《关于完善基层医务人员保障激励政策的意见》（豫卫基层〔2020〕12 号）发布，其明确提出，要"建立风险分担机制。加强医疗风险管理，全面建立医疗风险分担机制。推动基层医疗卫生机构投保医疗责任和意外伤害保险。支持县级卫生健康行政部门（县域医共体）建立医疗风险基金，设立医疗风险基金账户，用于医疗纠纷和医疗事故赔偿。所需资金由医疗卫生机构和医务人员个人分担，村卫生室分担部分从基本运行经费中列支。严厉打击暴力伤医等涉医违法犯罪行为，维护医务人员合法权益"。

2. 江西省

2015 年 12 月 17 日，江西省赣州市人民政府办公厅《关于加强基层卫生计生机构服务能力建设的指导意见》（赣市府办发〔2015〕65 号）发布，其明确指出要建立医疗风险保障机制，规定："基层卫生计生服务机构可按其业务收入的 2% 按月提取医疗风险基金，专项用于基层卫生计生服务机构医疗事故赔偿，防范债务风险。医疗风险基金在经常性支出中列支。可探索购买商业医疗责任保险，切实化解乡镇卫生院和社区卫生服务中心医疗服务风险。"

3. 江苏省

2013 年 4 月 10 日，江苏省卫生厅、江苏省发展和改革委员会、江苏省财政厅、江苏省人力资源和社会保障厅、江苏省物价局《关于进一步提高乡镇卫生院基本医疗服务能力的意见》（苏卫农卫〔2013〕6 号）发布，其主张"建立医疗风险保障机制。乡镇卫生院应按月计提医疗风险基金，月末累计提取的医疗风险基金不超过当年医疗收入的 1%，提高统筹层次，切实化解乡镇卫生院医疗服务风险。探索购买商业医疗责任保险"。

（二）医疗意外损害救济机制的域外现状

医疗意外风险与一国的经济发展水平和社会进步程度相关，虽然发达国家拥有先进的医疗技术和完善的社会保障体系，但是由于医疗科技本身的不确定性，发达国家同样存在医疗意外的可能性。在福利国家理论的引导下，西方国家建立了健全的社会保障制度，其中医疗意外损害补偿基金是国家完善社会福利的重要体现。在社会福利较好的发达国家，已经形成了一套成熟的制度设计来应对此风险。

瑞典于 1975 年开始推行病人赔偿保险制度，该保险实质上是对医疗意外损害给予补偿的意外险，是一种无过失责任险，与传统侵权责任并行不悖，构成了医疗伤害赔偿和补偿的双轨制，即医疗意外损害保险的赔偿与医疗机构给予的赔偿同时有效，患者获得保险赔付的同时，还可以向司法机关主张医疗赔偿的权利，只不过在数额上，法院会将保险赔付部分予以抵扣。[1] 瑞典的病人赔偿保险制度具有诸多优势，其不仅具备保险制度的有效性，还具有无过失归责原则的高效性，患者在主张自己的权利

---

〔1〕参见杨春治：《医疗意外损害补偿基金之刍议》，载《福建医科大学学报（社会科学版）》2014 年第 3 期。

时，无须提供证据证明医疗机构存有过失，这种便捷的程序设计最大限度地实现了程序正义，使医疗机构的赔偿金能更多地用于弥补患者受损的利益。

新西兰建立了意外伤害无过失补偿制度，在此制度下，法律规定全体国民必须缴纳一定数量的保险费用，从而建立起一个覆盖全体国民的医疗责任保险体系，该体系涵盖的范围十分广泛，但是理赔的对象仅限于医疗意外导致的损害。

法国在 21 世纪推行了新一轮的医疗改革，改革的一大亮点就是对那些因医疗意外受到严重损害的患者，以“集体赔偿”的名义予以救济。按照《法国公共卫生法》的规定，因医疗意外受到损害的患者，按其受损害的程度及对日常生活的影响程度，由国家专项基金予以补偿，而不是由无过错的医方承担救济受害人的责任。[1]

除此之外，美国近年来推进了专门的无过错医疗责任改革。所谓无过错医疗责任模式，是指患者若因医疗行为导致严重伤残，有权从赔偿基金或者其他组织获得医疗赔偿，而无须证明医疗机构或医务人员实施的医疗行为存有过失的一种赔偿模式。[2] 无过错医疗责任模式的建立，大大降低了受损患者寻求救济的难度，并减轻了医疗机构的经济负担和诉讼压力，同时也被认为是社会福利的重要篇章。

综上所述，对于医疗意外损害，建立一种由国家政府牵头成立，由政府、社会、医疗机构、患者共同出资，交由专门的独立第三方机构管理的医疗意外损害补偿基金来对其损失进行及时救济，已为国际大势所趋。当然，需要说明的是，各国的实际情况千差万别，国内外经济体制和国民意识发展程度也存在诸多差异。因此，在建立我国的医疗意外损害补偿基金制度时，要结合我国国情，根据特有的政治、经济和文化发展水平，建立适合我国国情的医疗意外损害应对制度。

---

〔1〕 参见杨春治：《医疗责任保险法律制度研究》，中国政法大学出版社 2021 年版，第 223 - 224 页。

〔2〕 See Paul C. Weiler, *Reforming Medical Malpractice in a Radically Moderate - and Ethical - Fashion*, DePaul Law Review, Vol. 54, p. 227 (2005).

（三）医疗风险基金的法律地位

1. 自由还是强制

根据《基本医疗卫生与健康促进法》和《医师法》的现有规定，医疗风险基金已被我国法律正式确认，具有权威的法律地位。《基本医疗卫生与健康促进法》在我国卫生健康立法中处于基础性、综合性立法的地位，而《医师法》则在《基本医疗卫生与健康促进法》的精神指导下进一步细化。需要注意的是，《基本医疗卫生与健康促进法》"鼓励"医疗机构参加医疗责任保险或者建立医疗风险基金，而《医师法》则规定医疗机构"应当"参加医疗责任保险或者建立医疗风险基金。换言之，将医疗机构参加医疗责任保险或者建立医疗风险基金作为一项法定义务，这是否有违《基本医疗卫生与健康促进法》的规定？笔者认为，不违反。理由是，尽管《基本医疗卫生与健康促进法》处于基础性、综合性的地位，但是其与《医师法》一样均由全国人大常委会通过，二者处于相同的法律位阶，并不存在上位法与下位法的关系。但是由于《基本医疗卫生与健康促进法》于2020年6月1日实施，而《医师法》于2022年3月1日施行，相较于《基本医疗卫生与健康促进法》，《医师法》属于新法，按照法律冲突"新法优于旧法"的处理原则，应当适用《医师法》的规定。此外，相较于《基本医疗卫生与健康促进法》，《医师法》是针对医师这一特定群体的单一立法，属于特别领域的立法，因此二者还构成"一般法与特别法"的关系，按照法律冲突"特别法优于一般法"的处理原则，亦应适用《医师法》的规定。总之，自《医师法》实施之后，我国正式进入了医疗机构强制参加医疗责任保险和医疗风险基金的新时代。[1]

---

〔1〕在《医师法》草案面向社会公众征求意见和审议期间，有的意见认为应当完善充实医师责任险的相关内容，以保障医师与患者的权利。有的全国人大常委会组成人员也提出应当充实医疗风险分担机制的相关规定。对此，《医师法》吸纳了相关意见，规定医疗机构应当参加医疗责任保险或者建立、参加医疗风险基金，鼓励患者参加医疗意外保险，既明确了医疗机构的法定义务，也保留了一定的制度弹性，尊重了患者自主选择的权利。无论是医疗责任保险、医疗风险基金还是医疗意外保险，其目的都在于减少患者、医师乃至医院经济风险的发生，实现损失分担的社会化，从而保障医患双方的合法权益，促进和构建和谐的医患关系。参见李学勇、马晓伟、刘谦等主编：《中华人民共和国医师法释义》，中国民主法制出版社2021年版，第118页。

2. 医疗责任保险与医疗风险基金的关系

现实中，医疗责任保险与医疗风险基金作为典型的医疗风险分担机制，二者之间存在何种关系？具体而言，医疗机构是只需参加医疗责任保险或医疗风险基金其一即可，还是二者都应当参加？笔者认为，无论是从《基本医疗卫生与健康促进法》还是从《医师法》的规定来看，两部法律均没有强制要求医疗机构必须同时参加医疗责任保险与医疗风险基金，而是选择其一即可。但是由于二者均属于医疗风险分担机制，因此医疗机构同时参加医疗责任保险与医疗风险基金并不冲突，只是不允许医疗机构出现“既不参加医疗责任保险又不参加医疗风险基金”的现象，因为如此一来，医疗风险的防范能力将大大减弱，对国家、医疗机构及其医务人员、患者均十分不利。至于医疗机构是参加医疗责任保险与医疗风险基金其中之一，还是二者均参加，受到诸多因素的制约，大致而言，包括以下三个方面：

首先，如果一些地方制定了更为有利的政策或者法律规范，且这些政策和法律规范不违反上位法，那么其医疗机构可能会出现同时参加医疗责任保险与医疗风险基金的情况。反之，医疗机构就会选择其中之一，以满足法律的最低要求。

其次，如果医疗机构认为自身的医疗风险较大且财力能够支撑，尽管实际支出的费用等于甚至略高于医疗机构在无任何风险分担机制下的赔付，其也愿意同时参加医疗责任保险与医疗风险基金，因为其最大的益处或者动力就是将医疗纠纷的处理从院内转向院外，由更为专业的第三方负责赔偿或者补偿，从而为“平安医院”建设添砖加瓦。无论是赔付效率，还是社会实效（如患者的满意度），均要强于医疗机构在发生医疗争议或者医疗纠纷后亲力亲为的处理方式，这一点对于远程医疗而言更为重要。

最后，医疗风险基金与医疗责任保险在运作机制上存在显著差异，前者由政府或者医疗机构运营管理，整体上坚持公益性，后者则属于商业保险，由保险公司负责运营管理，整体上坚持营利性，这也决定了二者的独立性。但需要注意的是，由于医疗责任保险与医疗风险基金在赔付事由、社会功能上存在较大的相似性，因此医疗机构并非参加得越多越好，而是应当衡量其是否足以抵御医疗风险，进而作出一种综合平衡后的选择。

（四）医疗风险基金的概念与特征

1. 医疗风险基金的概念

尽管我国对医疗风险基金进行了法律规定，也赋予其较高的法律地位，但是并没有对医疗风险基金的概念进行界定。由于学术界对医疗风险基金的研究不足，导致绝大部分学者也未能对其概念进行界定。在法律上没有明确规定、学界缺乏界定的现状之下，实践中对医疗风险基金的理解不一，突出表现在各省市分别出台了内容迥异的政策文件、地方立法，并形成了不同的设立方式与管理模式。笔者认为，医疗风险基金是指通过医疗机构、医务人员、政府等多方主体筹资和接受捐赠等方式取得的财产，用于支付患者在接受医疗服务过程中所遭受的损害，以实现化解医疗风险为目的而成立的基金。

2. 医疗风险基金的特征

第一，医疗风险基金的来源具有多元性，这在一定程度上也影响了医疗风险基金的运作模式。关于这一点，笔者将会在后文进一步阐述，在此不赘。一般而言，医疗风险基金是为了分担医疗风险而设立，其直接的受益者是医疗机构，因此医疗机构属于重要的出资主体之一。但是由于医疗行为是由具体科室的医务人员执行，而医务人员在执行医疗行为的过程中有时会存在医疗过错，尽管在没有医疗风险分担机制的情况下，医疗机构需要为其承担替代责任，但是医疗机构在承担完赔偿责任之后，要么向存在过错的医务人员行使追偿权，要么通过用人单位的惩戒权对其进行惩戒，无论采取哪一种方式，医务人员都可能面临经济上的损失，因此医务人员也是医疗风险基金的潜在受益主体，在实践中其也会成为出资主体之一，尤其是在医疗机构自设医疗风险基金的情况下，医务人员将成为重要的出资主体，只是在政府设立和管理的医疗风险基金中，医务人员的出资要弱化很多，常由医疗机构代为出资，此时政府将成为出资主体之一。除此之外，医疗风险基金还可以接受第三方主体的捐赠等，以得到进一步的充实。由此可见，医疗风险基金的来源具有多元性。

第二，医疗风险基金的支付范围较广。从我国现行法律明确列举的三种医疗风险分担机制来看，医疗风险基金要比医疗责任保险、医疗意外保险范围更加宽泛。医疗责任保险是以医疗机构或者医务人员因医疗过错导致患者损害而需要承担医疗损害责任为前提的，如果医疗机构的医疗损害责任经法院判决、第三方调解等不成立，就不能适用医疗责任保险，如果其医疗损害责任成立，就可以适用医疗责任保险。医疗意外保险则是指在医疗活动中，因现有医学技术条件下无法预见、避免和克服的风险所致的医疗损害，或由于患者病情或体质特殊所导致的医疗损害，或医疗行为中无过错输血感染及不可抗力造成的不良后果，这些情形与医疗机构的医疗损害责任无关，但是按照保险合同的约定应当进行保险支付。医疗风险基金则是不管医疗机构或者医务人员是否存在过失，也不论其医疗损害责任是否成立，只要患者在医疗机构接受服务的过程中发生了损害，经双方协商一致达成合意，就可以启动医疗风险基金进行支付，以弥补患者所遭受的损害，尤其是财产上的损失。需要注意的是，尽管医疗风险基金既具有医疗责任保险的功能，也具有医疗意外保险的功能，但不能过分夸大医疗风险基金的作用，它不能完全取代医疗责任保险和医疗意外保险，一是它们在运行机制上存在显著差异，二是它们在赔付效果上也有显著区别，因此不应一概而论。

二、医疗风险基金的模式与评价

（一）模式

由前文对医疗风险基金的概念界定和特征可知，医疗风险基金主要包括两种模式：一种是政府主导的模式，另一种是医疗机构主导的模式。

1. 政府主导的医疗风险基金模式

（1）政府主导且参与出资的模式

这一模式主要针对的是基层医疗卫生机构，对于远程医疗而言十分契合，因为邀请方医疗机构往往是基层医疗机构，如乡镇卫生院和村卫生室，这些医疗机构抵御医疗风险的能力偏弱。例如，2014 年 1 月 2 日，辽宁省抚顺市新宾满族自治县人民政府办公室发布了《新宾满族自治县基层医疗机构医疗责任风险基金实施方案》（新政办发〔2014〕1 号），该方案指出，由政府、医疗机构共同建立、筹集医疗责任风险基金，用于医疗纠纷时支付赔（补）偿的专项储备基金，或者用于购买医疗责任保险，该风险基金由县卫生局负责监管。近年来，村卫生室作为三级医疗服务网的网底，也开始了医疗风险基金的探索。2014 年 10 月 1 日，安徽省蚌埠市五河县颁布了《五河县村卫生室医疗执业风险分担统筹资金筹集管理办法》，可以说是实行医疗风险基金模式的代表。该管理办法规定，基金来源主要由三个部分组成，即市财政、县财政按照每所卫生室不低于 1000 元的标准投入以及每所村卫生室按照不低于 3000 元的标准缴纳。乡村医生发生医疗损害时，当事人可以通过和解、调解、诉讼等方式确定赔付金额。若赔付金额低于 1 万元，该基金不予支付，由村卫生室和乡村医生按照 1:1 的比例承担；如果赔偿金额超出的部分在 1 万元至 3 万元（含），由基金、村卫生室和乡村医生按照 2:1:1 的比例承担；如果赔偿金额超出的部分在 3 万元至 5 万元（含），由基金、村卫生室和乡村医生按照 4:3:3 的比例承担；如果赔偿数额超出的部分在 5 万元以上，则由基金、村卫生室和乡村医生按照 8:1:1 的比例承担。安徽省阜阳市阜南县、滁州市凤阳县、江苏省宿迁市沭阳县、淮安市洪泽县、重庆市永川区等均采取这一做法，其不同之处在于，这些地区在基金赔付的范围和比例上有所差异。[1]

（2）政府主导但不出资的模式

这一模式主要针对二级以上医疗机构，其抵御医疗风险的能力较强，亦具有较强的支付能力。例如，2012 年，河南省财政厅、河南省卫生厅联合印发了《河南省医疗责任风险金管理办法（试行）》，要求二级以上各类医疗机构按照自行筹资、集中管理、专款专用的原则，以省辖市为单位建立医疗责任专项储备金，用于支付医疗机构因医疗纠纷产生的医疗赔（补）偿。缴纳风险金比例为年医疗收入的 2‰（三级医院）或 3‰（二级医院及其他医疗机构）。同时，规定从医疗责任风险金中提取 6% 用于医疗纠纷案件调查等方面，医疗责任风险金由省财政厅和卫生厅负责日常监管。[2] 浙江省丽水市的实践与河南省的操作模式具有一定的相似之处，由市卫生局设立专用账户，在总账户下为参加风险金制度的各医疗机构分

---

〔1〕参见刘炫麟：《乡村医生医疗损害赔偿责任的分解机制研究》，载《中国卫生法制》2015 年第 5 期。

〔2〕参见苏占伟：《医疗责任保险和医疗责任风险金模式比较研究——以河南省为例》，载《金融理论与实践》2015 年第 5 期。

别设置明细账，各医疗机构账目分别单独核算，不统筹使用。[1]

2. 医疗机构主导的医疗风险基金模式

在《基本医疗卫生与健康促进法》《医师法》出台之前，我国有些地区的医疗机构已经开始探索医疗机构主导的医疗风险基金模式。例如，上海市第十人民医院曾于2010年制定了《医疗风险基金管理办法》，其资金来源为科室奖金留成与医院统筹，并将临床与医技科室按风险分为三类（见表7－2），医院根据科室风险基金留成总额按1∶1匹配筹资。同时指出，风险基金科室留成部分及医院筹资部分的资金额度可根据具体情况按年度调整，科室筹资最低不少于奖金总数的3%，最高不超过10%，由医院设立风险基金专用账户进行统一管理。

表7－2　医疗风险基金对不同科室奖金的留成情况

<table>
<tr><th colspan="2">等级</th><th>科室名称</th><th>风险系数</th><th>预留奖金总数的比例</th></tr>
<tr><td rowspan="2">一类</td><td>一类A档</td><td>普外科（含急诊外科）、骨科（含创伤中心）、胸外科、妇产科（含产房）、脑外科、泌尿外科、心脏内科、急诊科（含观察病房）等</td><td>2.0</td><td>8%</td></tr>
<tr><td>一类B档</td><td>甲乳科、耳鼻喉科、眼科、麻醉科、手术室（含门诊手术室）、SICU、老年科、介入科等</td><td>1.8</td><td>7%</td></tr>
<tr><td colspan="2">二类</td><td>内科系统各专业（呼吸、胃肠、肝胆胰、肾脏－免疫、内分泌、血液、神经内科等）、儿科、中医病房、感染科、肿瘤科等</td><td>1.2</td><td>6%</td></tr>
<tr><td colspan="2" rowspan="2">三类</td><td>皮肤科、精神科、康复科、中医门诊等门诊科室，及各医技科室（药剂、放射、核医学、超声、病理、检验、输血及内镜中心、心功能室、血液净化、脑电图室、震波碎石等）</td><td>1.5</td><td>5%</td></tr>
<tr><td>口腔科</td><td>1.5</td><td>4%</td></tr>
</table>

〔1〕2011年5月3日，浙江省丽水市人民政府办公室发布了《关于印发丽水市本级医疗责任风险金制度的通知》（丽政办发〔2011〕53号），其在第三部分“医疗责任风险金专用账户的设立和监管”中对医疗责任风险金进行了规定。

（二）评价

无论是何种类型、何种级别的医疗机构，法律均明确要求其必须参加医疗责任保险或者医疗风险基金之一，其积极意义就在于促使医疗机构借助第三方力量分担医疗风险，但是，由于各医疗机构的支付能力不同和每年实际赔付金额的差异，仅通过医疗风险基金或者医疗责任保险，尚不能完成这一重任。对于医疗机构主导型的医疗风险基金而言，尽管其比较灵活，但是由于各医疗机构的业务体量和主营科室的风险程度不同，导致不同医院在建立医疗风险基金上呈现出一部分“散、乱、小”的情形，其只能应对数额较小的赔付，对于覆盖较大数额的赔付，往往力所不及，除非有其他风险分担机制介入，否则就会产生医疗纠纷，且常常久拖不决，一方面耗费医方大量的精力和成本（如安排专人接待等），另一方面也使患者的损害难以得到充分填补或者救济，对其健康权的保障极为不利。此外，由于医疗机构主导的医疗风险基金主要来自医疗机构和医务人员，政府不参与任何出资，导致筹资来源较为单一，且体量通常不大，在医疗风险基金的管理方面不够专业，难以实现医疗风险基金的保值增值。由政府主导且出资的医疗风险基金模式，扩大了医疗风险基金的资金来源，监管更加严格有效，但是对不同财政状况的省市而言，将是一种考验，有的省市已经无力支持其管辖范围内的医疗风险基金，尤其是在疫情防控的背景下，更面临着较为严峻的挑战。对于政府主导但不出资的医疗风险基金而言，尽管其与医疗机构主导的医疗风险基金相比，在资金来源上没有显著增量，但由于是政府主导，其推进的速度较快、力度较强，监管上更加严格有效，具有一定的权威性，能进一步保障医疗风险基金的规范运营。

三、医疗风险基金的法律构造

（一）医疗风险基金是否具有民事主体地位

探讨医疗风险基金的法律构造，首先需要厘清医疗风险基金的民事法律地位，尤其是其主体资格问题。在我国，民事主体采用“自然人—法人及非法人组织”的二元结构，由于自然人需要具备基于出生的生物属性，医疗风险基金因无法满足这一特性而被彻底排除在外，问题在于，医疗风险基金是否属于法人和非法人组织？在法人分类体系下，我国《民法典》一改原《民法通则》关于“企业法人和非企业法人”的分类，而是采取原《民法总则》“营利法人和非营利法人”的基础分类，然后在此基础上规定了特别法人。营利法人和非营利法人存在诸多区别，其核心区别主要体现在两个方面：一是是否以营利为目的，二是利润能否向出资人、设立人分配。由于医疗风险基金是以分散医疗风险等公益目的而成立，其不具有营利性，显然不可归类为营利性法人。非营利性法人主要包括事业单位、社会团体、基金会、社会服务机构等。从非营利性法人的特性、成立条件和运行机制等方面考察，医疗风险基金仅可能与基金会法人相衔接，医疗风险基金不仅难以与机关法人、农村集体经济组织法人、城镇农村的合作经济组织法人、基层群众性自治组织法人等特别法人兼容，亦与合伙、个人独资企业、不具有法人资格的专业服务机构等相去甚远。因此，现实中，医疗风险基金主要呈现两种形态：一是具有法人资格的医疗风险基金，属于捐助法人，这样的形态因其专业性程度较高和程序较为复杂而数量较少；二是作为客体存在的资金集合，其不具有民事主体资格。

（二）具备捐助法人资格的医疗风险基金的法律构造

当基金会具备法人资格时，就会成为捐助法人。2004 年 6 月 1 日起施行的《基金会管理条例》第 2 条规定，“本条例所称基金会，是指利用自然人、法人或者其他组织捐赠的财产，以从事公益事业为目的，按照本条例的规定成立的非营利性法人”。设立基金会需要具备一定的条件，对此，《基金会管理条例》第 8 条作出了明确规定，主要包括以下五个方面：一是为特定的公益目的而设立；二是全国性公募基金会的原始基金不低于 800 万元人民币，地方性公募基金会的原始基金不低于 400 万元人民币，非公募基金会的原始基金不低于 200 万元人民币；原始基金须为到账货币资金；三是有规范的名称、章程、组织机构以及与其开展活动相适应的专职工作人员；四是有固定的住所；五是能够独立承担民事责任。这样的条件限制，也决定了我国大部分医疗机构仅依靠自身实力难以达到设立基金会法人的条件。在内部组织机构方面，基金会法人需要设立 5—25 人不等的理事会，以及与理事会任期相同的监事会。在具备基金会法人资格的医疗风险基金中，重点是如何明确其与捐赠人、受益人之间的法律关系。

当医疗风险基金具备捐助法人资格时，其最大的变化就是其财产将独立于出资人或者捐助人的财产，同时在人格上实现独立。例如，从医疗风险基金的来源考察，无论其是来源于医疗机构，还是医务人员，抑或政府或者其他第三方主体，一旦出资或者捐赠完成，实际上就实现了财产所有权的转移，这些出资人或者捐赠人与医疗风险基金这一捐助法人之间的关系，是一种基于出资或者捐赠形成的民事法律关系，出资主要是针对医疗机构及其医务人员而言的，捐赠主要是针对其他第三方主体而言的，他们的规制基础主要是出资协议和捐赠协议，且具有分散医疗风险这一特定的公益目的。需要注意的是，这里的“出资”与企业法人等“出资”不同，其一旦出资，就完成了所有权变动，且一般不能再取回或者分配，其最终的处理需要按照医疗风险基金的章程进行，而且医疗机构的债权人不能追索到该笔财产，具有“防火墙”的功能。另外，当医疗风险基金具备捐助法人资格时，医务人员的主体性将被医疗机构的主体性所吸收或者覆盖。换言之，尽管从资金来源的内部考察，医疗机构和医务人员都有一定数额的出资，但是对于医疗风险基金而言，其仍然被视为医疗机构的出资，而非医务人员的出资。

（三）不具有捐助法人资格的医疗风险基金的法律构造

现实中，无论是单体医疗机构成立的医疗风险基金，还是由一定数量的医疗机构联合成立的医疗风险基金，实际上都不具备捐助法人资格，此时它在主体上并不具有独立性，而是一种为特定目的设立的信托，一种财产集合，是一种公共基金。因此，它可以引入必要的信托人，可以是政府，也可以是信托公司，还可以是医疗机构本身。

如果是单体医疗机构成立的医疗风险基金，此时医务人员的主体独立性将会得到一定的彰显，无论是医疗机构的出资，还是扣取科室奖金等原本用于医务人员分配的财产，虽然实行专户管理，但形式上仍然由医疗机构这一受托人持有，只是不能用于患者赔（补）偿、购买医疗责任保险等特定目的之外的其他事务。同时，建立相应的动态调整机制保持基金的适度规模，这些均由医疗机构专门制定的医疗风险基金管理办法进行规制。

如果是由一定数量的医疗机构联合成立的医疗风险基金，由于该基金不具有法人资格，因此医疗机构处于委托人的地位，负责管理该项基金的主体（如政府、信托公司）则处于受托人的地位，二者成立信托法律关系，受益人是医疗机构。第三方主体对医疗风险基金的捐赠，实际上是第三方主体与受托人之间的特定目的赠与，此时，基金依托的是受托人的人格，只不过受托人在接受第三方的赠与之后，并不能如普通赠与一样随意支配，而只能将基金归入医疗风险基金，用于特定公益目的。需要注意的是，如果政府作为受托人，应当制定相应的基金管理办法并公之于众，以实现公示的目的和效果。

四、未来出路

尽管政府主导的医疗风险基金和医疗机构主导的医疗风险基金各有优缺点，但是对于不同级别的医疗机构而言，还是应当进行一些类型化的特别考虑。笔者认为，对于三级医疗机构，可以采取医疗机构主导的医疗风险基金模式，而对于二级以下（含二级）的医疗机构，无论是公立医疗机构还是民营医疗机构，都应当采取政府主导的医疗风险基金模式，并以地级市为单位进行统筹管理，按照不同医疗机构的业务规模等因素进行缴费测算，然后统一应对各种医疗风险。

在未来的出资上，医疗风险基金除了由医疗机构和医务人员出资外，政府和患者亦应成为出资的主体。政府参与医疗风险出资，不仅拓宽了筹资来源，更增添了其公益性色彩，同时使监管主体更有意愿和正当理由进行基金监管。医疗纠纷的妥善解决，对政府维持社会秩序方面大有裨益，因此政府既是医疗风险基金的出资者，也是医疗风险基金的受益者，这样才能实现权责利的统一。患者无论是通过实地就诊，还是通过远程医疗就诊，基于医疗具有风险性、探索性的本质属性，其在接受医疗服务的过程中往往容易产生损害，无论这种损害是否可以被预见，也不论这种损害的程度大小，导致这一损害的原因通常较为复杂，不借助专业的鉴定机构往往难以认定，而且患者在这个过程中亦有可能存在一定的过错，需要承担一部分责任。如果严格坚持医疗责任保险和医疗意外保险，其赔付的金额可能十分有限，并不能实现损害填补的目标。在当前普遍进入风险社会的背景下，每一个患者都将成为医疗风险基金的受益者，从相反的层面考察，让其缴纳一定的费用组成医疗风险基金，就具有一定的正当性，符合风险社会共担的原则，实现“我为人人，人人为我”的理念。

由政府主导的医疗风险基金还有一个突出的优势，即它最大限度地克服了医疗机构主导的医疗风险基金不当转嫁医务人员的现象。这是因为，医务人员是医疗机构的工作人员，医疗机构作为用人单位有可能会滥用惩戒权，不当提高某一科室或者某些医务人员的出资额度，从而将医疗机构作为提供医疗服务的最大受益者排除在外，这是不公平的，因此需要避免这样的异化现象。

关于医疗风险基金是否要取得独立的法人资格，笔者认为，尽管我们可以在实践中进行必要的甚至是大胆的尝试，但是从操作性上看，这仍然不应成为一种主流的发展方向，其可以作为一种有效的补充存在。未来，医疗风险基金应当按照信托的模式进行处理，尤其是要加强政府、信托公司等主体作为受托人的管理水平，重点在于防止滥用医疗风险基金或者混同使用医疗风险基金的情况发生，防范信托公司在安全性方面的不足，同时克服对信托公司的固有偏见，实现医疗风险基金的保值增值，有效防御和化解医疗风险！

结　语

广义的远程医疗服务涵盖远程医学教育、远程培训等内容，狭义的远程医疗服务则不包含这些内容。从临床实践观察，核心的远程医疗服务是狭义上的，主要聚焦于远程病理诊断、远程医学影像（含影像、超声、核医学、心电图、肌电图、脑电图等）诊断、远程监护、远程会诊、远程门诊、远程病例讨论等，因此本书的叙述、分析和论证重心皆在于此。从远程医疗的发生主体及其数量的角度考察，远程医疗既可能发生在一所医院内部，也可能发生在两所或者两所以上医疗机构之间，这主要取决于医疗机构远程医疗的建设情况、医院对病情的判断、患者的意愿选择等多种因素。无论是传统的医学诊疗，还是现代的远程医疗，医疗服务合同使医患双方建立起程度不一的契约观念。随着科学技术的发展和公民法治意识的不断提高，这一契约观念将呈现出越来越强的趋势，这又反向促进医疗服务水平整体提升，形成一个多方参与、合作共赢的局面。

我国远程医疗是时代发展的产物，具有较强的政策性，但目前进入法律法规视野的深度不足，这是未来立法需要关注和努力的方向。除此之外，远程医疗还具有很强的伦理性，这种伦理性不仅包含传统医疗上的伦理性，还包含科学技术上的伦理性，这种双重伦理性是支撑远程医疗走得更远的重要影响因素，也是最终获得服务接受方（患者及其近亲属）认可的关键。2018 年 12 月 10 日，习近平总书记在致纪念《世界人权宣言》发表七十周年座谈会的贺信中指出，“人民幸福生活是最大的人权”。[1] 远程医疗是增进人民健康生活的重要举措，它高度契合了老百姓对美好生活的追求，有效回应了我国当前人民日益增长的美好生活需要和不平衡不充

〔1〕 中共中央党史和文献研究院编：《习近平关于尊重和保障人权论述摘编》，中央文献出版社 2021 年版，第 7 页。

分的发展之间的矛盾，致力于实现人人享有高水平、均质化医疗服务的目标。

在法律体系中，以与民生联系最为紧密的民法学之视角审视远程医疗不仅必要，而且意义重大。它不仅需要在立法、司法和守法等环节平衡安全和效率两项基本价值，即在遵守安全为基础的情况下，强调通过科技创新不断提高效率，同时需要在制度设计和规则拟定的过程中，充分考虑到受害人的求偿救济机制以及损害分担机制。法国启蒙思想家、法学家孟德斯鸠有一句广为流传的法律格言："在民法慈母般的眼神中，每个人就是整个国家。"这同样适用于远程医疗中的患者及其近亲属。作为远程医疗服务的供给方，医疗机构需要改变之前"以管理为中心"的理念，自觉转变为"以患者为中心"的理念。在我国全面建设"法治中国""健康中国"的当下，将远程医疗结构中的民事法律关系以及各民事主体之间的权利、义务、责任进行系统梳理，是保障患者权益实现的重要举措和必经之路。

远程医疗作为一项技术，首先是向善，其次是赋予人文关怀，最后才能给人民带来福祉。当前，我们与世界发达国家在远程医疗这一领域已经并驾齐驱，不仅从之前的落伍者实现了弯道超车，还有可能发展成为世界的引领者，这既值得期待，又是一份沉甸甸的责任，显然需要社会各界的共同努力！